古典文獻研究輯刊

三四編

潘美月・杜潔祥 主編

第33冊

杜詩闡
（第二冊）

陳 開 林 校證

國家圖書館出版品預行編目資料

杜詩闡（第二冊）／陳開林 校證 -- 初版 -- 新北市：花木蘭
文化事業有限公司，2022〔民111〕
目 12+192 面；19×26 公分
（古典文獻研究輯刊 三四編；第 33 冊）
ISBN 978-986-518-888-7（精裝）
1.CST：杜詩闡 2.CST：校勘

011.08　　　　　　　　　　　　　　　110022686

ISBN-978-986-518-888-7

9 789865 188887

古典文獻研究輯刊
三四編　第三三冊　　　　　　ISBN：978-986-518-888-7

杜詩闡（第二冊）

作　　者　陳開林 校證
主　　編　潘美月、杜潔祥
總 編 輯　杜潔祥
副總編輯　楊嘉樂
編輯主任　許郁翎
編　　輯　張雅淋、潘玟靜、劉子瑄　美術編輯　陳逸婷
出　　版　花木蘭文化事業有限公司
發 行 人　高小娟
聯絡地址　235 新北市中和區中安街七二號十三樓
　　　　　電話：02-2923-1455／傳真：02-2923-1452
網　　址　http://www.huamulan.tw 信箱 service@huamulans.com
印　　刷　普羅文化出版廣告事業
初　　版　2022 年 3 月
定　　價　三四編 51 冊（精裝）台幣 130,000 元

杜詩闡
（第二冊）

陳開林　校證

卷 九

秦州詩 乾元二年

夢李白 二首

考白年譜，乾元元年，流夜郎。二年，半道承恩放還，登巫山，下漢陽，過江夏，有寄王明府詩云：「去年左遷夜郎道，今年勑放巫山陽。」〔註1〕復遊潯陽、金陵等處。公在秦州，正其時，故此詩首章有「江南」、「楓林」、「關塞」字面，次章有「遊子久不至」語。

死別已吞聲，生別常惻惻。領二章。**江南瘴癘地，逐客無消息。故人入我夢，明我長相憶。恐非平生魂，路遠不可測。魂來楓林青，魂返關塞黑。今君在羅網，何以有羽翼。**以上寫「夢」。**落月滿屋梁，猶疑照顏色。水深波浪闊，無使蛟龍得。**四句「夢」後。

人死則已，惟有吞聲。若生別，則心常惻惻而不能已。蓋由江南瘴癘，逐客於彼，久無消息耳。乃我心惻惻，遂入我夢。入我夢者，誠知我長相憶也。我非長相憶，焉得夢故人？故人不知我，焉得入我夢？但我與故人，平生痛飲賦詩，何等意氣！流落既久，夢中之魂，恐非平生。況江南萬里，其魂入夢，路遠難測，楓林本青，魂來似與俱青；關塞非黑，魂去若為之黑。魂雖來往，但不知在羅網中，何由飄飄若此，豈其有羽翼耶？未幾夢覺，落月照君，丰姿可掇，得毋羅網真出？猶恐江南萬里，水深浪惡，為蛟龍出沒之鄉。君雖入夢，往來慎之，毋俾既罹羅網，又為蛟龍得也。○

〔註1〕《李太白詩集注》卷十四《自漢陽病酒歸寄王明府》。

溫庭筠詩：「李白死來無酒客，可憐神彩弔殘陽」〔註2〕，本公「落月滿屋梁，猶疑照顏色」。昔屈原投汨〔註3〕羅，土人恐其為蛟龍所得，以竹筒貯米作祭。江南蛟龍為祟，其來已久。宜前《天末》詩有「應共冤魂語，投詩贈汨羅」〔註4〕句也。

浮雲終日行，遊子久不至。三夜夢見君，倩親見君意。四句承前章。**告歸常局促，苦道來不易。江湖多風波，舟楫恐失墜。出門搔白首，苦負平生志。冠蓋滿京華，斯人獨顦顇。孰云網恢恢，將老身反累。千秋萬歲名，寂寞身後事。**以上全寫「夢」後告別感歎之情。

　　江上浮雲，何日不行？遊子到今，久而不至，不至則入夢，久不至則頻入夢。豈獨客魂往來，顏色照見，三夜以來，直親君情，見君意，夢而真矣。未幾告歸，自言歸路局促，又道來時不易。其「來不易」者，以風波險惡，懼舟楫失墜也。其「常局促」者，自憐白首平生之志，到此都困也。當此京華道上，冠蓋填噎，何為斯人偏遭顦顇？盡云天網甚寬，如斯人者，何不出之羅網外，乃將老，此身反見棄耶？雖曰千秋萬歲，享身後名，然生前顦顇，身後可知。平生之志，其終負矣。○「三夜夢見君」正前章魂來時，「告歸常局促」正前章魂返時。

遣興　三首

下馬古戰場，四顧但茫然。風悲浮雲去，黃葉墜我前。朽骨穴螻蟻，又為蔓草纏。四句「古戰場」。**故老行歎息，今人尚開邊。漢虜互勝負，封疆不常全。安得廉頗將，三軍同晏眠。**六句是「下馬」「四顧」意。

　　此地為古戰場，下馬四顧茫然，傷心矣。風至此地悲，其上雲為飛，其下葉為落。骨於此地朽，其內螻蟻穴，其外蔓草纏。真古戰場哉！故老四顧，下馬歎息，猶望今人戒之。乃開邊者尚未已也。雖漢與彼，或勝或負之不常，然封疆有時而全、時而不全之異數。凡此者，由無廉頗耳。安得廉頗，起為邊將，使晏然無事耶？

高秋登寒山，南望馬邑州。降虜東擊胡，壯健盡不留。穹廬莽牢落，上有行雲愁。老弱哭道路，願聞甲兵休。以上言降戎非利。**鄴中事反覆，死人積如丘。諸將已茅土，載驅誰與謀。**以上責諸將。

　　當此高秋，登寒山上，遙望馬邑州中。昔年置鐵勒九姓大酋，今東擊安、史，盡用此輩。蓋因鄴師之潰，六十萬人沒於滏水耳。於時毳帳漫山，行雲牢落，資其擊寇，

〔註2〕溫庭筠《溫飛卿詩集箋注》卷四《祕書省有賀監知章艸題詩筆力道健風尚高遠拂塵尋玩因此有作》，「酒客」作「醉客」。

〔註3〕按：「汨」，底本及康熙二十一年本俱作「淚」，誤。

〔註4〕《杜詩闡》卷八《天末懷李白》。

止一時之利；使之雜處，乃無窮之憂。此秦民老弱，不喜此輩助順，但願甲兵休息也。然此乃諸將之責。誰料鄴事反覆，肝腦塗地。所望諸將，恥失悼喪，轉敗為功。無奈諸將恃功，自謂茅土既封，戮力已非我事，遂使堂堂天朝，詔遣降酋，亦獨何哉！

豐年孰云遲，甘澤不在早。耕田秋雨足，禾黍已映道。春苗九月交，顏色同日好。 六句興。**勸汝衡門士，勿悲尚枯槁。時來展材力，先後無醜好。但訝鹿皮翁，忘機對芳草。** 六句正意。

天澤雖有遲速，禾黍原自同時。物固如此，人亦然也。凡人遇合，早晚不同。及其時來，則無先後，所貴材力素具耳。昔鹿皮翁少有機巧，何難早達？乃肥遯崟山，百餘年不厭，一似忘機，無意人世者。人頗訝之。不知其長林豐草間，自得有素也。衡門士勉之矣。

貽阮隱居昉

陳留風俗衰，人物世不數。塞上得阮生，迴繼先父祖。貧知靜者性，自益毛髮古。車馬入鄰家，蓬蒿翳環堵。清詩近道要，識字用心苦。 以上阮隱居。**尋我草徑微，褰裳踏寒雨。更議居遠村，避喧甘猛虎。足明箕穎客，榮貴如糞土。** 以上嘉其高尚。

陳留自阮步兵後，風俗已衰，無復人物。今日塞上忽得阮生，乃祖步兵之風，迴然能繼。即其貧，亦南阮家風，故其性復靜，而鬚髮蒼然俱古。彼車馬來訪者，自入鄰家耳。阮生隱居之處，蕭然似仲蔚蓬蒿、原思環堵，曾何與焉。況我唐詩家，阮生獨有理趣，又工篆隸，用心極苦也。乃阮生於訪我時，言及蓬蒿環堵處，入鄰家者尚有車馬。苟得避喧之境，即猛虎為伴，亦所甘心。是真箕穎高人，能糞土公卿者，不愧步兵後人矣。

佳人

絕代有佳人，幽居在空谷。 二句領一篇。**自云良家子，零落依草木。關中昔喪亂，兄弟遭殺僇。官高何足論，不得收骨肉。世情惡衰歇，萬事隨轉燭。夫婿輕薄兒，新人美如玉。合昏尚知時，鴛鴦不獨宿。但見新人笑，那聞舊人哭。** 自云至此，皆佳人口中述「幽居空谷」之故。**在山泉水清，出山泉水濁。侍婢賣珠回，牽蘿補茅屋。摘花不插髮，采柏動盈掬。天寒翠袖薄，日暮倚脩竹。** 以上正是「幽居在空谷」。

佳人宜貯金屋，今幽居而在空谷，何為者？佳人自言曰：「我本良家子，為遭零

落，今依草木。所以零落者，關中喪亂，兄弟胥屠。豈無高官？奈不收骨肉何！凡以世情惡薄，萬事盛衰，如轉燭然。豈獨世情，夫婿為至戚者，新人如玉，棄予如遺。彼合昏之花，始終不分；鴛鴦匹鳥，何嘗獨宿。今日夫婿得新忘舊，為此幽居空谷耳。」佳人自述如此。夫以絕代佳人，甘心處此者，由在山水清，出山水濁。與其覿金屋不保其貞，不如守蓬茅自全其節。所以卻珠不禦，編草為椽，蓬鬢辭花，盈把惟栢。當此天寒，翠袖自薄；至於日暮，倚竹無言。絕代佳人，幽居在空谷有如此。○邵註：「公憫關中亂後，新進猖狂，老成凋謝而作。」

秋日阮隱居致薤三十束

隱者柴門內，畦蔬遶舍秋。盈筐承露薤，不待致書求。束比青蒭色，圓齊玉筯頭。六句「致薤三十束」。衰年關鬲冷，味暖並無憂。二句述薤之效。

　　阮生畦蔬，薤為最佳，我思致書求之。詎意不求自至也。計其數，有三十束。色之美，若青蒭然。本之圓，又若玉筯。薤佳矣，我處衰年，關鬲患冷，薤性溫煖，服之又何憂哉！

從人覓小胡孫許寄

人說南州路，山猿處處懸。舉家聞若欬，為寄小如拳。四句「從人覓」。預哂愁胡面，初調見馬鞭。許求聰慧者，童稚捧應癲。四句是「許寄」。

　　南州最多山猨，其啼聲若欬。而小如拳者，為佳也。雖未寄到，此猿愁胡之面，我預哂之。苟一寄到，此猿初調之頃，如馬見鞭而走也。誠許我求，必得聰慧者，庶童稚捧之欣喜若癲耳。蓋小如拳者，宜於童稚云。

秦州見勑目薛三璩授司議郎畢四曜除監察與二子有故遠喜遷官兼述索居三十韻

大雅何寥闊，斯人尚典刑。交期余潦倒，材力爾精靈。二子陞同日，諸生困一經。文章開突奧，遷擢潤朝廷。題中「遠喜遷官」，止此八句。舊好何由展，新詩更憶聽。別來頭並白，相見眼終青。伊昔貧皆甚，同憂歲不寧。棲皇分半菽，浩蕩逐浮萍。俗態猶猜忌，妖氛逐杳冥。獨慚投漢閣，俱議哭秦庭。還蜀祇無補，囚梁亦固扃。華夷相混合，宇宙一膻腥。帝力收三統，天威總四溟。舊都俄望幸，清廟肅維馨。雜

種難高壘，長驅甚建瓴。焚香淑景殿，漲水望雲亭。法駕初還日，群公若會星。宮臣仍點染，柱史正零丁。官忝趨棲鳳，朝回歎聚螢。喚人看驦裏，不嫁惜娉婷。掘劍知埋玉，提刀見發硎。侏儒應共飽，漁父忌偏醒。旅泊窮清渭，長吟望濁涇。羽書還似急，烽火未全停。師老資殘寇，戎生及近坰。忠臣辭憤激，烈士涕飄零。上將盈邊鄙，元勳溢鼎銘。仰思調玉燭，誰定握青萍。隴俗輕鸚鵡，原情類鶺鴒。秋風動關塞，高臥想儀形。以上總敘「與二子有故」及「兼述索居」之故。

　　自嚴武、賈至、房琯、張鎬一時斥逐，朝廷無人，大雅真寥濁矣。雖無老成，尚有典刑，薛、畢二子非與？我遲暮棄官，交期淪落；爾壯年強仕，材力有為。竊喜二子同升，轉痛諸生坐困。所以然者，二子大雅，為國典刑，其文章直開突奧，足以為邦家光。故今日遷擢，潤澤朝廷耳。遷官誠足喜也。惟是我與二子有故，今日舊好已違，新詩罕購，自傷奉別而後，我頭已白；猶望相見之日，君眼終青。蓋由往日食貧，俱艱半菽；彼時多故，同逐浮萍。況內而朝廷，林甫之猜忌日甚；外而邊塞，祿山之妖氛遂侵。惟時我與二子，恥為楊雄之莽大夫，而閣不投；願為包胥之乞秦師，而哭俱憤。不能為相如還蜀，羈身長安；且復為鄒陽囚梁，陷身賊穴。華夷宇宙，尚忍言哉！賴今上收三統，總四溟，克復兩都，舊京俄幸；哭廟三日，栗主重新。安、史失高壘之堅，兵勢有建瓴之利。因而淑景焚香，腥聞頓洗；望雲漲水，穢德旋消。然而法駕此日，雖快初旋；朝中晨星，尚嗟寥落。宮臣如議郎者，陷賊之餘，多遭點染；柱史如監察者，闕官之際，正爾零丁。我備員拾遺，多忝棲鳳；興言幼學，竊歎聚螢。自負驦裏之姿，誰為知己？雖有娉婷之質，已覺過時。所以龍劍終埋，庖硎未試，亦庶幾有掘獄提刀者知之見之耳，竟出為華州司功哉！身異侏儒，焉能共飽；志同漁父，誰許獨清。今棄官之秦州，旅泊窮清渭之水；客秦懷舊都，長吟望濁涇之流。兩京雖復，安史尚在。此「羽盡還急，烽火未停」也。節度之師既老，而潰於鄴下；魏州之戎更生，而逼於河陽。此「師資殘寇，戎及郊坰」也。子儀，忠臣也，被召還京。士卒流涕，不亦「辭憤激」、「涕飄零」乎！上將如李抱玉、荔非元禮、白孝德、郝廷玉等，亦既盈於邊鄙；元勳如光弼者，初領朔方。壁壘旌旗，精彩皆變，庶幾滅寇成功，畫旂常，銘鍾鼎乎！仰思玉燭之調，在功成銘鼎之後；誰握青萍之劍，為救時利器之資。及鋒而用，斷在二子。我客秦猶鸚鵡，未免見輕於俗；與二子猶脊令，不勝在原之求。當此秋風關塞，我方杜門高臥，二子新除衰職，必有羽儀聖朝之丰采。使我高臥而想，以慰索居之苦者，二子勉乎哉！

寄彭州高三十五使君適虢州岑二十七長史參三十韻公自注：「時患瘧病。」

故人何寂寞，今我獨淒涼。老去才難盡，秋來興甚長。四句全章之綱。物情尤可見，詞客未能忘。海內知名士，雲端各異方。高岑殊緩步，沈鮑得同行。意愜關飛動，篇終接混茫。舉天悲富駱，近代惜盧王。似爾官仍貴，前賢命可傷。諸侯非棄擲，半刺已翱翔。以上「故人何寂寞」。詩好幾時見，書成無使將。男兒行處是，客子鬥身強。羈旅推賢聖，沉綿抵咎殃。三年猶瘧疾，一鬼不消亡。隔日搜脂髓，增寒抱雪霜。徒然潛隙地，有靦屢鮮妝。何大龍鍾極，於今出處妨。無錢居帝里，盡室在邊疆。劉表雖遺恨，龐公至死藏。心微傍魚鳥，肉瘦怯豺狼。隴草蕭蕭白，洮雲片片黃。以上「今我獨淒涼」。彭門劍閣外，號略鼎湖旁。荊玉簪頭冷，巴牋染翰光。烏麻蒸續曬，丹橘露應嘗。豈異神仙宅，俱兼山水鄉。竹齋燒藥竈，花嶼讀書床。更得清新否，遙知對屬忙。舊官寧改漢，淳俗本歸唐。濟世宜公等，安貧亦士常。豈尤終僇辱，胡羯漫猖狂。會待妖氛掃，論文暫裹糧。以上「老去才難盡，秋來興甚長」之意。

　　爾兩人，一由詹事出刺彭州，一由補闕左遷虢州長史，似寂寞矣。夫遠宦何寂寞之有！我棄官遐竄，頻年臥病，乃獨淒涼之甚耳。但人老去則江淹才盡，秋來則宋玉悲生。今老去其才難盡，秋來為興甚長，是寂寞可遣，淒涼可慰也。故人何為不寂寞耶？大抵物情可見，詞客難忘。九州之大，其為詞客而知名者，各占一方。今有高、岑，古有沈、鮑。豈知高、岑之緩步，已與沈、鮑為同行。所以然者，二子作詩，才情變化，意所愜處，每關飛動。且神氣渾淪，篇到終時，直接混茫也。乃同是詞客，而近代富、駱、王、揚有才不遇。今二子，一刺彭州，古刺史為諸侯，高豈棄擲；一刺虢州，別駕居刺史之半，岑已翱翔。故人果何寂寞哉？何為今我獨淒涼也。別後新詩，未由捧誦；近來修札，無雁可將。惟是男兒志在四方，行處皆是。若客子有何亨屯，不過各鬥身強耳。無奈羈旅他方，沉綿多病，三年猶瘧，一鬼不亡。命薄聖賢，身親魑魅。已無脂髓，隔日一搜；業履雪霜，增寒加重。乾坤雖大，隙地無從；面目猶人，鮮妝可靦。豈但龍鍾為已甚，更覺出處之都妨。自笑無錢，難居帝里；因而盡室，遠徙邊疆。既棄官，是劉表不能屈龐公，劉表恨矣；既之秦，是龐公終思隱鹿門，龐公藏矣。魚畏罟，鳥驚繳，心之微也，有類魚鳥；豺噬人，狼吞人，肉之瘦也，實怯豺狼。此地隴草蕭蕭，經霜早白；所見洮雲片片，不染而黃。今我淒涼有如此者。

乃老去而才難盡，秋來而興甚長者，何也？二子一守彭門，一刺虢略，此方土產，不獨荊玉、巴箋，可供簪筆；且有烏麻、丹橘，足備藥囊。宅是神仙，地兼山水；竹侵丹竈，花對書床。吏治之餘，定有佳句；應酬之暇，夫乃匆忙。漢岑彭惡所營地名彭亡，欲徙之。今高宦此，不必如岑彭之改徙。虢在晉地，憂深思遠，有唐之遺風。今岑宦此，適還唐治。二子濟世之才，我只安貧之老。會待安、史妖氛，稍稍靜謐，裹糧來遊，相與論文。所謂「老去才難盡，秋來興甚長」者，職此故耳。〇「意愜」二句，似本陸機《文賦》。《文賦》曰：「收視返聽，耽思旁訊。精騖八極，心遊萬仞。於是沈辭怫悅，若遊魚銜鉤而出重淵之深；浮藻聯翩，若翰鳥纓繳而墜層雪之峻。」所謂「意愜關飛動」也。又曰：「伊茲文之為用，固眾理之所因。恢萬里使無閡，通億載而為津。途無遠而不彌，理無微而不綸。配沾潤於雲雨，象變化於鬼神。」所謂「篇終接混茫」也。又曰：「六情底滯，志往神留。兀若枯木，豁若涸流。理翳翳而逾伏，思軋軋其若抽。此意不愜，不能關飛動者。」又曰：「患挈瓶之屢空，病昌言之難屬。故踸踔於短韻，放庸言以足曲；留遺恨於篇終，豈懷盈而自足。」此篇當終，不能接混茫者。結出「論文暫裹糧」，正欲細論飛動混茫之詣云爾。鮮妝塗抹其面，以避瘧鬼。時安慶緒已為史思明所殺，故云「蚩尤終戮辱」。「胡羯」單指思明，時攻河陽，與李光弼鏖戰，故曰「漫猖狂」。

病後過王倚飲贈歌

麟角鳳觜世莫識，煎膠續弦奇自見。尚看王生抱此懷，在於甫也何由羨。四句作冒。且過王生慰疇昔，素知賤子甘貧賤。酷見凍餒不足恥，多病沉年苦無健。王生怪我顏色惡，答云伏枕艱難遍。瘧癘三秋孰可忍，寒熱百日相交戰。頭白眼暗坐有胝，肉黃皮皺命如線。以上「病後過王倚」。惟生衰我未平復，為我力致美肴膳。遣人向市賒香粳，喚婦出房親自饌。長安冬葅酸且綠，金城土酥淨如練。兼求畜豕且割鮮，密沽斗酒諧終宴。以上「飲」。故人情味晚誰似，令我手腳輕如旋。老馬為駒總不虛，當時得意況深眷。但使殘年飽喫飯，只願無事長相見。以上宴後「贈歌」意。

　　物之奇者，有麟角，有鳳觜，其膠能續斷弦，必煎成然後見其奇。王生懷抱有此強固，甫也亦何緣羨此奇物耶？今日且過王生，一話疇昔。過王生者，王生知我也。知我甘賤貧，安凍餒也，王生知我矣。王生又怪我者，怪我沉年病，顏色惡也。瘧癘三秋，寒熱百日，沉年病如此；氣血既衰，肌膚骨立，顏色惡如此。王生知我，繼而

怪我，至是轉而哀我。哀我一線之命，如弦之折。計非麟鳳之膠，不足以續一線之危。王生哀我，於是為我。為我致美膳，賒香粳，而冬菹土酥、豚蹄斗酒畢備焉。一宴之餘，情味何極！因而宿病頓差，反老還少。折弦斷弓如我者，真得麟、鳳之膠忽續哉！雖然，麟角、鳳觜，何可常得。努力加餐，庶幾無恙。常過王生，如今日歡敘，我願足矣。〇《十洲記》：「仙家煮鳳喙麟角，合煎作膠，名曰續弦膠。凡弓弩斷弦，續不復斷。」首二句分明謂王生精力堅強，自能永年，加麟角鳳觜，煎膠續弦，永無破折，羨王生之無病也。公沉年多病，如折弓斷弦，不堪復續，深有望于麟角鳳觜，恐不可得。不謂一飲王生，宿疾頓瘳。此直「麟角鳳觜，煎膠續弦」之奇驗。一章語意，疑是如此。

寄嶽州賈司馬六丈巴州嚴八使君兩閣老五十韻

衡嶽啼猿裏，巴州鳥道邊。故人俱不利，謫宦兩悠然。開闢乾坤正，榮枯雨露偏。長沙才子遠，釣瀨客星懸。八句一篇之冒。中間「開闢」兩句，更為下兩大之綱。憶昨趨行殿，殷憂捧御筵。討胡愁李廣，奉使待張騫。無復雲臺仗，虛修水戰船。蒼茫城七十，流落劍三千。畫角吹秦晉，旄頭俯涧瀍。小儒輕董卓，有識笑苻堅。浪作禽填海，那將血射天。萬方思助順，一鼓氣無前。陰散陳倉北，晴曛太白巔。亂麻屍積衛，破竹勢臨燕。法駕還雙闕，王師下八川。此時霑奉引，佳氣拂周旋。貔虎開金甲，麒麟受玉鞭。侍臣諳入仗，廐馬解登仙。花動朱樓雪，城凝碧樹煙。衣冠心慘澹，故老淚漣漣。哭廟悲風急，朝正霽景鮮。月分梁漢米，春給水衡錢。內藥繁於緝，宮花軟勝綿。恩榮同拜手，出入最隨肩。晚著華堂醉，寒重繡被眠。轡齊兼秉燭，書枉滿懷牋。每覺昇元輔，深期列大賢。以上為一段。敘玄宗失國時，公與賈、嚴同膺患難。收京後，公與賈、嚴同為近臣。所謂「開闢乾坤正」。秉鈞方咫尺，鎩翮再聯翩。禁掖朋從改，微班性命全。青蒲甘受戮，白髮竟誰憐。弟子貧原憲，諸生老伏虔。師資謙未達，鄉黨敬何先。舊好腸堪斷，新愁眼欲穿。翠乾危棧竹，紅膩小湖蓮。賈筆論孤憤，嚴君賦幾篇。定知深意苦，莫使眾人傳。貝錦無停織，朱絲有斷絃。浦鷗防碎首，霜鶻不空拳。地僻昏炎瘴，山稠隘石泉。且將棋度日，應用酒為年。典郡終微眇，治中實棄捐。安排求傲吏，比興展歸田。去去才難得，蒼蒼理又玄。古人稱逝矣，吾道卜終焉。隴外翻投跡，漁陽復控弦。笑

為妻子累，甘與歲時遷。親故行稀少，兵戈動接聯。他鄉饒夢寐，失侶自迍邅。多病加淹泊，長吟阻靜便。如公盡雄俊，志在必騰騫。以上為一段。敘朝廷反正，公與賈、嚴皆有故而去位。所謂「榮枯雨露偏」。

　　衡嶽青冥，猿啼聲斷；巴山屈曲，鳥道雲懸。真謫宦之地。可惜故人都不利而遭時非，兩悠然而遷謫遠也。乾坤反正，恢復固由帝力之弘；雨露偏施，貶斥亦屬聖恩之厚。追維上皇失國，今上蒙塵，我與二子趨行在，捧御床，同侍今上於鳳翔。此時討賊，豈無李廣？敵壘正多，奉使亦有張騫。援兵未至，行宮草創，雲臺之仗蕭然；濟河未能，水戰之船焉用？先是河北風靡，七十齊城，蒼茫都下；翠華西幸，三千劍路，流落何依。秦、晉之畫角紛吹，瀍澗之妖星爭曜。彼安、史，猶董卓、苻堅也，其不自度量，竊窺神器，如禽銜木，思填東海。其犯闕畔主，罪惡貫盈，猶武乙以革囊盛血射天。時回紇、朔方、大食諸兵，助順討賊，協力同心，一鼓作氣。俄而陳倉陰散，太白晴曛。香積、澧水之戰，大軍夾擊，翦滅殆盡。窮追賊騎，已積尸懷衛之墟；既克長安，有直擣幽燕之勢。捷書至鳳翔而法駕還，王師下八川而兩京復。我與二子奉引還朝，周旋左右。貔虎諸士，暫休金甲之勞；麒麟殿前，重見玉鞭之下。侍臣入仗，依然奏事；廄馬登仙，依然解舞。朱樓雪霽，故國花濃；碧樹煙籠，春城景麗。衣冠有復覩之慶，父老興痛定之悲。今上之返國也，素服向廟，慟哭三日；含元之早朝也，雞人催曉，霽景方鮮。至德初，第五琦請以江淮租庸，泝江漢，上至洋川，是百官月俸，支給梁漢之租也。中興以來，百官無復賞賜。乾元元年，始鑄大錢，沽賣有差，是百官春料，支給新鑄之錢也。而況衣頒內藥，身著宮花。此時我與二老同拜手，最隨肩。以至華堂繡被，往往醉眠；秉燭懷箋，時時傾倒。庶幾共昇元輔，得廁大賢。乾坤由反側而得正，二老宜有此異數也。今日何如？拾遺隨丞相之後，二子方咫尺而隨秉鈞；朝廷苟房黨之求，二子遂聯翩而為鎩翮。二子先出，我猶暫留。然禁掖朋從，已非疇昔；微班性命，徼幸苟全。追思疏救房公，詔三司推問，賴張公救而得免。當年自分，受僇青蒲；今日棄官，甘心白髮。原憲貧矣，既無錢而難居帝里；伏虔老矣，欲傳經而心事又違。似我迂疏，豈有師資可取？徒然衰老，空為鄉黨所先。溯舊好而斷迴腸，想新愁而穿望眼。巴州危棧，竹翠淒其；岳陽小湖，蓮紅冷落。對此景物，賈生應有論也，嚴君定有詩也。二老用心之苦，惟我深知。眾人側目者多，莫令傳示。蓋以貝錦之文，日織無停；朱絲之絃，一斷不續。二老為浦上鷗，讒人是霜間鶻。蓋鷗之首，須防其碎；以鶻之拳，決不空張也。岳州地僻，炎瘴又昏；巴蜀山稠，石泉更隘。二老庶幾棋度日，酒為年耳。二老一為典郡官，終屬微眇；一居治中職，何異棄捐。且追傲吏之高風，聊展歸田之逸興。才難自古，天問誰知。彼為傲

吏、賦歸田者，皆古人也，已稱逝矣；今貶岳州、貶巴州者，亦我逝也，且卜終焉。若我身居隴外，投跡雖遐；賊據漁陽，控弦未已。自傷家累，空羈歲年。又以親故稀疏，甲兵阻塞。雖他鄉夢寐，時遊二老之傍；乃失侶迍邅，永添故人之恨。二老壯年雄俊，今雖暫屈，搴騰有時。岳州、巴州之貶，何足介意哉！雨露宜普被而反偏，二老亦可自安於遇矣。○肅宗納賀蘭進明之謗，遂疏房琯，繼而一網打盡。「霜鶻不空拳」語正指此。

寄張十二山人彪三十韻

獨臥嵩陽客，三違潁水春。艱難隨老母，慘澹向時人。謝氏尋山屐，
陶公漉酒巾。群凶彌宇宙，此物棄風塵。歷下辭姜被，關西得孟鄰。
早通交契密，晚接道流新。靜者心多妙，先生藝絕倫。草書何太古，
詩興不無神。曹植休前輩，張芝更後身。數篇吟可老，一字買堪貧。
將恐曾防寇，深潛托所親。寧聞倚門夕，盡力潔餐晨。以上「山人」。疏
嬾為名誤，驅馳喪我真。索居猶寂寞，相遇益愁辛。流轉依邊徼，逢
迎念席珍。時來故舊少，亂後別離頻。以上自敘。世祖修高廟，文公賞
從臣。商山猶入楚，渭水不離秦。存想青龍秘，騎行白鹿馴。耕巖非
谷口，結草即河濱。肘後符應驗，囊中藥未陳。以上「山人」，申首段。旅
懷殊不愜，良覿眇無因。自古皆悲恨，浮生有屈伸。此邦今尚武，何
處可依仁。鼓角凌天籟，關山倚月輪。官場羅鎮磧，賊火近洮岷。蕭
瑟論兵地，蒼茫鬥將辰。大軍多處所，餘孽尚紛綸。高興知籠鳥，斯
文起獲麟。窮秋正搖落，回首望松筠。以上自敘，申次段。

　　爾本獨臥嵩陽之客，前此曾三違潁水之春者，以遭時多故，侍母避亂，聊慘澹而向時人耳。山人獨臥嵩陽時，原有尋山屐、漉灑巾。喪亂以來，此二物者久棄風塵內矣。我與山人遊，自何日始？猶憶歷下定交，曾辭姜被；暨乎關西傾蓋，載得孟鄰。當歷下早通之日，交情已敦；及關西晚接之時，道氣愈穆。山人惟靜，故其心多妙。惟心多妙，故其藝絕倫。詩則凌曹植也，書則匹張芝也。凌曹植，故吟其數篇，便可以老；匹張芝，故買其一字，即可以貧。山人之藝如此。孝尤天性。彼時老母尚在，寇患方殷，將恐深潛，勿貽親戚，遂使夕閭免倚，晨餐有供。山人之孝如此。至我疏嬾一生，驅馳半世。每懷歷下，輒歎離群；言念關西，常嗟契闊。身非流竄，忽到窮邊；席有儒珍，難逢善價。已矣，時來則故舊自少，亂後則別離愈頻。豈若山人哉！當今上移軍鳳翔，我與山人皆依行在。今上返闕，設使山人不還嵩陽，必膺異數。乃

今上復國,重建七廟,如漢光武之修高廟,方有事於靈武。功臣之賞,如晉文公之祿從亡。乃山人原守商山採芝之心,不改渭水垂綸之志,而終隱嵩陽焉。乃其藝之絕倫,不獨詩翰,其他方技,種種皆精。青龍乃道家存想之術。白鹿難馴,能馴則為仙子。今山人既得仙學,故不必如鄭子真之耕巖,便已似河上公之結草。且葛洪《肘後》之方堪驗,卻疾何難;乃扁鵲囊中之藥未陳,乞靈無路。所由旅懷不愜,悵然於良覯無因耳。我今客秦,羌戎雜處,尚武少文。耳所聞者,惟鼓角聲;目所見者,惟關山月。今日四鎮皆置官場,收賦斂,供軍需矣。側聞史思明會兵汴州,烽接洮岷。李光弼方巡河上,使許叔冀守汴。叔冀戰不勝,遂與其將梁浦、劉從諫等降之。論兵之地,何其蕭瑟;鬭將之辰,不亦蒼茫。大軍之設,雖多處所;范陽之孽,正爾紛綸。我雖在秦,興盡籠鳥,道喪泣麟。當此窮秋,搖落回首,高臥嵩陽之客,松筠在望,潁水一方,何能褰裳就之哉!○此詩敘山人梗概,錯綜見之。山屐、酒巾,山人具也。草書、詩興,山人藝也。豢龍、馴鹿,山人術也。肘符、藥囊,山人技也。皆由靜者心多妙耳。乃其大節,卻在盡孝。故一則曰「艱難隨老母」,再則曰「關西得孟鄰」,三則曰「寧聞倚門夕,盡力潔餐晨」。《唐詩紀事》:「彪,潁洛間靜者。天寶末,將母避亂。嘗作《神仙詩》。」關西即鳳翔。「關西得孟鄰」,正公與山人扈從行在日。「世祖」一段,隱隱照應。

前出塞九首

　　《前出塞》,追諷玄宗用兵於吐蕃,是開元間事。

戚戚去故里,悠悠赴交河。公家有程期,亡命嬰禍羅。君已富土境,開邊一何多。四句承「悠悠赴交河」。**棄絕父母恩,吞聲行負戈。**二句應「戚戚去故里」。

　　從軍者之言曰:「吾等皆有故里。今戚戚去之,吾等何知交河?今悠悠赴焉。夫豈不欲亡命而逃?公家起役,程期有限。一或亡命,即嬰禍羅耳。所以異者,我君幅員已廣,開邊似屬多事,尚使我悠悠而赴交河耶?誰無父母,棄絕不顧,吞聲而行,負戈以往,至於『戚戚去故里』,伊可歎也。」○開元中,折衝未停,兵有定籍,不似召募無稽,可以逃脫。故曰「亡命嬰禍羅」。當時土境日拓,玄宗開邊,自開元十五年,王君㚟開釁後,張忠亮破吐蕃於渴谷,拔其大莫門城;杜賓客破吐蕃於祁連城下;十七年,張守素破西南蠻,拔昆明及鹽城;王翃破吐蕃石堡城;十八年,烏承玼破奚契丹於捺祿山。二十年以後,雖吐蕃又欵。至赤嶺之碑僕,釁端又開,與奚契丹交搆不已。開邊之多有如此者。

出門日已遠，承「戚戚去故里」。**不受徒旅欺。骨肉恩豈斷，**承「棄絕父母恩」。**男兒死無時。走馬脫轡頭，手中挑青絲。捷下萬仞岡，俯身試搴旗。**四句承「吞聲行負戈」句。

　　纔去故里耳，一出門便日遠矣。「出門」則去妻孥，即「徒旅」。「日遠」則經歷久，更事熟。所以徒旅之欺，人皆不免，我獨不受也。試想父母生我，恩豈能斷至棄絕？惟是男兒效死，或死床笫〔註5〕，或死邊疆，未有期耳。是以縱轡而往，奮不顧身。青絲之鞭，手自挑起。雖隴山高於萬仞，不覺迅速而下，俯身就列，遂試搴旗之役矣。

磨刀鳴咽水，水赤刃傷手。欲輕腸斷聲，心緒錯已久。四句承「俯身試搴旗」。**丈夫誓許國，憤惋復何有。功名圖麒麟，戰骨當速朽。**四句承「男兒死無時」。

　　從萬仞崗而下，隴頭流水，鳴聲鳴咽矣，就此磨刀。磨刀之聲，若與流水同悲。近視之，水赤矣。還顧焉，刃傷手也。水聲、刀聲，皆腸斷之聲，豈不欲輕，而致傷手。出門以來，心緒久錯，即傷手，有不覺矣。雖然，丈夫許國，以身殉之，憤惋何有？但使功名圖於麒麟，何妨戰骨朽於朝露。區區傷手，何足斷腸也！

送徒既有長，遠戍亦有身。生死向前去，不勞吏怒嗔。四句承前「亡命嬰禍羅」。**路逢相識人，附書與六親。哀哉兩決絕，不復同苦辛。**四句應前「骨肉恩豈斷」。

　　我本徒役，送徒有長，惟長是從。但我遠戍，業已無家。然亦有身。爾之送我者，慮我身有脫逃耳。不知丈夫許國，生死向前，且無煩爾送，更何勞爾怒，又何勞爾嗔也。去則去矣，所難恝然者，六親耳。倘逢相識，為我附書。書中之意，更無他辭，不過曰哀哉此行，從今永訣，此後辛苦，我獨受之而已。

迢迢萬里餘，領我赴三軍。軍中異苦樂，主將寧盡聞。四句承前章「送徒」者說。**隔河見胡騎，倏忽數百群。**二句「交河」。**我始為奴僕，幾時樹功勳。**二句自期。

　　「悠悠赴交河」，已到交河矣。迢迢然道遠萬里，送徒者領我至此，但使我赴三軍耳。軍中苦樂，送徒者能達主將乎？於時交河在前，賊騎飄忽，隔河望見，頃刻百群。我初到此，未奉將令，未敢襲擊。然此心觖觸。今日起家奴，何時得樹邊功，不負此行也。○當時如高仙芝、李嗣業，皆以奴僕起家。此則自傷奴僕，功勳難樹，對主將言。蓋此主將是苦樂不聞之主將。

〔註5〕按：「笫」，底本及康熙二十一年本俱作「第」，誤。

挽弓當挽強，用箭當用長。射人先射馬，擒賊先擒王。承前「樹功勳」
意。**殺人亦有限，立國自有疆。苟能制侵陵，豈在多殺傷。**遙應首章「君
已富土境」二句。

隔河賊騎，飄忽如此。功勳之樹，在此時矣。遂張弓曰「挽弓當挽強」，遂抽矢
曰「用箭當用長」，遂控馬曰「射人先射馬」，遂指寇曰「擒賊先擒王」。但古者天子
有道，守在四夷，雖曰擒賊，殺人原不在多也。況乎立國，亦各自有疆域也。要使中
外劃然，侵陵得制。不然，即多殺何益！若之何「土境已富」，還開邊耶？

驅馬天雨雪，軍行入高山。逕危抱寒石，指落層冰間。四句為築城之役。
已去漢月遠，何時築城還。浮雲暮南征，可望不可攀。四句遙應「哀哉
兩決絕」句。

驅馬至此，正值雨雪。軍行嶄嶄，又入高山。入高山則逕危，而抱石恐墜。天雨
雪則冰堅，而與指俱裂。凡為築城故也。回首一望，漢月何在？不知築城何時可還，
惟有浮雲南征，我欲俱南，無奈可望不可攀何！此時六親安在，附書無人。戍人之骨，
終委棄於高山雨雪、層冰寒石間已耳。

單于寇我壘，百里風塵昏。遙應「隔河」等句。**雄劍四五動，彼軍為我奔。
虜其名王歸，繫頸授轅門。**承前「擒賊」等句。**潛身備行列，一勝何足論。**
遙應「幾時樹功勳」句。

前此隔河，賊騎條忽，百群將以伺釁寇我壘也。今單于果來寇矣。胡塵一動，百
里為昏。我戍人蓄銳蘊怒，氣吞強寇，無煩搴旗抱鼓，雄劍動，彼軍奔矣。無煩一軍
齊力，四五動，彼軍為我奔矣。前曰「擒賊先擒王」，今虜其名王，王先擒矣。前曰
「苟能制侵陵」，今繫頸轅門，侵陵制矣。我本奴僕，敢曰功勳？庶幾潛身行列，今
日一勝，何足稱功哉！○「潛身備行列」，戍士中大樹將軍之器。「一勝何足論」，戍
士中八戰八克之吳漢。公以愧倖勝邀功者。

從軍十年餘，能無分寸功。眾人貴苟得，欲語羞雷同。四句總收前章。
中原有鬥爭，況在狄與戎。丈夫四方志，安可辭固窮。四句發明出塞之
故。

我從軍出塞十年餘矣。此十年中，豈無寸功？乃潛身行列，勝不足論者。蓋由眾
人立功，多貴苟得；我欲稱功，自羞雷同耳。今日中原正多戰伐，況狄而回紇、戎而
吐蕃，何一可緩？惟是徼幸成功，封侯亦易；慷慨報國，固窮為難。我丈夫志在四方，
今日未敢邀功者，亦自分固窮云爾。○軍中最多苟得之功，雷同正以苟得雷同也。開、
寶間，邊帥之功苟得者，如裴休子以窣干之言，阬殺瑣高之從兵以為功；如孫誨自欲

求功，矯制令崔希逸襲擊吐蕃；如王昱受南議皮羅閣之賂，許其合六詔為一，以其兵襲擊群蠻，滅之，卒為邊患；如高仙芝攻阿弩城，詐為守者，以誘阿弩，又偽與石國約和，引兵襲之，得瑟瑟十餘斛；無非苟得。「眾人貴苟得」，道盡邊帥倖功之弊。

後出塞五首

《後出塞》，追諷玄宗寵任安祿山，是天寶間事。

男兒生世間，及壯當封侯。戰伐有功業，焉能守舊丘。 四句為下應募張本。**召募赴薊門，軍動不可留。千金買駿馬，百金裝刀頭。閭里送我行，親戚擁道周。斑白居上列，酒酣進庶羞。少年別有贈，含笑看吳鉤。** 以上極寫喜於應募情事。

從軍者之言曰：「男兒生世，豈徒然哉？及此壯年，封侯為貴。顧封侯必須功業，功業必由戰伐。此男兒壯年事。不然老死牖下，無益也。況今日從戎，都由召募。今日應募，只在薊門。彼薊門節度為諸鎮雄，天子召募，遣我輩赴其軍前。三軍一動，可須臾留哉！但我平生不習武事，今日戎器，亦非素有。買駿馬，須千金也；裝刀頭，須百金也。傾貲為此者，誠欲樹功勳為封侯計耳。」於時，閭里親戚榮我之行，有送道周者，中有斑白；寵我之行，有進庶羞者。至於少年，不與召募，羨我之行，別贈吳鉤。我含笑而受，良足快矣。○開末寶初，府兵壞，彍騎廢。舊時戍邊者，皆已逃匿。其倉卒應募，皆市井負販子弟，未嘗習兵之人。不知利害，不習安危，全無況瘁。既曰「及壯當封侯」，又曰「焉能守舊丘」，但知貪功倖勝，棄墳墓，去室家，有所不顧。以視《前出塞》「戚戚去故里」，何如哉！至於千金買馬，百金裝刀，想見市井狡獪，喜事賈勇，傾貲從軍。夫兵，兇器；戰，危事。古人出師，鑿凶門，白衣冠送之，以示況瘁。今召募赴薊門，非吉行也。乃閭里親戚，紛紛祖道；斑白羅列，酒酣進羞。若此行召募往，真封侯歸者，亦足見人心喜亂。安、史之禍，不旋踵矣。

朝進東門營，暮上河陽橋。落日照大旗，馬鳴風蕭蕭。平沙列萬幕，部伍各見招。中天懸明月，令嚴夜寂寥。悲笳數聲動，壯士慘不驕。 以上寫「出塞」。**借問大將誰，恐是霍嫖姚。** 諷主將。

募軍發矣，營列東門。我朝進其營而就列，暮上河陽橋而就宿。惟時營前大旗，落日照之；營外馬嘶，風聲送之。遙見營列平沙者，不啻萬幕。我儕部伍，各就所招。未幾日落風靜，明月懸矣。號令嚴肅，寂寥無聲。唯有悲笳數聲，雖壯士有殺賊之志，聞此亦慘然不敢驕也。此大將何人？漢有霍嫖姚者，是耶？非耶？○祿山反范陽，封常清議斷河陽橋為守禦，則募兵赴其軍前時，必由河陽橋去，故曰「暮

上河陽橋」。

古人重守邊，今人重高勳。應前「戰伐有功業」句。**豈知英雄主，出師亙長雲。六合已一家，四夷且孤軍。遂使貔虎士，奮身勇所聞。拔劍擊大荒，日收胡馬群。誓開玄冥北，持以奉我君。**以上都寫「重高勳」。

　　朝廷何為召募？由今人開邊，與古人異也。夫開邊何功之有？豈知英雄之主，其出師有故，以為六合之大，雖已一家；四夷之遠，孤軍且入。於是貔虎壯士，一聞重高勳，而奮身以赴焉。此時，大將拔劍橫空，開市收馬，其意若曰：「我誓掃漠北，以其土地奉我君王。」其言誇大如此。〇天寶間，祿山畜單于大馬，習戰鬥者數萬。「日收胡馬匹」指此。「玄冥」，北幽州之北，祿山所節度處。「誓開玄冥北，持以奉我君」，正寫祿山誇大其言，以固玄宗心也。如奏言營州蟲食苗，臣焚香祝天云：「臣操心不正，願食我心」之類。玄宗以此信任，力保不反，亦愚矣哉！

獻凱日繼至，兩番靜無虞。漁陽豪俠地，擊鼓吹笙竽。雲帆轉遼海，粳稻來東吳。越羅與楚練，照耀輿臺軀。以上寫玄宗寵任祿山。**主將位益崇，氣驕陵上都。邊人不敢議，議者死通衢。**以上寫祿山反狀。

　　惟「今人重高勳」，獻凱者遂無虛日，一若東西兩番，果無虞也。大將節鎮薊門，地為俠窟。獻凱之際，吹笙擊鼓以為娛。朝廷從此寵任無加，因而雲帆轉輸，盡供遼海；東吳粳稻，皆入漁陽。凡為越羅，為楚練，輿臺之軀，莫不照耀。大將爵列三鎮，履位彌高，氣陵朝廷，目無天子。凡我邊人，豈不知其舉動有異！然不敢議，議則有死於通衢耳。〇時祿山掩敗為功，屢以酒誘契丹，醉而殺之，動數千人，輒以凱獻。前後凡數次，頻賜鐵券。九載，獻奚俘八千人，上命考課，書上上考。「獻凱日繼至」正指此。京師為上都。「陵上都」，直書祿山反狀。如踞床語，馮神威曰「十月灼然詣京師」之類。〔註6〕天寶十四載，祿山詐為敕書，召諸將曰有密旨，令將兵入朝。軍旅愕然，莫敢異言。所謂「邊人不敢議，議者死通衢」也。〇海運自朱清、張瑄始，古未嘗有。按：杜詩《後出塞》云：「漁陽豪俠地，擊鼓吹笙竽。雲帆轉遠海，粳稻來東吳。」又《昔遊》章云：「幽燕盛用武，供給亦勞哉。吳門持粟帛，汎海凌蓬萊。」〔註7〕據此，

〔註6〕姚汝能《安祿山事蹟》卷中：
　　　　乃遣中使馮承威齎璽書，召祿山，曰：「與卿修得一湯，故令召卿。至十月，朕御於華清宮。」兼宣如達奚珣之策。祿山聞命曰：「馬不進，亦得十月灼然入京。」承威覆命，奏泣曰：「臣幾不得生還。祿山聞臣宣先奏旨，踞牀上不起，但云聖人安穩。遽令左右送臣於別館，居數日，然後得免難。」十一月九日，祿山起兵反，以同羅、契丹、室韋曳落河，兼范陽、平盧、河東、幽薊之眾，號為父子軍，馬步相兼十萬，鼓行而西，以誅楊國忠為名。

〔註7〕《杜詩闡》卷二十五《昔遊》。

是唐時已有海運。此論出《輟耕錄》，豈知始於隋時，九成悮也。〔註8〕

我本良家子，出師亦多門。遙應首章。**將驕益愁思，身貴不足論。躍馬二十年，恐辜明主恩**。四句言其不從畔。**坐見幽州騎，長驅河洛昏。中夜間道歸，故里但空村。惡名幸脫免，窮老無兒孫**。結還召募者逃脫而歸。

我雖應募而來，本良家子也。遭時不幸，出師多門，使人何所適從哉！今日主將既驕，徒添惆悵，縱然從逆身貴，何足為榮？追維應募以來，躍馬邊庭，至於今二十年事矣。二十年中，叨受主恩，不為不深。將驕如此，我戍人不早自裁，恐至有辜主恩也。當年東都之卒，遣赴薊門；今日薊門之騎，必犯河洛。我自分良家，肯從畔亂？有中夜脫逃，從間道歸耳。惟是出門二十年，昔年親戚，無復在者；所存故里，已成空村。雖亂賊惡名，幸而得免，無奈一身窮老，兒孫盡絕何！○前、後《出塞》，公痛玄宗始開邊釁，繼寵祿山，騖遠功，忽近虞，大約是開、寶間三十餘年中事。以言其事，《前出塞》曰「開邊一何多」，內治不修，而務廣地，失在開邊也；《後出塞》曰「今人重高勳」，重高勳，所以任祿山，始而掩敗為功，繼而將驕難制，失在重高勳也。以言其地，《前出塞》曰「悠悠赴交河」，赴交河者，發卒戍邊也；《後出寨》曰「召募赴薊門」，赴薊門者，赴祿山軍前也。以言其時，《前出塞》曰「從軍十年餘」，此十年，大約是開元十四年至二十四年，玄宗信任王君㚟，開釁吐番，結怨回紇之事。蓋開元十五年以前，番戎歲不犯邊。自十五年後，邊事日多故也。《後出塞》曰「躍馬二十年」，自開元二十四年玄宗始寵任祿山，委以邊事，至天寶十四載。此二十年中，邊事日壞，禍延蕭牆，為可歎也。後之謀國者，其亦悚然於前、後《出塞》也夫。

示姪佐公自注：「佐草堂在東柯谷。」

多病秋風落，君來慰眼前。自聞茅屋趣，只想竹林眠。滿谷山雲起，侵籬澗水懸。四句東柯草堂。**嗣宗諸子姪，早覺仲容賢**。挽合首二句。

秋來多病，離群索居，君來差慰耳。何慰也？自聞茅屋，常想竹林，冀得高臥，領茲幽趣。蓋由東柯枕山，山雲一起，常滿谷中；山麓有澗，澗水一懸，直侵籬下耳。況嗣宗子姪，仲容最賢。吾同嗣宗，君賢似仲容。此眼前足慰，他日期與竹林共遊云。

〔註8〕按：《杜詩闡》所言有誤。

陶宗儀《南村輟耕錄》卷十一：

國朝海運糧儲，自朱清、張瑄始，以為古來未嘗有此。按杜工部詩，《出塞》云：「漁陽豪俠地，擊鼓吹笙竽。雲帆轉遼海，粳稻來東吳。」又《昔游》云：「幽燕盛用武，供給亦勞哉。吳門持粟帛，汎海凌蓬萊。」如此，則唐時已有海運矣。朱、張特舉行耳。

佐還山後寄三首

山晚黃雲合，歸時恐路迷。澗寒人慾到，林黑鳥應棲。野客茅茨小，田家樹木低。六句「還山」。舊諳疎嬾叔，須汝故相攜。結卜居意。

　　汝望東柯還矣，遙想東柯向晚，黃雲已合，歸路恐迷也。歸路有澗，澗寒則抵家為急；歸路有林，林黑即禽鳥亦棲。似此寒澗、黑林，汝之歸路迷耶？否耶？因想爾谷中茅茨甚小，居然野客；樹木甚低，恰是田家。汝還山，我意亦有須於汝。蓋由我性疎嬾，汝所素知。今攜家客秦，不知能為我地否也。

白露黃粱熟，分張素有期。已應春得細，頗覺寄來遲。二句承「分張素有期」。味豈同金菊，香宜配綠葵。老人他日愛，正想滑流匙。四句承「白露黃粱熟」。

　　我須汝，豈獨居哉？計此時白露初來，黃粱已熟。汝與我分張時，亦曾許寄。今來何暮，豈其未舂？諒已舂細，何其未寄？望汝亟貽我。須廣粱者，以其味甘，苦非金菊；兼之種美，香配綠葵。誠得寄來，慰我下箸，庶不分張所期也。○「秋當解袂，行復分張」，出王右軍帖。

幾道泉澆圃，交橫落幔坡。二句領至末。葳蕤秋棄小，隱映野雲多。隔沼連香芰，通林帶女蘿。甚聞霜薤白，重惠意如何。

　　吾須汝，豈特黃粱哉？東柯有圃，灌圃須泉。分泉引水，自澗而下者，定有幾道。幾道泉，則交橫落矣。坡中之植，泉水一澆，青翠如幔。幔坡之處，秋葉葳蕤而可摘。泉澆之際，野雲隱映而更多。不獨圃耳，隔沼之地，香芰連生；不獨坡耳，通林之餘，女蘿遙帶。夫此香芰、女蘿，連隔沼帶、通林，想見東柯谷中，此深藏數十家者，更無爾我之分、彼此之別，是真桃源也。況圃坡之間，薤白如霜，尤宜老病，望汝重惠云。○坡即《秦州詩》中所稱「陽坡可種瓜」〔註9〕者是也。幔坡謂坡上青蔥，一望如幔。

宿贊公房 公自注：「贊，京師大雲寺主，謫此安置。」

杖錫何來此，秋風已颯然。雨荒深院菊，霜倒半池蓮。二句承「秋風已颯然」。放逐寧違性，虛空不離禪。二句承「杖錫何來此」。相逢成夜宿，隴月向人圓。結還「宿贊公房」。

　　我宜棄官來此，太師方外杖錫何來？秋風颯然，助其蕭瑟矣。秋風至而秋雨來，深院之菊，摧其晚節；秋風至而秋霜降，半池之蓮，墜其老紅。菊荒蓮側，宜大師謫此安置耳。雖則安置，平生之性，放逐不違；心地之禪，虛空自在。我與大師一經亂

〔註9〕　《杜詩闡》卷八《秦州雜詩二十首》之十三。

離，再經播徙，忽逢岐路，如月再圓。太〔註 10〕師亦可自遣矣。○按史，房琯高談釋老，宜與贊公交好。今贊以交琯，故讁此安置，與公同病，此詩情見乎詞。

遣懷

愁眼看霜露，一篇通寫「愁」字。寒城菊自花。天風吹斷柳，客淚墮清笳。水淨樓陰直，山昏塞日斜。夜來歸鳥盡，啼殺後棲鴉。

　　我愁從中來，眼前景物，無非愁者。看此霜露中，寒城一帶，菊花亦自愁人也。況柳隨風飄，淚因笳落哉！寒城有樓，水淨則樓陰入水，其影自直；寒城有塞，山昏則塞日下山，其景自斜。此皆可愁者。況眾鳥胥歸，一鴉靡托，淒其又如此！

廢畦

秋蔬擁霜露，豈敢惜彫殘。暮景數枝葉，天風吹汝寒。綠霑泥滓盡，香與歲時闌。六句「廢畦」。生意春如昨，悲君白玉盤。二句「廢畦」之感。

　　秋蔬而被霜露，凋殘固宜，何惜之有？況暮景依依，尚有數枝葉也。無奈既經霜露，又被風吹。何往時之綠，霑泥並盡；此日之香，與歲俱闌。回首春前，生意如昨，今日蕭條至此。秋蔬之敗，固物候之常。所可傷者，白玉盤中，無物可薦，為不堪耳。○不悲蔬敗，悲君盤空，深於逝梁發笱〔註 11〕之感。

除架公自注：「瓜架也。」

束薪已零落，瓠葉轉蕭疏。幸結白花了，寧辭青蔓除。四句「除架」。秋蟲聲不去，暮雀意何如。二句除後。寒事今牢落，人生亦有初。結出正意。

　　種瓜搆架，故有束薪。架搆而蔓延，蔓延而葉生，葉生而花開，花開而瓜結。此架始事也。今架零落，葉蕭疏矣；葉蕭疏，白花了矣。白花了而青蔓除，青蔓除而架亦除。此架終事也。四時之物，成功者退。當其既謝，智力難爭。而乃秋蟲之聲，猶依架下；暮雀之意，尚戀架前。有識者歎盛衰乘除，自有定數；寒事寥落，亦何足悲。蓋有初者必有終，人生亦然，即瓜架可悟矣。○秋蟲、暮雀，亦似諷不知幾者，棲遲危邦亂朝意。

西枝村尋置草堂地夜宿贊公土室　二首

出郭眄細岑，披榛得微路。溪行一流水，曲折方屢渡。四句往西枝村。

〔註10〕 「太」，當作「大」。
〔註11〕 《詩經・邶風・谷風》：「毋逝我梁，毋發我笥。」

贊公湯休徒，好靜心跡素。昨枉霞上作，盛論巖中趣。怡然共攜手，恣意同遠步。捫蘿澀先登，陟巘眩反顧。要求陽岡暖，苦陟陰嶺沍。惆悵老大藤，沉吟屈蟠樹。以上「尋置草堂地」。卜居意未展，杖策廻且暮。層巔餘落日，草蔓已多露。四句卜居未就。

　　此處西枝村，在近郭小山間，遵徑而往，有水一方，曲折屢渡，遂達贊公之居。贊公是湯休之徒而好靜，蓋素心人也。昨枉佳章，稱述幽趣。我此來，為尋置草堂地。因與公遠步巖間，捫蘿而登，則手為澀；陟巘而顧，則目為眩。庶幾得陽岡之暖耳。不謂陰嶺祇自陟也。陰嶺間所見，惟老大藤、屈蟠樹。二物不才，老於山中。羈客對之，增惆悵耳。卜居未遂，策杖興窮。回首層巔，猶餘落日。乃蔓草之上，早已多露，豈非陰嶺故耶？由出郭至西枝村，由西枝村下陰嶺，自朝至暮，尋置草堂地，而未就如此。

天寒鳥已稀，月出山更靜。土室延白光，松門耿疎影。四句「土室」。躋攀倦日短，語樂寄夜永。明然林中薪，暗汲石底井。四句「夜宿土室」。大師京國舊，德業天機秉。從來支許遊，興趣江湖迥。數奇謫關塞，道廣存箕潁。何知戎馬間，復接塵事屏。以上敘「贊公」。幽尋豈一路，遠色有諸嶺。晨光稍朦朧，更越西南頂。結還「尋置草堂地」。

　　陰嶺不可居，遂策杖而還土室。於時天寒鳥稀，人歸，鳥亦歸也；月出山靜，山靜，有月更靜也。而況月光直延土室，松門疎影，亦復耿耿焉。躋攀既倦，迫此短景；語樂正殷，度此寒宵。因於土室中，燃薪燎寒。燃為「明燃」者，月照林中也。且汲井取水。汲為「暗汲」者，月違石底也。我夜宿贊公土室如此。因念贊公德業過人，天機獨秉，當與支、許同遊，以遂江湖之逸興。今日數奇，遠謫關塞，然道廣無悶，高風自存。雖處戎馬，能屏塵事。是土室之寄跡，亦偶爾。我昨來卜居，陰嶺之外，亦有陽岡，幽尋當非一路，遠色尚有諸峰。少俟晨光，更越山頂。舍東北，求西南可也。遣土室而謀夜宿，夜宿起而日向晨，有事陽岡之求又如此。○房琯以高談釋老交贊公。今公一則曰「好靜心跡素」，再則曰「道廣存箕潁」，則知贊與琯遊，非門客琴工、董庭蘭比，以臧賄為事者。

卷　十

自秦入蜀詩 乾元二年

寄贊上人

　　公卜居西枝村未就，欲卜居同谷，此發秦之由。詩中「西枝西有谷」者，即同谷也。
一昨陪錫杖，卜鄰南山幽。年侵腰腳衰，未便陰崖秋。重崗北面起，
竟日陽光留。茅屋買兼土，斯焉心所求。以上卜居重崗。近聞西枝西，
有谷杉漆稠。亭午頗和暖，石田又足收。當期塞雨乾，宿昔齒疾瘳。
徘徊虎穴上，面勢龍泓頭。柴荊具茶茗，徑路通林丘。與子成二老，
來往亦風流。以上卜同谷。

　　昨陪錫杖，卜居南山，只因老病侵尋，陰崖未便，故復於重崗處，冀得陽光永留
者，築室買田，我心斯遂。近聞西枝村之西，更有一谷，杉漆既稠，則他物稱是；亭
午和暖，則向陽可知。況石田無收者，此又足收，豈非樂土！今日塞雨未乾，齒疾未
瘳耳。他日雨乾疾瘳，於此谷虎穴上，龍泓頭，面勢而居。柴荊之中，茶茗時具。徑
路雖遠，村丘可通。縱不得居西枝村，而由彼至此，我時為土室遊，公時飛西村錫，
放臣逐客，何忝二老，望衡對宇，不亦來往風流哉！〇西枝西曰有谷，定指同谷。「近
聞」，必指同谷邑宰書。公至同谷界，有「邑有賢主人，來書語絕妙」句〔註1〕可證。
谷在虎穴上，龍泓頭。《同谷七歌》中：「南有龍兮在山湫。」〔註2〕後《發同谷縣》

〔註1〕《杜詩闡》卷十《積草嶺》，公自注：「同谷界。」
〔註2〕《杜詩闡》卷十《乾元中寓居同谷縣作歌七首》之六。

−201−

詩：「停驂龍潭雲，回首虎崖石。」此詩「虎穴」「龍泓」，指此無疑。

太平寺泉眼

招提憑高崗，疏散連草莽。出泉枯柳根，汲引歲月古。石間見海眼，天畔縈水府。廣深丈尺間，宴息敢輕侮。八句「太平寺泉眼」。青白二小蛇，幽姿可時睹。如絲氣或上，爛熳為雲雨。山頭到山下，鑿井不及土。取供十方僧，香美勝牛乳。北風起寒文，弱藻舒翠縷。明涵客衣淨，細蕩林影趣。何當宅下流，餘潤通藥圃。三春濕黃精，一食生毛羽。以上細敘「泉眼」之利益。

　　高岡草莽，泉不易得。此泉獨出柳根，汲引以來，歲月已古。所以然者，此泉之源，出於海眼。高岡在天畔，水府獨縈其間，廣深雖止丈尺，似可輕侮也。乃宴息者過而異之，不敢輕侮，有神物以憑之耳。不見泉畔小蛇，其姿幽絕，如絲之氣，似難為雲為雨。及其上騰，爛熳然為雲為雨而不難。即小蛇可知泉眼矣。由山頭而到山下，鑿井雖不盡土，而汲水供僧，美勝牛乳焉。且風拂寒文，藻舒翠縷，明涵客衣而見其淨，細蕩林影而想其趣。不獨此耳。其餘波流於宅下者，通藥圃，濕黃精，食之可生羽翰，即飛昇不難。泉畔小蛇，資其氣而為雲雨；井中餘澤，潤黃精而生羽毛。泉眼之利物濟人如此。○按《水經注》：「神蛇戍西，左右小溪多五色小蛇，性馴良，不為物毒。」青白小蛇，想即此也。

空囊

翠栢苦猶食，明霞高可餐。世人皆鹵莽，我道屬艱難。不爨井晨凍，無衣床夜寒。六句囊空之故。囊空恐羞澀，留得一錢看。結出「空囊」。

　　翠栢、明霞，不用錢買。味苦堪食，氣高可餐。世人鹵莽，焉知翠栢、明霞之趣。我道艱難，立節食栢餐霞之間耳。凡人爨則資井，我已食栢、餐霞，何爨之有！宜乎「井晨凍」。凡人食則思衣，我已不爨、忍饑，何衣之有！宜乎「床夜寒」。此皆囊空之故。空則羞澀。欲免羞澀，庶得萬錢，何可得也！聊留一錢，為空囊解嘲耳。○食栢、餐霞，似專療饑。不爨、無衣，又兼寒說。蓋朝霞者，日出赤氣，餐可得煖。

病馬

乘爾亦已久，天寒關塞深。塵中老盡力，歲晚病傷心。四句「病馬」。毛骨豈殊眾，馴良猶至今。物微意不淺，感動一沉吟。四句感歎。

　　乘爾代步，亦云已久。其奈遠覊關塞，天寒正深何！乘爾既久，則疇昔塵中，老

能盡力；天寒正深，則今日歲晚，病忽侵尋。夫少盡其力，老棄其身，人之恒情。健則資其用，病則不復惜，亦人之常態。我獨傷心者，則以爾毛骨猶眾，似無殊才；馴良至今，似有殊德。是物雖微，意不淺也。為此感動，沉吟不已。一馬且然哉！

送人從軍　公自注：「時有吐蕃之役。」

弱水應無地，陽關已近天。今君渡沙磧，累月斷人煙。四句「從軍」。好武寧論命，封侯不計年。馬寒防失道，雪沒錦鞍韉。四句寫送，兼勸誡意。

　　弱水在甘州，陽關為西域門戶。弱水敗渙，不能載物，似乎無地。陽關峻險，不獨絕境，幾幾近天。過弱水，踰陽關，則必渡沙磧。「應無地」，「已近天」，又安得人煙？從軍至此，實命不猶。既好武矣，又何論命！從軍至地，曷月還歸？苟封侯也，又何論年！從軍者勉哉！雖然，萬里之役，人馬相依。彼弱水、陽關外，一片沙磧。縱有識途之馬，能無失道之虞？萬一雪深馬陷，一蹶不振，從軍者又當戒也。○結二句，誠恐此行疎虞。如守不固，戰不力，皆是失道，蓋寓言云爾。

送靈州李判官

羯胡腥四海，回首一茫茫。血戰乾坤赤，氛迷日月黃。四句時事。將軍專策略，幕府盛才良。近賀中興主，神兵動朔方。四句送。末並期望之。

　　亂起祿山，腥聞已久。回首一望，祇歎茫茫。蓋腥聞為血戰，而茫茫以氛迷也。側聞主帥，能專策略；此間幕府，更多才良。況今中興之主，赫然命將，專領朔方。勁兵與賊決戰於河陽，清乾坤，洗日月，在此一舉。我為中興之主賀，兼為判官厚期之。○乾元二年十月間，李光弼領朔方兵，與史思明戰於河陽。諸將齊力致死，呼聲動天地，斬首無筭，思明遯去。「史言河陽之戰，真為確鬥，非李光弼督諸將致死，不能決勝。」〔註3〕「近賀中興主，神兵動朔方」，正謂此也。

送遠

帶甲滿天地，胡為君遠行。親朋盡一哭，鞍馬去邊城。草木歲月晚，關河霜雪清。六句追言。別離已昨日，因見古人情。二句點明。

　　安史搆亂，到處被兵。我瞻四方，蹙蹙靡騁。君今遠行，欲何為者？於時送者親朋，方聞一哭；行者鞍馬，已遠邊城。「盡一哭」，情盡於哭，不能留矣。「去邊城」，

〔註3〕《資治通鑒》卷二百二十一《唐紀三十七》胡三省注。

望邊而去，真苦別也。當此草木搖落，歲月既晚；關河蕭條，雨雪又侵。行者何以堪此？我嘗怪古人送遠，往往過情，由今思之，我之別離，已經昨日，尚有不忘者。因知古人之情，亦猶我情，豈為過情哉？

別贊上人

百川日東流，客去亦不息。我生苦漂蕩，何時有終極。四句先提發秦意。贊公釋門老，放逐來上國。還為世網嬰，頗帶憔悴色。四句傷贊公。楊柳晨在手，豆子雨已熟。是身如浮雲，安可限南北。異縣逢舊友，初欣寫胷臆。天長關塞寒，歲暮饑凍逼。野風吹征衣，欲別向曛黑。馬嘶思故櫪，歸鳥盡欲翼。古來聚散地，宿昔長荊棘。相看俱衰年，出處各努力。以上別贊公。

　　川水東流，晝夜不息，客子似之。我漂蕩天涯，靡有終極。方入秦，又發秦矣。我則已矣。贊公為釋門尊宿，放逐來此，既嬰世網，難免憔悴耳。雖然，贊公自春入秦，楊柳在手，青青如乍。忽焉，雨中豆子，都已成熟。可知身如浮雲，或南或北，安必上國是，關塞非耶？我於異縣，幸逢舊友。無奈饑驅，又欲他方。今日野風吹衣，曛黑分手，自歎不如嘶馬有舊櫪之戀，歸鳥有故林之棲也。但人非鹿豕，聚散何常。古來此地，盡成荊棘，何獨秦州為然。惟是爾我相看，俱成頹暮。此行而後，或出或處，各自努力。我固以漂蕩老，贊公豈以放逐終。贊公勉之矣！○「楊柳」二句，總見歲時之速。舊註都贅。

兩當縣吳十侍御江上宅

寒城朝煙淡，山谷落葉赤。陰風千里來，吹汝江上宅。提出「江上宅」。鶺鴒號枉渚，日色傍阡陌。借問持斧翁，幾年長沙客。哀哀失木狖，矯矯避風翮。亦知故鄉樂，未敢思宿昔。八句「吳侍御」。昔在鳳翔都，共通金閨籍。天子猶蒙塵，東郊暗長戟。兵家忌間諜，此輩常接跡。臺中領舉劾，君必慎剖析。不忍殺無辜，所以分黑白。上官權許與，失意見遷斥。仲尼甘旅人，向子識損益。朝廷非不知，閉口休歎息。以上謫居之故。余時忝諍臣，丹陛實咫尺。相看受狼狽，至死難塞責。行邁心多違，出門無與適。於公負明義，惆悵頭更白。以上自責。

　　此地為兩當縣，遠眺寒城，朝煙淡矣；近睇山谷，落葉赤矣。陰風颯颯，來自千里，若無意於寒城山谷間，獨吹汝江上宅者。於時鶺鴒啼渚，日色團陸。因問謫居此江上宅者何人，乃侍御繡衣使，而今為長沙遷客也。居此幾年？久矣。如失木猿，驚

弓鳥，豈忘故鄉？蓋昔之事，不堪回首耳。猶憶同籍鳳翔時，主憂臣辱，賊滿東都，軍中多間諜之奸，臺臣嚴舉劾之職。翁獨辨別真偽，不欲一概置法，誠恐失入，戮及無辜也。上官佯許，口是心違，我翁遂遭貶斥，辭金闈，居此江上宅。夫仲尼安旅人之遇，向平識損益之爻。在翁今日，固安於境。可歎者，朝廷明知，拑口莫救耳。我忝諫臣，時幸同籍，坐視受譴，抱疚至今。所以行至兩當，趑趄不進，明義安在，使翁至此。不禁望江上宅，為公惆悵，自憐白髮徒添也。

發秦州

我衰更嬾拙，生意不自謀。無食問樂土，無衣思南州。四句先出南州。漢源十月交，天氣涼如秋。草木未黃落，況聞山水幽。栗亭名更佳，下有良田疇。充腸多薯蕷，崖蜜亦易求。密竹復冬筍，清池可方舟。雖傷旅寓遠，庶遂平生遊。以上敘南州可居。此邦俯要衝，實恐人事稠。應接非本性，登臨未銷憂。谿谷無異石，塞田始微收。豈復慰老夫，惘然難久留。以上言秦州不可居。日色隱孤戍，烏啼滿城頭。中宵驅車出，飲馬寒塘流。磊落星月高，蒼茫雲霧浮。大哉乾坤內，我道長悠悠。以上「發秦州」。

　　我性嬾拙謀，謀即衣食，全賴天時與地氣。因而問樂土，思南州。南州為漢源。此地天氣，十月如秋；草木經冬，猶未隕落。況山水清幽，足資遊覽。「無衣思南州」者為此。地有栗亭，田為沃土。其餘山蕷、蜂蜜，到處可求；竹筍、佳蔬，嚴冬不乏。況清池如鏡，可泛方舟。「無食問樂土」者為此。是旅寓之地，雖遠於秦；平生之遊，於此而遂。秦可發矣。我去秦州，只因地俯要衝，事疲應接。谿谷平衍，無可登臨；塞田薄收，難以糊口。不足慰老夫，留旅客耳。今發秦州，日隱孤戍，日何慘澹也。烏啼城頭，烏亦惜別也。驅車中宵，不待旦也。飲馬寒塘，飲馬後行也。征人惆悵，星月亦為磊落。征人偃蹇，雲霧亦為蒼茫。因想乾坤大矣，秦州固不可居，南州豈遂終老！前此棄官來秦州，生意已如此。今日去秦之南州，生意亦可知。傷哉我道！悠悠何極哉！

赤谷

天寒霜雪繁，遊子有所之。豈但歲月暮，重來未有期。四句從發秦言。晨發赤谷亭，險艱方自茲。「險艱」句領下數章。亂石無改轍，我車已載脂。山深苦多風，落日童穉饑。悄然村墟迥，煙火何由追。六句「赤谷」。貧病轉零落，故鄉不可思。常恐死道路，永為高人嗤。四句感懷。

今日者，遊子不得已，有所之，即天寒不顧矣。此行可悲，豈但歲暮，直恐與秦從茲永訣。憶我至秦時，暮投赤谷西崦人家，今宜從赤谷亭畔而發也。我想隴阪九折，由赤谷而進，艱險不一，此特伊始。夫登高崗者必改轍，今亂石縱橫，從無轍跡。縱慾改塗，何路可遵？但當脂車而前。所苦者，山深風多耳。自晨發，至日落，童穉饑矣。村墟迥而煙火絕，童穉尤饑矣。自傷貧病，展轉零落，雖有故鄉，回首茫然。似此衰年，死喪無日，常恐委骸道路，為高人笑。用是顧艱險，不禁踟躕也。○登大隴，歷九阪，赤谷亭為發軔。俗歌曰：「隴頭流水，其聲嗚咽。遙望秦川，肝腸斷絕。」人上阪者，悲思故鄉，有絕死者。宜公悲故鄉，痛道死。「高人」，疑即贊公、阮隱居之徒。

鐵堂峽

山風吹遊子，縹緲乘險絕。領下十句。峽形藏堂隍，壁色立積鐵。徑摩穹蒼蟠，石與厚地裂。脩纖無垠竹，嵌空泰始雪。威遲哀壑底，徒旅慘不悅。木寒長冰橫，我馬骨正折。四句是「乘險絕」。生涯抵弧矢，盜賊殊未滅。飄蓬踰三年，回首肝腸熱。四句感懷。

風吹遊子，縹緲如仙，不覺已乘險絕。險絕何如？蓋此為鐵堂峽，藏於山谷間，臺如堂隍。何以曰鐵？壁色之古，如立積鐵也。其徑上摩，直蟠蒼穹；其石俯入，竟裂厚地。峽中之竹，脩瘦者多，徧地無垠；峽中之雪，亙古不化，疑自泰始。險絕如此。遊子乘之，獨於哀壑之底，遲回不進，我僕孔痛矣。況有萬丈之冰，橫絕難前，我馬孔疽矣。似此生涯，而甘之者，聊抵弧矢之危耳。方今弧矢倥傯，盜賊充斥，我欲撥亂反治，無奈一身飄蓬，已踰三載，回首君門，肺肝空熱而已。

鹽井

鹵中草木白，青者官鹽煙。官作既有程，煮鹽煙在川。四句「鹽井」。汲井歲揢揢，出車日連連。自公斗三百，轉致斛六千。四句販鹽。君子慎止足，小人苦喧闐。我何良歎嗟，物理固自然。四句感懷。

鹽有咸池，東方曰斥，西方曰鹵。草木為鹵所侵，一望皆白。其煙則青，青者為官鹽之煙。乃官作則有期限，蓋軍需孔亟也。煮鹽必取川水，故煙常在川也。汲井煮者，揢揢不休；出車販者，連連不絕。自公而出，斗至三百，為價已昂；自私而售，斛得六千，利更數倍。蓋君子小人不同量，而貪得者欲無厭耳。物理自然，亦何嗟歎之有！○鹽、錢二者，皆佐軍國需。唐世鑄錢，天下諸爐九十九，鹽井亦有六百四十。軍興以來，淪沒者多。鹽少，故遂至「自公斗三百」也。按《唐志》，天寶、至德間，

鹽每斗十錢。乾元二年，第五琦為鹽鐵使，變法。劉晏代之，法益密，遂至每斗三百。何怪轉致者有每斛六千之倍。公曰：「君子慎止足」，為在位者言。

寒峽

行邁日悄悄，山谷勢多端。二句總起。雲門轉絕岸，積阻霾天寒。寒峽不可度，我實衣裳單。況當仲冬交，泝沿增波瀾。野人尋煙語，行子傍水餐。數句單寫「寒」字。此生免荷殳，未敢辭路難。結意自慰。

　　吾行邁至此，悄悄堪悲矣。況山谷之勢，展轉多端哉！雲門未轉，疑為可通；雲門轉處，忽逢絕岸。絕岸之處，既有積阻；積阻之處，又霾天寒。多端加此。我欲度之，其奈衣裳單何！當此仲冬，宜乎水涸。豈意泝洄，波瀾反添。此時岸絕水阻，安得人煙？聊以避寒。遙見有「尋煙語」者，野人堪念也。此時衣裳既單，寒且兼饑，庶幾得火而食，乃寒亦不顧。竟「傍水餐」者，行子堪憐也。行邁之苦如此，而甘之者，蓋以九州被兵，人人負羽，我免斯役，已屬厚幸。行路之難，又何敢辭，亦無須悄悄也已。

法鏡寺

身危適他邦，勉強終勞苦。二句泛起。神傷山行深，愁破崖寺古。二句「法鏡寺」。嬋娟碧蘚淨，蕭槭寒籜聚。洄洄山根水，冉冉松上雨。洩雲蒙清晨，初日翳復吐。朱甍半光炯，戶牖粲可數。以上「法鏡寺」曉景。拄策忘前期，出蘿已亭午。冥冥子規叫，微徑不復取。四句止「法鏡寺」。

　　身危遠適，夫豈得已，亦終歸勞苦而已。故始而神為傷，以連值深山，懼麛托耳。既而愁為破，以望見古寺，得所依也。當此曉行，但見曉竹嬋娟，則有碧蘚之色；曉風蕭槭，則有山籜之委。「山根水」，曉聞洄洄有聲；「松上雨」，曉挹冉冉欲墜。雲洩矣，清晨忽蒙，似晴又雨；日出矣，既翳復吐，似雨仍晴。法鏡寺近矣。朱甍之光，炯然半開；戶牖之數，粲然可指。拄策而入，頓忘前期；出蘿而昕，已近亭午。日曉行，至亭午，陰晴未定，冥冥然雨將作矣。子規叫，行且休矣。前途微徑，不復更取，而止法鏡寺。○仲冬子規叫，南州氣暖也，所以「無衣思南州」〔註4〕。

青陽峽

塞外苦厭山，南行道彌惡。岡巒相經亙，雲水氣參錯。林迴硤角來，

天窄壁面削。磧西五里石，奮怒向我落。仰看日車側，俯恐坤軸弱。魑魅嘯有風，霜雪浩漠漠。以上寫「青陽」之險。昨憶踰隴阪，高秋視吳嶽。東笑蓮花卑，北知崆峒薄。超然倬壯觀，已謂殷寥廓。突兀猶趁人，及茲歎冥寞。以上借「吳嶽」形「青陽」。

　　秦州塞外多山，甚為厭苦。故去秦南遊，不謂其路彌惡，即如此青陽峽，岡巒之勢，綿亙不窮；雲水之氣，參錯不辨。偶逢林迥，硤角紛來；林仍蔽也；忽然斗絕，壁面若削，天亦窄也。不獨此耳。磧西有石，大徑五里，勢若奮怒，欲落我前。仰看畏日車之翻，俯窺懼坤軸之弱。鬼嘯矣，雪飛矣。南行道彌惡如此。憶昨初踰隴阪，望見吳嶽，秀若高秋。東眺，笑蓮花峰之卑，不如吳嶽也。北顧，知崆峒山之薄，不如吳嶽也。超然壯觀，青陽與倬。已謂上隱太虛，蔽虧日月；不圖五里太石，猶突兀而趁人。至是益歎造物冥寞，不可測度也已。〇「日車側」、「坤軸弱」，君位傾危之象。「魑魅嘯」、「霜雪飛」，小人得志之象。尊吳嶽者，吳嶽在鳳翔，肅宗曾駐蹕，公曾扈從其處也。一瞻吳嶽，已覺「蓮花卑」、「崆峒薄」，言下無非推尊朝廷意。

龍門鎮

細泉兼輕冰，沮洳棧道濕。不辭辛苦行，迫此短景急。四句道中。石門雲雷隘，古鎮峰巒集。旌竿暮慘澹，風水白刃澀。四句「龍門鎮」。胡馬屯成皋，防虞此何及。嗟爾遠戍人，山寒夜中泣。四句感時。

　　由秦至蜀，山多棧道。棧道至險，已屬難行。奈此細泉之流，輕冰久結，於是沮洳載道，棧道之行辛苦矣。乃不辭行邁者，仲冬日短，客程須趨耳。未幾，至龍門鎮。龍門為石門。石門苦隘，雲雷難施，乃峰巒交集，則為諸鎮扼要處。朝廷於此設戍，何為旌竿無色，白刃無光？況設戍以防寇也，彼賊騎屯於東都之成皋，乃防虞在龍門之古鎮，雖鞭之長，豈及馬腹？嗟爾士卒，遣戍至此，豈有封疆之思，無復固隔之計。但聞山寒聞寂，夜中飲泣而已。〇乾元二年十月河陽之戰，安太清雖走，史思明雖遁，朝廷猶發安西兵屯陝，以備思明。未幾，思明復遣李歸仁寇陝。是鞏、洛間，賊騎猶充斥也，故曰「胡馬屯成皋」。

石龕

熊羆咆我東，虎豹號我西。我後鬼長嘯，我前狖又啼。天寒昏無日，山遠道路迷。以上「石龕」。驅車石龕下，仲冬見虹霓。伐竹者誰子，悲歌上雲梯。為官採美箭，五歲供梁齊。苦云直篠盡，無以充提攜。奈何漁陽騎，颯颯驚烝黎。以上時事。

石龕境僻，四顧無人，東則熊羆，西則虎豹，後則鬼嘯，前則猱啼。我危矣。況寒日已落，山路又迷。傷哉遠客，驅車至此！《月令》：季春，虹始見。孟冬，虹藏不見。今仲冬而見虹霓，則冬行春令，其應蟲蝗為敗，民有流亡。見今採箭病民，不至流亡不止。而況雲梯上，悲歌伐竹，以供軍需。梁齊之役，五年於茲也。久役困民，直犗已盡。漁陽餘孽，正爾跳樑。哀我烝黎，何日安枕哉！○起句本魏武《苦寒行》：「熊羆對我蹲，虎豹夾路啼。」

積草嶺 公自注：「同谷界。」

連峰積長陰，白日遞隱見。颸颸林響交，慘慘石狀變。山分積草嶺，路異明水縣。以上「積草嶺」、「同谷界」。旅泊我道窮，衰年歲時倦。卜居尚百里，休駕投諸彥。邑有賢主人，情如已會面。來書語絕妙，遠客驚深眷。食蕨不願餘，茅茨眼中見。以上述卜居同谷意。

連峰互起，積陰不斷，白日亦在隱見間耳。況林木交風，不形變態，無非積陰故也。過此山一分，便為積草嶺。路忽異，即是明水縣，而屬同谷界。我此來，亟圖休憩耳。客久道窮，年衰力憊。百里而外，諸彥可投。況賢令拳拳，神交有素。據其來書，盛稱同谷。定知遠客，必荷殷勤；從此采薇，我願已足。雖卜居尚距百里，所謂茅茨者，眼中已望見矣。○公發秦時，想同谷美利，曰良田、曰薯蕷、曰崖蜜、曰冬筍。今曰「食蕨不願餘」，以見我來同谷，非為謀食，亦赴賢主人耳。

泥功山

朝行青泥上，暮在青泥中。泥濘非一時，版築勞人功。四句「泥功山」。不畏道途永，反將汨沒同。白馬為鐵驪，小兒成老翁。哀猿透卻墜，死鹿力所窮。寄語北來人，後來莫匆匆。以上都蒙「汨沒」意，結句寓戒。

吾此行，朝青泥，暮青泥。朝朝暮暮不一時，泥濘若此者，想此地為版築所有事，以泥為功，故曰泥功山。我則不免於汨沒矣。豈獨我哉！白馬以汨沒為黑，小兒以汨沒成翁，哀猿以汨沒技窮，死鹿以汨沒力盡。汨沒之同如此。寄語來人，尚慎旃哉！○「白馬為鐵驪」，風塵改素也。「小兒成老翁」，津梁疲人也。「哀猿透卻墜」，行路之難，當知難而退也。「死鹿力所窮」，車轍之窮，必至慟哭返也。

鳳凰臺

亭亭鳳凰臺，北對西康州。西伯今寂寞，鳳聲亦悠悠。山峻路絕蹤，石林氣高浮。以上寫「鳳凰臺」。安得萬丈梯，為君上上頭。恐有無母雛，

飢寒聲啾啾。我能剖心血，飲啄慰孤愁。心以當竹實，炯然忘外求。血以當醴泉，豈徒比清流。所重王者瑞，敢辭微命休。坐看綵翮長，舉意八極周。自天銜瑞圖，飛下十二樓。圖以奉至尊，鳳以垂鴻猷。再光中興業，一洗蒼生憂。深衷實為此，群盜何淹留。以上感懷。

此亭亭然者，乃鳳凰臺。其北則對同谷。西伯盛時，鳳凰來鳴。今西伯逝，鳳聲杳，惟見山路峻絕，石林高聳耳。安得雲梯，直升臺上。蓋因鳳凰既去，恐有鳳雛，無母以飼，欲剖我心血，以飲啄之也。夫鳳非竹實不食，我心炯然，可當竹實。鳳非醴泉不飲，我血凝然，可當醴泉。豈不惜微命，而心血是剖，良以鳳為王者瑞，其雛在今，特未周八極耳。坐看彩翮忽長，翔翔八極，銜圖下閣，豈猶是飢寒而聲啾啾者。既奉至尊，即垂鴻業，於以光中興，慰民望。我思剖心血以飲啄之者，深衷正為此耳。彼安、史群寇，不久撲滅，又何淹留之有！○鳳雛比太子俶。先是，張良娣生子興王佋，欲以為嗣，譖殺建寧王倓。李泌又懼俶不免，故有一摘再摘之諷。上元元年，佋薨，太子位始定。則乾元年間，良娣之傾危，太子岌岌乎不得保其位，亦可知也。當時李泌久歸衡山，東宮左右，無人保護。公欲效園、綺之功不得，故曰「安得萬丈梯，為君上上頭」。太子俶，母妃吳氏，侍肅宗於青宮，生俶即薨，故曰「上有無母雛」。詠鳳凰臺，說到中興，有以夫。

乾元中寓居同谷縣作歌七首

七歌之作，各有所感。至七而止，情事俱盡。

有客有客字子美，白頭亂髮垂過耳。喚「子美」。歲拾橡栗隨狙公，天寒日暮山谷裏。中原無書歸不得，手足凍皴皮肉死。四句「同谷」。嗚呼一歌兮歌已哀，悲風為我從天來。一歌天為我哀。

有客何人？蓋子美也。奈一身將老，白髮亂垂何！此時為子美伴者，狙公耳。狙公食橡栗，子美隨之拾橡栗。子美其狙公哉！似此天寒日暮，只恐山谷地荒，橡栗亦不可得。況中原書斷，歸計何從。皮皴骨折，殆將死矣。嗚呼子美，歌聲初發，其哀已極！彼悲風從天際而至，亦嚴冬之自然。今歌聲動，悲風來，一若為我嘘發者。為我為誰？為子美也。

長鑱長鑱白木柄，我生托子以為命。喚「長鑱」。黃獨無苗山雪盛，短衣數挽不掩脛。此時與子空歸來，男呻女吟四壁靜。四句正見托子為命意。嗚呼二歌兮歌始放，閭里為我色惆悵。二歌人為我哀。

我子美一身，妻孥所倚為命者。乃我之命，更有所托。誰托我命？此長鑱耳。長

鑱非子美不用，子美非長鑱不依。托子為命，夫豈偶然。蓋將荷子以斸黃獨也。黃獨
一顆，可以充糧。今無苗，上無可尋；雪盛，下無可掘。雖有長鑱，無所用之。是子
美遇窮，長鑱之遇亦窮矣。況天寒衣短，山中豈能久留。此時妻孥在谷，待以療饑，
乃荷鑱空歸，四壁徒立。男呻女吟，安在托子為命也？彼閭里未必知我心者，亦豈哀
我窮者。聽我悲歌，色為惆悵。前則感悲風，次則動閭里。嗚呼子美，天人交痛矣！
○一歌曰「歌已哀」，一「哀」字領下六章。故二歌即曰「歌始放」，三歌但曰「歌三
發」，四歌但曰「歌四奏」，五歌但曰「歌正長」，六歌但曰「歌思遲」，七歌則曰「悄
終曲」，無非蒙首章「哀」字。「黃獨」，一作「黃精」。黃精為龍銜草，久服延年。子
美時當窮餓，療饑不暇，何暇延年？黃獨是。

有弟有弟在遠方，三人各瘦何人強。 喚「弟」。**生別展轉不相見，胡塵暗
天道路長。東飛駕鵝後鶖鶬，安得送我置汝旁。** 四句正見各遠方之故。**嗚
呼三歌兮歌三發，汝歸何處收兄骨。** 三歌弟應為我哀。

　　子美有弟，各天久矣。屬指計之，尚有三人。今日亦應皆瘦耳，豈有強者。何以
各天？胡塵一起，無幾相見也。彼駕鵝似雁，足弟之屬。鶖鶬，惡鳥，盜賊之屬。「東
飛駕鵝」，亦欲赴急難而相從。後有鶖鶬，恐其遭吞噬而卻退。道梗如此，安得送我，
忽置汝旁？今日生離，他年死別，茫茫兄骨，何處收歸。奈何不來一見也！○後漢趙
孝悌禮，為賊所得。將食之，孝曰：「禮瘦，不如孝肥。」賊感甚義，俱釋之。今日
三人各瘦，何人強，亦恐其為賊所得。誰為孝肥，可免弟瘦者？朱註：「駕鵝亦惡鳥。」
是與鶖鶬皆比盜賊。

有妹有妹在鍾離，良人早歿諸孤癡。 喚「妹」。**長淮浪高蛟龍怒，十年不
見來何遲。扁舟欲往箭滿眼，杳杳南國多旌旗。** 四句承「鍾離」說。**嗚呼
四歌兮歌四奏，林猿為我啼清晝。** 四歌物為我哀。

　　子美更有妹矣。昔年因亂，攜室鍾離。近聞韋郎已歿，諸孤藐然，何以為生耶？
此地水阻長淮，我欲迎妹西來，乃淮水湯湯，蛟龍作惡。十年契闊，妹來何暮也！此
方亂靡有定，我欲渡淮訪妹，乃弧矢清眼，旌旗蔽天。杳杳南國，扁舟難泛也。彼林
猿本夜啼者，感我悲歌，今啼清晝。林猿有情哉！

四山多風溪水急，寒雨颯颯枯樹濕。 喚同谷。**黃蒿古城雲不開，白狐跳
樑黃狐立。我生胡為在窮谷，中夜起坐萬感集。** 四句寓居同谷。**嗚呼五
歌兮歌正長，魂招不來歸故鄉。** 五歌似故鄉應我為哀。

　　同谷在四山中，山周遭而風回伏。風多則水急，雨亦至矣。雨密則樹濕，雲亦合
矣。此時同谷古城，在黃蒿間，寒雲晦冥。黃狐白狐，公然欺客跳梁，對客獨立。蓋

黃蒿古城，本野狐窟穴。客子無家，甘受其侮，無可如何也。夫我生不在朝，不在野，並不在家，卻在同谷，所由旁皇不寐，萬感橫集。庶幾魂歸故鄉，乃得去此窮谷。其如魂招不來！歌到「魂招不來」，無復有為我者矣。

南有龍兮在山湫，喚蟄龍。**古木巃嵸枝相樛。木葉黃落龍正蟄，蝮蛇東來水上游。我行怪此安敢出，拔劍欲斬且復休。**以上寓言。**嗚呼六歌兮歌思遲，溪壑為我回春姿。**六歌溪壑為我哀。

龍為君象，南為君位。今南有龍兮，僻在山湫，猶幸古木巃嵸，其枝葉下垂，護此龍也。無奈秋深木落，潛龍在淵，蝮蛇偃蹇，東來水上，意欲吞噬此龍。我行山湫，怪此蝮蛇何物，出不避人若此，乃拔劍欲斬。既且休者，念此蟄龍升騰有時，歎此蝮蛇陳尸有日。不見溪壑之際，春姿忽回；山湫之龍，豈能終蟄。我之歌思，為此遲遲爾。○此以蟄龍比太子，以蝮蛇比李輔國、張良娣也。同谷有飛龍峽、湫龍潭。「南有龍兮在山湫」，「潛龍勿用」，亦「或躍在淵」之象。「蝮蛇東來」，象為吞噬。拔劍斬之，蟄龍他日始有飛而在天之利，此喻必去輔國、良娣，然後太子俶得安其位。乃欲斬且休者，當年建寧以輕於詆訐致害，其後廣平王俶謀去二人，李泌曰：「王不見建寧之事乎？」公意猶是也。或曰此為明皇作。明皇居南內，持盈公主往來宮中，李輔國常伺其隙間之，故有「蝮蛇」等句。然曰「龍正蟄」，謂其將來即登九五，太子是。

男兒生不成名身已老，喚男兒，即子美。**三年饑走荒山道。長安卿相多少年，富貴應須致身早。山中儒生舊相識，但話宿昔傷懷抱。**四句感懷。**嗚呼七歌兮悄終曲，仰視皇天白日速。**「悲風」起，「白日」結，始終天為我哀。

有客字子美者，本男兒也。男兒生欲成名，一身垂老，成名何日之有？況三年奔走，所往來者，無非荒山道。苦遭關輔饑荒，歲拾橡栗以自給，食且難得，敢望成名？成名者，終讓長安少年耳。豈無山中舊識同病相憐？回首平生，祇增惆悵。嗚呼！長安卿相，幸當少年。乃其為致身計者，不過富貴。山中儒生，亦有致身之思，自悲年老，自分非富貴之器。話及宿昔，祇自傷心，誰復有知其懷抱者。所由歌終情悄，聲淚俱盡。白日如流，為我而速。白日之速如此，殆將老矣，不再少矣，沒世而名不成矣。

萬丈潭

青溪合冥漠，神物有顯晦。龍依積水蟠，窟壓萬丈內。四句提綱。**跼步**

凌垠堮，側身下煙靄。前臨洪濤寬，卻立蒼石大。山危一徑盡，岸絕兩壁對。削成根虛無，倒影垂澹瀨。黑如灣澴底，清見光炯碎。孤雲倒來深，飛鳥不在外。高蘿成帷幄，寒木壘旌旆。遠川曲通流，嵌竇潛洩瀨。**以上「萬丈潭」。**造幽無人境，發興自我輩。告歸遺恨多，將老斯遊最。**四句遊「萬丈潭」。**閉藏修鱗蟄，出入巨石礙。何事炎天過，快意風雲會。**結還起處「神物有顯晦」意。**

溪水而合冥寞者，非水為之，有神物為龍者，處於窟穴耳。然顯晦有時，今日尚蟠積水，壓而未舒也。萬丈潭何如？其根峭屬，坦步有妨；其氣迷濛，側身則陷。進駭洪濤不測，退礙大石蒼然，進退窮矣。蓋因此潭在危山絕岸際，而徑外無徑，壁前有壁。況此危山絕岸，又勢若削成，殊無根底，倒影空潭，澹瀨欲絕耳。時而黑，波瀾無痕；時而清，水光為碎；時而孤雲若起於內；時而飛鳥若墜其中。而環於潭外者，則有高蘿叢叢，如幃幄焉；樹於潭上者，則有寒木森森，若旌旆焉；曲通潭內者，則有遠川之流；潛洩潭側者，則有嵌竇之瀨。潭幽矣，惜造幽於無人之境；境絕矣，幸興於我輩之遊。所由未肯告歸，歡絕茲遊耳。惟是潭中神物，顯晦有時。今日方冬龍蟄，窟壓深潭，恐有巨石，礙其出入，正晦時也。有日乘暑過此，觀其劈石而出，升騰風雨之會，則神物得志，我意亦快。誰謂顯終無時哉！

發同谷縣 公自注：「乾元二年十二月一日，自隴右赴劍南紀行。」

賢有不黔突，聖有不暖席。況我饑愚人，焉能尚安宅。始來茲山中，休駕喜地僻。奈何迫物累，一歲四行役。忡忡去絕境，杳杳更遠適。**以上「發同谷縣」。**停驂龍潭雲，回首虎崖石。臨岐別數子，握手淚再滴。交情無舊深，窮老多慘戚。平生嬾拙意，偶值棲遯跡。去住與願違，仰慚林間翮。**以上「發同谷」之感。**

墨突不黔，孔席不煖。聖賢且然，我本愚人，而被饑驅，尚敢懷安哉？憶我初至同谷，喜茲地僻，奈迫物累，難以久居。一歲之中，行役至四。今日更去絕境，謀遠適耶？於時俯潭停驂，臨崖回首。蓋同谷可去，同谷數子未忍即別也。數子雖係新交，新交而臨別之情如此，是即舊矣。何必舊而情始深？惟是窮老棲棲，更多慘戚耳。自傷嬾拙，末由棲遯。去住之際，與願俱違。但有顧林鳥之投，歎其不如而已。○公乾元二年，自春從東都回華州，為一次；入秋，棄官之秦，為二次；仲冬發秦州，為三次；季冬又發同谷，為四次。故曰「一歲四行役」。初至同谷曰「休駕投諸彥」〔註5〕，

〔註5〕《杜詩闡》卷十《積草嶺》。

故發同谷曰「臨岐別數子」。

木皮嶺

首路栗亭西，尚想鳳凰村。季冬攜童穉，辛苦赴蜀門。四句是「隴右赴劍南紀行」之始。**南登木皮嶺，艱險不易論。汗流被我體，祁寒為之暄。遠岫爭輔佐，千巖自崩奔。始知五嶽外，別有他山尊。仰干塞大明，俯入裂厚坤。再聞虎豹鬪，屢跼風水昏。高有廢閣道，摧折如短轅。下有冬青林，石上走長根。**以上敘「木皮嶺」。**西崖特秀發，煥若靈芝繁。潤聚金碧氣，清無沙土痕。憶觀崑崙圖，目擊玄圃存。**六句寫「西崖」。**對此欲何適，嘿傷垂老魂。**以感歎結。

同谷有栗亭，首路從此，極不忘者，鳳凰臺耳。乃當季冬，辛苦攜家，又遠赴劍南耶！我自隴右赴劍南，從木皮嶺始。顧此嶺最高，登頓之餘，祁寒忽失。險艱固可虞，祁寒忽失，亦可樂也。木皮嶺何如？遠岫參差，爭相輔佐；千巖環繞，莫不崩奔。我初意天地內，所尊者只有五嶽。今見此嶺，始知五嶽而外，別有他山。仰使太空虧，俯令厚地裂也。嶺中所聞者，虎豹一鬪，風水為昏。以至高處，則逋懸廢閣，如短轅之摧。下臨則石出冬青，見長根之走。不獨此耳，西崖更異。不但秀發，煥若靈芝，抑且金碧之氣，潤而不散；沙土之痕，清而不雜。我意中忖度，曾見崑崙為然耳。乃目擊西崖，彷彿玄圃。其妙又如此。既登前嶺，又見西崖，捨此何適！因有劍南之役，辛苦遠征，不禁老魂暗傷也已。〇木皮嶺為入蜀要路。上皇西幸，曾從此之劍閣。上皇東歸，又由此至長安。故今日遠岫輔佐，千巖前奔，若有朝宗其向之意如此。崑崙、玄圃，皆神仙所居。蜀當上皇巡幸，後改為南京。公故盛言其風物，託之崑崙、玄圃。

白沙渡

畏途隨長江，渡口下絕岸。二句「白沙渡」。**差池上舟楫，杳窕入雲漢。天寒荒野外，日暮中流半。我馬向北嘶，山猿飲相喚。水清石礧礧，沙白灘漫漫。**以上渡水。**迥然洗愁辛，多病一疎散。高壁抵嶔崟，洪濤越凌亂。臨風獨回首，攬轡復三歎。**六句渡後。

山行勞，水行逸，山路真畏途哉！所幸畏途沿江，忽逢渡口耳。維時渡水之人，參差不一；舟楫所際，恍入雲端。而況季冬天寒，又交荒野；夕陽西下，未及中流。幸而渡頭已到，我馬嘶，山猿喚。水石見，沙灘露矣。向來愁辛，至此忽洗；從前多病，於焉少蘇。無奈嶔嵜在前，洪濤已逝；長江漸遠，畏途復臨。回首白沙，還餘舟楫之慕；攬轡陸路，重增馬首之悲也。

水會渡

山行有常程，中夜尚未安。微月沒已久，崖傾路何難。四句山行。大江
動我前，洶若溟渤寬。篙師暗理楫，歌笑輕波瀾。霜濃木石滑，風急
手足寒。六句「水會渡」。入舟已千憂，陟巘乃萬盤。回眺積水外，始知
眾星乾。四句從陸。遠遊令人瘦，衰疾慚加餐。泛結。

　　行邁有程，何論中夜？不及程不止也。於時月落崖傾，則途難進；山窮江至，舟
楫可施。客子駭溟渤之當前，篙師輕渡瀾而自得。惟是江上霜濃，直苦木石之滑；渡
頭風急，不勝手足之寒耳。況江寒方脫，巖險又臨。向也舟行，幾疑眾星在水；少焉
登陸，始知眾星在天。微月沒，若沉水中；眾星乾，仍出水外。夜景如此。似此遠遊，
已令人瘦。況衰疾相侵，雖欲加餐，能努力哉？

飛仙閣

土門山行窄，微徑緣秋毫。棧雲闌干峻，梯石結搆牢。萬壑欹疏林，
積陰帶奔濤。寒日外澹泊，長風中怒號。以上閣道。歇鞍在地底，始覺
所歷高。往來雜坐臥，人馬同疲勞。四句度閣。浮生有定分，饑飽豈可
逃。歎息謂妻子，我何隨爾曹。四句自歎。

　　入蜀亦有土門，山窄路微，棧道駕於其上，搆空鑿石，若緣秋毫，闌上何峻，結
搆何牢哉！閣在山上，遠見萬壑參差，欹林如臥；江在閣下，俯見積陰莽互，帶水爭
流。閣以外，寒日慘淡；閣之中，長風怒號。閣道之景如此。當夫身行閣道，不知下
臨何似；及至歇鞍地底，始知所歷甚高。此時來者往者，登頓暫息；此時人也馬也，
辛苦同之。豈不苦饑？浮生有定。豈不思飽？分定難求。所可歎者，骨肉難拋，長往
未遂，攜家遠適，豈得已哉！○相傳此閣乃徐佐卿化鶴跧伏處，故名飛仙，宜公有家
纍之悵。

五盤

五盤雖云險，山色佳有餘。仰凌棧道細，俯映江木疏。地僻無網罟，
水清反多魚。好鳥不妄飛，野人半巢居。喜見淳樸俗，坦然心神舒。
以上敘「五盤」。東郊尚格鬥，巨猾何時除。故鄉有弟妹，流落隨丘墟。
成都萬事好，豈若歸我廬。六句感懷。

　　五盤之險，不異飛仙；山色之佳，如無棧道。當其仰凌棧道，五盤真險；及其俯
映江木，山色果佳。而況地僻人稀，網罟更少。網罟少則水清，水清無大魚。而網罟

少則反多魚。鳥之好者常靜，茲也不妄飛；人之野者遠俗，茲也半巢處。俗樸如斯，快心可必。其如非故鄉何！我故鄉在東都，今日巨猾未除，弟妹分散，亮我廬亦成丘墟耳。然則成都雖好，何日旋歸哉？○「巨猾」，指史思明史言。思明狡猾，善揣人意，猶盜跖為東陵巨猾。

龍門閣

清江下龍門，絕壁無尺土。長風駕高浪，浩浩自太古。四句寫「龍門」。危塗中縈盤，仰望垂線縷。滑石敧誰鑿，浮梁裊相拄。四句寫「閣」。目眩隕雜花，頭風吹過雨。百年不敢料，一墜那得取。四句度「閣」之險。飽聞經瞿塘，足見度大庾。終身歷艱險，恐懼從此數。四句推開。

　　由長江下，有龍門壁。壁立長江，絕無尺土。乃長風駕浪，浩浩至今。絕壁之上有閣，危塗相縈，如垂線縷。其所鑿之石，滑而且敧。雖有浮梁，裊裊不定，其險如此。我行其上，目中之眩，隕花不定，見聞不自主矣；頭上之風，吹雨不休，身首不自持矣。此時一墜，誠不敢料誰為我援手者。甚矣，瞿唐、大庾非險也！所幸身歷已多，危途習慣，今亦履險如夷耳，更何恐懼之有！

石櫃閣

季冬日已長，山晚半天赤。蜀道多早花，江間饒奇石。四句泛起。石櫃層波上，臨虛蕩高壁。清暉迴群鷗，暝色帶遠客。四句寫閣景。羈棲負幽意，感歎向絕跡。信甘屏孺嬰，不獨凍餒迫。優游謝康樂，放浪陶彭澤。吾衰末自由，謝爾性有適。以上自歎。

　　季冬陽漸進，日已長，故山晚而半天猶赤。於時蜀道早花，對客亂發；江間大石，與客爭奇。石櫃在望矣。櫃懸波上，勢若臨虛。遙見清暉之邊，鷗情俱遠；暝色之內，客影欲沉。所恨東柯疏嬾，既負素懷；同谷茅茨，曾不匝月。今日皇皇，復向絕跡遠遊耳。自甘懦拙，不為饑驅。所以謝客優游，陶公放浪。心竊嚮往，而行年衰老，不能自由。雖欲優游放浪，以適我性，亦從此長謝也已。

桔柏渡

青冥寒江渡，駕竹為長橋。竿濕煙漠漠，江水風蕭蕭。四句浮梁。連筏動嬋娜，征衣颯飄颻。急流鴇鷁散，絕岸黿鼉驕。四句「桔柏渡」。西轅自茲異，東逝余可要。高通荊門路，闊會滄海潮。孤光隱顧眄，遊子悵寂寥。無以洗心胷，前登但山椒。以上感懷。

水寒涵天，其象青冥，渡者難矣。幸有浮梁耳。竹竿之濕，煙漠漠然；寒江之水，風蕭蕭然。於時身在浮梁，連筆欲動，而嫋娜不定；征衣交颺，而飄颻欲飛。且急流之中，鴛鷗散而不顧；絕岸之處，黿鼉險而愈驕。渡水之難如此。我私計焉，從此西轅，為岷峨劍閣處；從此東逝，即荊吳滄海間。荊門路，此江若可通，則故鄉不遠；滄海潮，此江若可會，則朝宗有期。蓋成都東連荊，岷山導江，朝宗于海也。乃顧盼之際，但見孤光；遊子之興，仍悲前路。心胸誰洗，山椒且登，亦何日免行役已！○舟為鴛鷗，橋為黿鼉。土高四墮曰山椒。

劍門

惟天有設險，劍閣天下壯。連山抱西南，石角皆北向。兩崖崇墉倚，刻畫城郭狀。一夫怒臨關，百萬未可傍。以上寫劍閣。**珠玉走中原，岷峨氣悽愴。三皇五帝前，雞犬莫相放。後王尚柔遠，職貢道已喪。至今英雄人，高視見霸王。併吞與割據，極力不相讓。**以上敘割據。**我將罪真宰，意欲鏟崖嶂。恐此復偶然，臨風嘿惆悵。**四句感歎。

險不可以人設，惟天設險如劍閣者，實為天下壯觀。山控西南，以衛其內；石向北角，以距其外。兩崖之倚，宛若崇墉；刻畫之狀，分明城郭。一夫當關，萬夫莫敵也。原天設險，取隔絕，無取相通。不知何時，使珠玉之寶，走於中原；岷峨之氣，便已悽愴。五帝三王時，道里未通，即雞犬之聲，不聞中國。自秦鑿岷峨以通蜀，務為柔遠。遠人雖修職貢，太古淳樸之道已喪矣。因而英雄之人，以此地險固而富饒，圖王者思併吞，爭霸者欲割據，極力圖謀，不時相讓。亮天應悔多設此險也。計惟鏟此崖嶂，以平其險。既不能然，又恐誅求職貢，使併吞割據者究復乘機而起。能無臨風嘿然，獨自惆悵也已？○蜀在天隅，安、史不到。中興以來，朝廷軍需，皆責之蜀，蜀遂困矣。先是明皇荔支之役，置驛傳送，瀘戎諸處，騷擾已極。又經大駕巡幸，蜀民行齎居送，日不暇給。公他日居蜀，作《病橘》詩曰：「憶昔南海使，奔騰獻荔支。百馬死山谷，到今耆舊悲。」〔註6〕作《枯棕》詩曰：「傷時苦軍乏，一物官盡取。嗟爾江漢人，生成復何有。」〔註7〕作《甘林》詩曰：「子實不得喫，貨市送王畿。盡添軍旅用，迫此公家威。」〔註8〕蜀民困於誅求，如此類者不可勝數。其《打魚》一篇曰：「日暮蛟龍改窟穴，山根鱣鮪隨風雷。干戈兵革鬥未已，鳳凰麒麟安在哉？」

〔註6〕《杜詩闡》卷十三。
〔註7〕《杜詩闡》卷十三。
〔註8〕《杜詩闡》卷二十七。

〔註9〕已知民窮走險，在所不免。未幾，子璋反綿州，徐知道據劍閣，崔旰、楊子琳作亂成都。篇中「至今英雄入，高視見霸王。併吞與割據，極力不相讓」，公蓋隱憂之。其曰「珠玉走中原，岷峨氣悽愴。後王尚柔遠，職貢道已喪。」豈非悲蜀民竭蹶輸將，朝廷猶征歛無厭乎？結曰「恐此復偶然，臨風嘿惆悵」，則已明言其有乘機竊發者。

鹿頭山

鹿頭何亭亭，是日慰饑渴。連山西南斷，俯見千里豁。遊子出京華，劍門不可越。及茲險阻盡，始喜原野闊。六句「鹿頭山」。殊方昔三分，霸氣曾間發。天下今一家，雲端失雙闕，悠然想揚馬。繼起名碑兀，有文令人傷。何之埋爾骨。以上懷古。紆餘脂膏地，慘澹豪俠窟。杖鉞非老臣，宣風豈專達。冀公柱石姿，論道邦國活。斯人亦何幸，公鎮踰歲月。八句感今。

　　我用行以來，山勢彌惡。忽見此亭亭然者，為鹿頭山，客心方慰也。蓋以連山之勢，至此忽斷；千里之境，豁然而開。吾自出華以來，方慮劍門不可越，不意險阻既盡，原野為開。此客心為慰耳。因念此地天府，當年蜀主中興，三分定鼎。其間霸氣間發，如公孫述輩，有一世之雄。今唐室再造，勢成一統。雲間雙闕，無一存者。至於人文，如揚雄、司馬相如，才名相繼，聲施至今。但名傳骨朽，為可傷耳。惟是巴蜀，富甲天下，地屬脂膏，人喜豪俠，有難治者。必得老臣杖鉞，播化宣風，有事得便宜，入奏以專達。今冀國裴公，入贊廟謨，出奠邦國。聞其鎮此，已踰歲月，蜀民亦厚幸矣。

成都府

翳翳桑榆日，照我征衣裳。我行山川異，忽在天一方。但逢新人民，未卜見故鄉。大江東流去，遊子去日長。八句至「成都」。曾城填華屋，季冬樹木蒼。喧然名都會，吹簫間笙簧。四句「成都」。信美無與適，側身望川梁。鳥雀夜各歸，中原杳茫茫。初月出不高，眾星尚爭光。自古有羈旅，我何苦哀傷。以上感懷。

　　桑榆落日，猶照征衣。至是，征衣亦可脫矣。我行以來，山川頻異，不謂今日，忽到天隅。況人民則新，他鄉非故；江流自東，遊子自西乎！此間層城之內，喧填華

〔註9〕《杜詩闡》卷十四《又觀打魚》。

屋；季冬之日，樹木蒼然。信都會也！而況吹簫鼓簧者，比戶皆然。奈名都自樂，遊子自悲何！蓋此地信美，終非我土。雖川梁之上，路達中原，乃南望之餘，奮飛無自。仰見鳥雀投林，轉歎首丘靡托耳。桑榆日落，而月出矣；月初出而未高，眾星猶然爭光也。安得月既高，使眾星退舍耶？至於羈旅，自古有之。吾所哀傷，又不在茲爾。○舊註以初月比肅宗，眾星比史思明之徒，〔註10〕殊謬。即曰有託，初月是太子俶，眾星是興、定二王。

散愁　二首

久客宜旋旆，興王未息戈。蜀星陰見少，江雨夜聞多。四句愁不散。百萬轉深入，寰區望匪他。司徒下燕趙，收取舊山河。四句「散愁」。

　　我棄官久客，尚未歸者，蓋由中原多故，未解兵耳。況蜀地多陰，星光常少，陰則恒雨，至夜偏多。客處如此，亟望息戈耳。今日百萬之師，冀深入夫賊穴；寰區之民，屬望不在他人。屬望何人？司徒是也。深入何地？燕、趙是也。燕、趙本我唐舊山河，司徒其亟收之。興王戈息，久客旆旋矣，愁不從此散哉？○先是鄴師之潰，惟李光弼與王思禮整勒步伍，全師而歸。故《散愁》二章，獨舉兩人。至光弼河陽之戰，史思明遯，安太清走，殲滅賊巢，在此一舉。況思明在東都，此時范陽空虛。史云光弼急攻趙，一日拔之。可拔趙，即可拔燕。「轉深入」，轉河陽之兵深入薊門耳。「下燕趙」，下其城也。

聞道并州鎮，尚書訓士齊。幾時通薊北，當日報關西。四句「散愁」。戀闕丹心破，霑衣皓首啼。老魂招不得，歸路恐長迷。四句愁不散。

　　太原重地，幸有王尚書鎮之。吾聞其持法嚴整，人不敢北；其訓練士卒，齊壹有紀，可亟圖恢復矣。彼太原為薊北肩髀，薊北為思明巢穴。借問尚書，幾時直搗薊北，指日奏凱，關西以慰，朝廷北顧。如是我愁散矣。不然，如此丹心皓首何！恐老魂終不得招，故鄉終不得歸，愁何日散耶？○時官軍與史思明相距陝洛間，思禮鎮太原，

〔註10〕《補注杜詩》卷六：

　　　修可曰：「是詩子美寓意深矣。《淮南子》曰：『西垂景在樹端，謂之桑榆也。』說曰：桑榆之景，理無遠照。今也日薄桑榆，而其光翳翳，止足照我衣裳，則不能遠照矣。以喻明皇，以太上皇居西內也。初月不高出，眾星尚爭光，而喻肅宗即位未久，而史思明之徒尚在也。蓋肅宗立於天寶之丁酉，而子美乾元庚子至成都，以其時考之，故知其寓意如此也。」

　　　補注：鶴曰：公以乾元二年十二月至成都，而玄宗以上元元年七月遷於西內。今詩云「季冬樹木蒼」，則是初到成都時作。先明皇遷西內半年，修可謂託意明皇遷西內，肅宗即位未久而安史之徒尚在，恐未必然。

其兵力可及幽燕,乘其不意,攻其不備,此一舉也,巢穴搗,露布達。曰「幾時」,詰問之辭。曰「當日」,決絕之辭。

恨別

洛城一別四千里,胡騎長驅五六年。草木變衰行劍外,干戈阻絕老江邊。思家步月清宵立,憶弟看雲白日眠。六句「恨別」。**聞道河陽近乘勝,司徒急為破幽燕。**四句期望。

　　我去洛入蜀,只因安史充斥,連陷東都。所由於草木變衰時,流落劍外;於干戈阻絕處,送老江邊耳。惟是洛城有家,別洛城,是別家也。「思家步月」者,月明之下,故鄉在焉,思家便欲到家,故於清宵常立耳。洛城有弟,別洛城,是別弟也。「憶弟看雲」者,雲行之處,我弟在焉,憶弟不能見弟,故於白日常眠耳。今日司徒李光弼河陽大捷,誠得回河陽之戈,直搗幽燕,則思明殲,洛城復。洛城復,則還家見弟亦有日。時哉,勿可失,司徒尚急圖之!○時李光弼河陽大捷,乘勝搗幽燕,其勢甚利。當時胡不為也?幽燕不搗,繼有邙山之敗。雖由僕固懷恩諂附魚朝恩之故,在光弼濡遲不決,亦不得辭其責。「急為」二字,真是勝著。

卷十一

成都詩_{上元二年}

酬高使君

時高適為彭州刺史，以詩寄公〔註1〕，公酬之也。

古寺僧牢落，空房客寓居。酬高「招提」二句。**故人供祿米，鄰舍與園蔬。**酬高「佛香」二句。**雙樹容聽法，三車肯載書。**酬高「聽法」二句。**草玄吾豈敢，賦或似相如。**酬高「草玄」二句。

使君來詩曰：「傳道招提客，詩書自討論。」夫我即次招提焉，有討論之暇；亦僧人牢落，假此寓居耳。使君曰：「佛香時入院，僧飯屢過門。」謂我客寓僧房，若有資於佛香僧飯者。古寺牢落，豈有佛香？安得僧飯？我之蔬米，亦賴故人損惠，鄰翁高誼耳。使君曰：「聽法還應難，尋經剩欲翻。」古寺無僧，與誰設難？何處翻經？縱使雙樹間，容予聽法；不知三車書，誰為我載？使君曰：「草玄今已畢，此外更何言。」謂我一官拓落，如楊子草《玄》，為人譏誚。夫吾於草《玄》豈敢！若謂此外何言，則相如之賦，尚或似之，未必才盡也。○容齋曰：「古人酬詩，必答來意。如此詩，高曰『草玄今已畢，此外更何言』，公則曰：『草玄吾豈敢，賦或似相如。』如鍾磬在懸，扣之則應。」〔註2〕余意全首皆然。

〔註1〕《高常侍集》卷七《贈杜二拾遺》：傳道招提客，詩書自討論。佛香時入院，僧飯屢過門。聽法還應難，尋經剩欲翻。草玄今已畢，此外復何言。

〔註2〕《容齋隨筆》卷十六《和詩當和意》：古人酬和詩，必答其來意，非若今人為次韻所局也。觀《文選》所編何劭、張華、盧諶、劉琨、二陸、三謝諸人贈

奉酬李都督表丈早春作

力疾坐清曉，來詩悲早春。轉添愁伴客，更覺老隨人。四句「奉酬」之情。紅入桃花嫩，青歸柳葉新。二句「早春」。望鄉猶未已，四海尚風塵。結意推開。

我今力疾，為愁多老至，又逢早春，故汲汲然起坐清曉也。旅愁之客，借春破愁；垂老之人，將春忘老。不意爾之來詩，反悲早春，因而「轉添愁」，「更覺老」。然力疾之興，豈真為來詩敗？早春之色，豈真為來詩減？蓋我雖老，紅入桃花者自嫩，青歸柳葉者自新。所難為者，望鄉未已耳。望鄉未已，亦四海風塵故耳。是早春不足悲，四海風塵真足痛也。

卜居

浣花溪水水西頭，主人為卜林塘幽。二句「卜居」。已知出郭少塵事，更有澄江銷客愁。無數蜻蜓齊上下，一雙鸂鷘對沉浮。四句寫林塘。東行萬里堪乘興，須向山陰上小舟。結意推開。

浣花溪水西，林塘環繞。主人裴公為我卜居，境幽矣。既在郊外，幸少塵事，又枕江干，可銷客愁。況往來林塘者，無數蜻蜓，齊上齊下；一雙鸂鷘，對沉對浮。「齊上下」，似林塘妨獨客；「對浮沉」，似林塘非定蹤。主人雖為我卜居，我豈終老成都，長與蜻蜓為緣，鸂鷘作伴者？我昔年下錢塘，遊會稽，扁舟乘興，每飯不忘。是東行萬里，本我素懷。有日泛小舟，上山陰，我願斯遂耳。

王十五司馬弟出郭相訪兼遺營草堂貲

客裏何遷次，江邊正寂寥。肯來尋一老，愁破是今朝。四句「出郭相訪」。憂我營茅宇，攜錢過野橋。二句「遺草堂貲」。他鄉惟表弟，還往莫辭遙。

答，可知己。唐人尤多，不可具載。姑取杜集數篇，略紀於此。高適寄杜公云：「媿爾東西南北人。」杜則云：「東西南北更堪論。」高又有詩云：「草玄今已畢，此外更何言？」杜則云：「草玄吾豈敢，賦或似相如。」嚴武寄杜云：「興發會能馳駿馬，終須重到使君灘。」杜則云：「枉沐旌麾出城府，草茅無逕欲教鋤。」杜公寄嚴詩云：「何路出巴山」，「重巖細菊斑，遙知簇鞍馬，回首白雲間。」嚴答云：「臥向巴山落月時」，「籬外黃花菊對誰，跂馬望君非一度。」杜送韋迢云：「洞庭無過雁，書疏莫相忘。」迢云：「相憶無南雁，何時有報章？」杜又云：「雖無南去雁，看取北來魚。」郭受寄杜云：「春興不知凡幾首？」杜答云：「藥裏關心詩總廢。」皆如鐘磬在簴，叩之則應，往來反覆，於是乎有餘味矣。

結點「司馬弟」。

今日客中，有何遷次？江干索處，未免寂寞。此際肯來相訪者，其人與一老，必非漫然，幸有肯來相訪者。我愁之破，從今朝始。夫我營茅宇，雖無錢，只自憂耳。誰為我憂者？矧曰攜錢，不謂憂我無貲。攜錢贈者，即出郭相訪之人也。豈無他人？不如表弟。過此以往，草堂有成，尚時時惠然哉！○裴冕但為公卜居耳。營草堂，裴冕無與。此題曰「遺草堂貲」，所謂「經營上元始」〔註3〕者，事在王司馬矣。至曰「愁破是今朝」，知公入蜀以來，愁未嘗破。不為高使君來詩破，不為裴主人卜居破，為王司馬肯來尋而破。甚矣，人不易愁，愁不易破也！

堂成

題曰《堂成》，雖承前《卜居》、《遺草堂貲》，其實「堂成」二字，竟似現成。後《寄題江外草堂》詩有「雅欲逃自然」、「事蹟無固必」等句，即此命題意也。

背郭堂成蔭白茅，緣江路熟俯青郊。檟林礙日吟風葉，公自注：「檟木名不才，可充薪而已。惟蜀地最宜。」**籠竹和煙滴露梢。暫止飛烏將數子，頻來語燕定新巢。**六句「堂成」。**旁人錯比楊雄宅，嬾惰無心學解嘲。**二句推開。

治屋者，必誅茅以覆屋，是為蔭，而草堂成矣。況路既緣江，往來甚便；堂復背郭，郊市相依。有堂則有植。檟木、籠竹，蜀產之賤者。我客裏營堂，原非久居，所栽樹木，亦無用為十年計，聊栽檟、竹，取其吟風滴露耳。至於飛烏暫止，原無定蹤。「將數子」，庶幾妻孥有托也。語燕頻來，不肯苟居。「定新巢」，從此天涯偶憩也。昔有揚雄，曾作《解嘲》。我非蜀人，莫將楊雄之宅錯比我堂。蓋我堂雖成，將來白茅、青郊、檟林、籠竹間，未卜飛烏、語燕得年年將子，歲歲定巢否也。故嬾惰自安，任人姍笑，並亦何心於作《解嘲》哉！

賓至

幽棲地僻經過少，老病人扶再拜難。豈有文章驚海內，謾勞車馬駐江干。竟日淹留佳客坐，百年粗糲腐儒餐。六句「賓至」。**不嫌野外無供給，乘興還來看藥欄。**二句期之。

郭外幽棲，往來幸少。年侵老病，拜跽須扶。亦何心於賓至。彼文章驚海內，宜乎車馬駐江干。今江干之上，車馬何來？意者文章驚海內，乃自分何有也。然則車馬

〔註3〕《杜詩闡》卷十五《寄題江外草堂》，公自注：「梓州作，寄成都故居。」

駐江干，夫豈不憚勞也？彼踽踽車馬者為佳客，此潦倒文章者為腐儒。何堪佳客淹留，享此腐儒粗糲！或者藥欄堪看，乘興還來。若為老病之人，文章驚世，故連騎結駟，再涉江干，何敢勞我佳客也！○茅容以草蔬廷郭太〔註4〕，陶侃以剉薦留范逵〔註5〕，蓋海內文章，正出於粗糲、腐儒，想見子美自命處。

狂夫

萬里橋西一草堂，百花潭水即滄浪。風含翠篠娟娟靜，雨裛紅蕖冉冉香。四句「狂夫」之居。**厚祿故人書斷絕，恒饑稺子色淒涼。**二句「狂夫」之遇。**欲填溝壑惟疎放，自笑狂夫老更狂。**二句「狂夫」之興。

我草堂在萬里橋西，豈無居人？覺萬里橋西只一草堂，百花潭水直作滄浪觀可也。堂前有篠，篠翠矣，風含焉，娟娟自靜；潭中有蕖，蕖紅矣，雨裛焉，冉冉能香。我風雨中所對者，惟翠篠，惟紅蕖。故人之書，宜其斷絕；稺子之色，宜其淒涼。且如此風雨，而翠篠紅蕖，靜者自靜，香者彌香。所以故人之書，從其斷絕；稺子之色，任其淒涼。溝壑不知，疎放自若，老而彌狂，竟以狂夫自命與！

〔註4〕《後漢書》卷六十八《郭太傳》：

　　茅容字季偉，陳留人也。年四十餘，耕於野，時與等輩避雨樹下，眾皆夷踞相對，容獨危坐愈恭。林宗行見之而奇其異，遂與共言，因請寓宿。旦日，容殺雞為饌，林宗謂為己設，既而以供其母，自以草蔬與客同飯。林宗起拜之曰：「卿賢乎哉！」因勸令學，卒以成德。

〔註5〕《世說新語・賢媛第十九》：

　　陶公少有大志，家酷貧，與母湛氏同居。同郡范逵素知名，舉孝廉，投侃宿。於時冰雪積日，侃室如懸磬，而逵馬僕甚多。侃母湛氏語侃曰：「汝但出外留客，吾自為計。」湛頭髮委地，下為二髲，賣得數斛米，斫諸屋柱，悉割半為薪，剉諸薦以為馬草。日夕，遂設精食，從者皆無所乏。逵既歎其才辯，又深愧其厚意。明旦去，侃追送不已，且百里許。逵曰：「路已遠，君宜還。」侃猶不返，逵曰：「卿可去矣！至洛陽，當相為美談。」侃乃返。逵及洛，遂稱之於羊晫、顧榮諸人，大獲美譽。

　　劉孝標《注》：

　　《晉陽秋》曰：「侃父丹，娶新淦湛氏女，生侃。湛虔恭有智算，以陶氏貧賤，紡績以資給侃，使交結勝己。侃少為尋陽吏，鄱陽孝廉范逵嘗過侃宿，時大雪，侃家無草，湛徹所臥薦剉給，陰截髮，賣以供調。逵聞之歎息。逵去，侃追送之。逵曰：『豈欲仕乎？』侃曰：『有仕郡意。』逵曰：『當相談致。』過廬江，向太守張夔稱之。召補吏，舉孝廉，除郎中。時豫章顧榮或責羊晫曰：『君奈何與小人同輿？』晫曰：『此寒俊也。』」王隱《晉書》曰：「侃母既截髮供客，聞者歎曰：『非此母不生此子。』乃進之於張夔。羊晫亦簡之。後晫為十郡中正，舉侃為鄱陽小中正，始得上品也。」

有客

前曰賓至，有為而至；此曰有客，不時而有。賓至命題，取《左傳》「賓至如歸」。有客命題，取《周頌》「有客有客」。

患氣經時久，臨江卜宅新。喧卑方避俗，疎快頗宜人。四句自述。**有客過茅宇，呼兒正葛巾。自鋤稀菜甲，小摘為情親。**四句有客。

衰年病肺，差喜臨江卜宅耳。況卜宅為遠喧裏，臨江既可避俗；避俗正求疎快，臨江頗覺宜人。惟是避俗非避客也，所以人宜，客亦宜也。忽焉有客，造廬相訪，因而呼兒，正巾出迎。雖然，何以待客？園蔬可摘，且復自鋤。凡以客情既親，即小摘亦不為褻耳。

蜀相《實錄》載唐順宗疾，立太子，王叔文憂之，吟□詩末二句以自況。叔文固可恥，公之詩則已見重於唐。〔註6〕

丞相祠堂何處尋，錦官城外栢森森。映堦碧草自春色，隔葉黃鸝空好音。四句祠堂。**三顧頻繁天下計，兩朝開濟老臣心。出師未捷身先死，長使英雄淚滿襟。**四句懷古之感。

我尋諸葛祠堂，相傳錦官城外有栢森森者是。乃羽扇綸巾容不復見矣，「映堦碧草自春色」耳；隆中《梁父吟》不復聞矣，「隔葉黃鸝空好音」耳。彼碧草、黃鸝，本無情之物；乃春色、好音，有曠世之感。所以然者，當年先主為天下大計，三顧草廬，頻繁枉重；丞相老臣苦心，兩朝僇力，開濟靡遺。夫計與心在人，生與死在天。在人者可為，在天者不可與力爭。丞相嘗曰：「鞠躬盡瘁，死而後已。」死是丞相素志。所恨者，出師未捷，此身先死五丈原耳。夫丞相出師，本欲吞吳滅魏，以一統還漢室。出師未捷，將吳終不得吞，魏終不得滅，一統王業終不得成。天下之計徒然，老臣之心空費。千載下過此祠者，徒留連於碧草、黃鸝，灑淚滿襟而已。○丞相祠堂，近在成都西南，卻曰「何處尋」，正有無窮追慕意。蓋恍惚如見，如不得見也。且所謂尋，正欲得其天下計、老臣心。千載而下，一相印證。

石筍行

公客成都，作《石筍行》，諷姦臣之壅蔽；作《石犀行》，諷小人之誣妄；作《杜鵑行》，諷朝廷之寡恩。故曰「詩史」。

君不見益州城西門，陌上石筍雙高蹲。古來相傳是海眼，苔蘚食盡波

濤痕。雨多往往得瑟瑟，此事恍惚難明論。恐是昔時卿相墓，立石為表今仍存。**以上「石筍」。**惜哉俗態好蒙蔽，亦如小臣媚至尊。政化乖迕失大體，坐看傾危受厚恩。**四句託諷。**嗟爾石筍擅虛名，後生未識猶駿奔。安得壯士擲天外，使人不疑見本根。**四句結還「石筍」。**

益州城門，此石筍雙蹲者，傳為海眼。乃波濤之痕，已經蝕盡。雨過而後，但有碧珠。所謂海眼，究屬恍惚。意者卿相墓前之物，未經磨滅，亦殉葬之具耳。惜乎時俗不知，好此蒙蔽。豈知石筍猶小臣也。石筍雙蹲，使城門失其高大。小臣媚至尊，以至政化乖迕，坐失大體，不至傾危國家而不已。噫嘻！石筍豈海眼，卿相墓前物耳。其擅虛名，後生亦知之否？乃駿奔不暇，亦獨何哉？嗟此石筍，安得五丁壯士，拔擲天外，其為本根立見，即益州城門可免蒙蔽矣。○石筍作，斷指李輔國。輔國本根，飛龍廄小兒耳。官判元帥，朝呼尚父，如石筍擅虛名，忘本根也。決事銀臺，關白承旨，可謂乖迕，失政體矣。宰相率子弟禮，節度皆門下士，可謂後生皆駿奔矣。與張良娣表裏禁中，其媚至尊，直侍幃幄，專事蔽也。自靈武給事銀璫，疊膺寵秩，其受享恩，適搖動東宮，傾危社稷也。彼李揆等皆後生，如李峴者真壯士，篇中無一句不切指。

漫興 九首

漫興者，漫然而興也。公嘗曰：「老去詩篇渾漫興。」〔註7〕

眼見客愁愁不醒，**一句領至末。**無賴春色到江亭。即遣花開深造次，便教鶯語太叮嚀。

客愁不醒矣。苟無春色，喜其不醒。奈此無賴春色何！春色來，而花開矣，鶯語矣。彼花開但憑春遣，然知我愁亦須少待。即遣花開似此造次，其攪人心何深也。即鶯語亦聽春教，然知我愁亦須姑忍。便教鶯語似此叮嚀，其亂人意何太也。「深造次」，「太叮嚀」，無賴鶯、花爭妍弄舌，絕不知有江亭中人。無可奈何者，人事紛囂，乘時熱鬧，大率類此。

手種桃李非無主，野老牆低還是家。**二句自況。**恰似春風相欺得，夜來吹折數枝花。**二句諷人。**

桃李二花，野老手植。物各有主，縱使牆低，不比道旁，還是家也，那許攀折者過而問焉。彼春風偏不管花有主、花有家，乘此深夜，恰似可相欺，而吹折得者。此數枝花，亦安能與春風相抗矣。○分明為強暴所侵，寓意春風。在《國風》為《野麕》

〔註7〕《杜詩闡》卷十三《江上值水如海勢聊短述》。

諸什，在公集與《茅屋為秋風所破歌》同讀。

熟知茅齋絕低小，自況。**江上燕子故來頻。銜泥點污琴書內，更接飛蟲打著人。**三句諷人。

我茅齋低小，只可自娛，亮無不熟知者。燕子何為，若狎我茅齋低小而故來，且不一來而頻來。既銜泥點污我琴書，又呼朋引類以偕來。彼飛蟲，物之最猥瑣者，為燕子所接引，而居然肆侮茅齋，亦奈何矣。○公劍外相知，惟斛斯、朱老、阮生幾人。此外總非同調。此章亦有為而發。

二月已破三月來，漸老逢春能幾回。「能幾回」喚起下面「無窮」、「有限」意。**莫思身外無窮事，且盡生前有限杯。**

二月破，三月來矣。少壯逢春，真為快意。漸老逢春，二月破者，能幾破？三月來者，有幾來耶？彼卜菟裘，營兔窟，碌碌無窮者，只坐不知身外耳。誠知無窮之事，皆屬身外，決不以朝露人為拱木謀。惟是飲河之量，滿腹而止，非惡其餘，誠有所限。蓋萬事不可踰涯，我生只依分內。即如此酒，本是無量，當其醒也，滿酌何辭；及其酩酊，難加一勺。豈非有限？有限不敢不盡，且盡正緣有限。即此而推，豈獨酒杯。

腸斷春江欲盡頭，「腸斷」二字貫下三句。**杖藜徐步立芳洲。顛狂柳絮隨風舞，輕薄桃花逐水流。**

春江本無盡頭，行到春江，忽腸斷，其欲盡頭也。然則萬事誰無盡頭者。到盡頭而腸斷，遲矣。腸斷者，正在欲盡未盡、未盡欲盡際耳。怕其欲盡，徐步獨立，老人之愁如此。彼無賴桃柳，輕薄顛狂，那曉春江欲盡，有隨風舞，逐水流耳，是可歎也。

懶慢無堪不出村，「懶慢」二字貫下三句。**呼兒自在掩柴門。蒼苔濁酒林中靜，碧水春風野外昏。**三句總寫「不出村」意。

我今懶慢，覺門以外，無賴春色無一可堪者。不是歎人春風，吹折牆李；便是銜泥燕子，接引飛蟲。不是柳絮顛狂，隨風亂舞；便是桃花輕薄，逐水爭流。出村何為？且掩柴門耳。柴門外無一可堪，柴門內呼兒自在。當此蒼苔自靜，有限之杯且盡之，碧水自昏欲盡之，春江亦聽之。我其甘心懶慢哉！○此章語意與高達夫《九日》詩「縱使登高只斷腸，不如獨坐空搔首」〔註8〕感慨相似。呼兒自在，大佔地步。

糝徑楊花鋪白氈，點溪荷葉疊青錢。二句貧況。**筍根稚子無人見，沙上鳧雛傍母眠。**二句偕隱。

我今不出村矣，但見徑上楊花，白氈相似；溪頭荷葉，青錢類之。我其鋪氈數錢哉！況筍根出子，往往避人；沙上眠雛，時時傍母。我真掩門呼兒，與偕隱矣。

〔註8〕《高常侍集》卷五《九月九日酬顏少府》。

舍西柔桑葉可拈，江上細麥復纖纖。二句初夏。人生幾何春已夏，不放香醪如蜜甜。結句借酒說法。

　　無賴春色，到此都盡，無復柳絮、桃花，已見柔桑、細麥。方道「二月已破三月來」者，又是人生幾何。春已夏也，大塊風光，隨時供給，碌碌者自放過耳。只此香醪，能不放，此如蜜甜者，始為我有；纔一放，此如蜜甜者，自在香醪。人生幾何，忍當杯輕放哉！○「不放香醪」四字，莫輕看。他日曰「憑誰給麴糵，細酌老江干」，又曰「淺把涓涓灑，深憑送此生」。「細酌」、「深憑」，纔是不放。彼草草呼尊，粗粗浮白，便命酒人者，於「不放」二字，正是河漢。

隔戶楊柳弱嬝嬝，恰似十五女兒腰。二句自矜。誰謂朝來不作意，狂風挽斷最長條。二句不足恃。

　　柳絮飛，楊花落，嬝嬝然。隔戶楊柳，尚有三眠之態。蓋自矜為十五女兒腰也。其朝來作意，誰曰不然。忽被狂風，長條挽斷。彼弱嬝嬝似女兒腰者，今安在哉？物態靡常，風光同盡，都在野人漫興中矣。○「作意」二字寫其矜寵。

題新津北橋樓得郊字

望極春城上，開筵近鳥巢。白花簷外朵，青柳檻前梢。四句「北橋樓」上。池水觀為政，廚煙覺遠庖。西川供客眼，惟有此江郊。四句美新津令。

　　新津北橋樓枕城上，憑樓一眺，其勢迥絕。所以開筵之處，直當鳥巢耳。而花開樓際者，可數其朵；仰拂樓頭者，但指其梢。樓高如此，令何如哉！我於樓上，俯臨池水，知為政者能潔己；偶見廚煙，想遠庖者能仁民。吾寓西川，可供客眼，惟此新津江郊為不同耳。

遊修覺寺

　　修覺寺在新津東南五里。

野寺江天豁，山扉花竹幽。二句「寺」。詩應有神助，我得及春遊。二句「遊」。徑石相縈帶，川雲自去留。二句景。禪枝宿眾鳥，漂轉暮歸愁。二句感。

　　野寺距城，江天豁矣。山扉遠俗，花竹幽矣。因江天、花竹之勝，詩興忽來，若有神助。對江天、花竹之美，喜得乘興，及此春遊。猶是春遊，我得及之，覺得不先時、不後時。蓋春遊同，我得及異也；亦春遊易，我得及難也。既有花竹，因有徑。石徑之於石，相為縈帶。既有江天，因有川。雲川之於雲，自為去留。惟是仰見禪枝，

眾鳥有托。我無歸處，人不如鳥，興悲何極耶！〇謝康樂夢得池塘春草句，曰：「此語有神助」。公用其言。蓋公平生作詩，自言「下筆如有神」〔註9〕、「詩成覺有神」〔註10〕，蓋思力所至，漸近自然有如此。

後遊

寺憶曾遊處，橋憐再渡時。二句實寫「後遊」。江山如有待，花柳更無私。二句虛寫「後遊」。野潤煙光薄，沙暄日色遲。二句「後遊」之景。客愁全為減，捨此欲何之。二句「後遊」之意。

　　時遊此寺，今渡此橋，一而至再，留滯可知。江山春色，本無待者。今為重遊，而若有待。花柳風光，向無私者。今為重遊，而更無私。於時野際煙光，浮浮欲薄；沙頭日色，冉冉能遲。我前愁暮歸，今則客愁全減。有寺可依，捨此何之也。

雲山

京洛雲山外，音書靜不來。二句領至末。神交作賦客，力盡望鄉臺。衰疾江邊臥，親朋日暮回。白鷗元水宿，何事有餘哀。

　　我昔居京洛，今迢迢然已在雲山外。故人音書，斷絕不來矣。為思京洛作賦之客，但有神交；欲上此地望鄉之臺，其如力盡！所以連年衰疾，江邊獨臥，而況此際，親朋日暮各回。雖然，我本白鷗。白鷗久客雲山，何心京洛。然則且水宿耳，亦何事而有餘哀也。

為農

錦里煙塵外，江村八九家。二句地。圓荷浮小葉，細麥落輕花。二句情景。卜宅從茲老，為農去國賒。遠慚勾漏令，不得問丹砂。四句情事。

　　此處烽火不及，遠在煙塵外。此村居人鮮少，亦只八九家耳。地僻人稀如此。於時溪上圓荷，方浮小葉；田間細麥，正落輕花。卜宅於斯，真「煙塵外」之一叟；為農於此，即「八九家」中之一人。古遠宦能延年者，葛洪以丹砂求為勾漏令。我從茲徒老，豈有丹砂之求；去國自遙，又非勾漏之令。不亦遠慚古人哉！〇「八九家」者，非南鄰烏角人〔註11〕，即北鄰白幘叟〔註12〕。其斛斯、朱、阮之徒與？約言之，「萬

〔註9〕《杜詩闡》卷一《奉贈韋左丞丈二十二韻》。
〔註10〕《杜詩闡》卷五《獨酌成詩》。
〔註11〕《杜詩闡》卷十一《南鄰》：「錦里先生烏角巾，園收芋栗未全貧。」
〔註12〕《杜詩闡》卷十一《北鄰》：「青錢買野竹，白幘岸江皋。」

里橋西一草堂」〔註13〕不為少；廣言之，錦官城外八九家不為多。

梅雨

南京犀浦道，四月熟黃梅。湛湛長江去，冥冥細雨來。四句「梅雨」。茅茨疏易濕，雲霧密難開。竟日蛟龍喜，盤渦與岸回。四句苦雨。

　　成都以上皇西幸陞為南京，此地有犀浦縣，昔李冰以石犀壓水怪者。夫犀浦為水會處，四月又梅熟時，故湛湛長江，日從犀浦道而去；冥冥細雨，又於黃梅熟而來。夫「長江去」，「細雨來」，水勢先雨勢，而雨勢繼之，因是茅茨之疏，霂雨易濕。而況雲霧之密，釀雨又多。計此時，獨蛟龍得志耳。蛟龍興雲雨於上，遂使江水之盤渦洞洑者，與岸爭迴旋而日漲。垂老之人，無復蛟龍雲雨之志。蛟龍自喜雨耳，其如我苦雨何！

田舍

田舍清江曲，柴門古道傍。草深迷市井，地僻嬾衣裳。四句「田舍」。欀柳枝枝弱，枇杷樹樹香。鸕鷀西日照，曬翅滿漁梁。四句「田舍」景物。

　　我為農，宜居田舍。田舍何在？在清江曲。既為田舍，應有柴門。柴門何向？向古道傍。此古道傍，草深矣。村逕無從覓，市井宜迷。此草深處，地僻矣，賓朋之至者亦稀。衣裳宜嬾，出而田舍邊，植欀柳以資其蔭，而枝枝弱；入而柴門內，種枇杷以取其實，而樹樹香。遠望清江一曲，有鸕鷀者，趂斜陽，曝短翅，休焉息焉，何自得哉！

江村

清江一曲抱村流，長夏江村事事幽。一章通寫「事事幽」。自去自來梁上燕，相親相近水中鷗。老妻畫紙為棋局，稚子敲針作釣鉤。多病所須惟藥物，微軀此外復何求。

　　我臨江卜宅，故村抱江流。今日長夏村居，事事幽絕耳。仰看梁燕，自去自來，無求於世；俯見水鷗，相親相近，亦樂其群。我當此長夏，村中何事？惟彈碁耳。誰為伴？老妻是也。誰為局？畫紙可也。夫紙以題詩，畫為碁局，焉用文為？江上何事？惟釣魚耳。誰往釣？稚子是也。誰作鉤？敲針可也。夫針以縫裳，敲作釣鉤，志豈在魚？惟是微軀多病，藥物為急，所須誠遂，此外何求。雖事事幽，謂之無一事也可。

〔註13〕《杜詩闡》卷十一《狂夫》。

○公投老江村，原無一事。曰「事事幽」者，無事之事也。無事之事，何害於幽。既已曰幽，猶之無事。然職官有職官之事，野人有野人之事。野人之事，野人經濟也。梁燕去來，與物無競；水鷗親近，物各得所。老妻穉子，一家之熙熙可想；敲碁下釣，江村之事業可想。借藥延年，留軀有用，清江一曲，有如此野人否？

進艇

南京久客耕南畝，北望傷神坐北窗。二句「進艇」發端。**晝引老妻乘小艇，晴看穉子浴清江。**「進艇」之伴。**俱飛蛺蝶元相逐，並蒂芙蓉本自雙。**「進艇」所見。**茗飲蔗漿攜所有，瓷甖無謝玉為缸。**「進艇」所須。

為客雖耕南畝，傷神自坐北窗。身在南，心在北，聊進艇以遣興耳。誰伴我？小艇之中，堪容老妻。老妻而外，但有穉子。乘者乘，浴者浴，進艇不孤矣。不見俱飛蛺蝶，艇前相逐；並蒂芙蓉，江上雙開。我引老妻，看穉子，何以異是。況艇中所攜者，茗蔗具備，盛以瓷甖，何必玉缸為而謝也。南京之客，不過如此；北望之傷，亦差慰夫。○《江村》一章，以梁燕、水鷗，興起老妻、穉子。此章先敘老妻、穉子，以蛺蝶、芙蓉，襯映各自有情。俱飛、相逐、并蒂、自雙，正見家人、婦子，倡隨結伴，非有勉強。蓋公數年來，饑走荒山，室家難保。不曰「妻孥隔軍壘，撥棄不擬道」〔註14〕，則曰「嘿思歡會處，恐作窮獨叟」〔註15〕。不曰「妻子亦何人，丹砂負前諾」〔註16〕，則曰「歎息謂妻子，我何隨爾曹」〔註17〕。久矣，無妻孥之樂矣。至相攜入蜀，草堂初成，乃於語燕定巢，飛鳥將子，鳬雛傍母，穉子避人，託物流連，始有家人之興。《江村》、《進艇》二章，於老妻、穉子，曲盡優游倡隨之樂。蓋情隨境遷，興與時會，有不期然而然者。

江漲

江漲柴門外，兒童報急流。下牀高數尺，倚杖沒中洲。四句「江漲」。**細動迎風燕，輕搖逐浪鷗。漁人縈小楫，容易拔船頭。**四句「江漲」景物。

我柴門外江水漲，兒童報曰其流甚急，兒童知幾哉！報則報矣，纔下牀，已高數尺；方倚杖，即沒中洲。嗟何及也！此時惟迎風燕細動江天，與逐浪鷗輕搖水面。至於漁人縈楫，易拔船頭，則亦有不假力者。蓋燕本無家，鷗亦忘機，漁人浮家泛宅，

〔註14〕《杜詩闡》卷五《雨過蘇端》，公自注：「端置酒。」
〔註15〕《杜詩闡》卷五《述懷》。
〔註16〕《杜詩闡》卷八《昔遊》。
〔註17〕《杜詩闡》卷十《飛仙閣》。

故皆怡然於急流之際，而動者動，搖者搖，縈楫者縈楫。若我身世多累，焉能如二鳥悠悠、漁人泛泛，即下床而何之，縱倚杖而焉往矣。

野老

野老籬前江岸廻，柴門不正逐江開。漁人網集澄潭下，賈客船隨返照來。四句即景。**長路關心悲劍閣，片云何意旁琴臺。王師未報收東郡，城闕秋生畫角哀。**公自注：「得稱城闕。」〇四句感懷。

　　岸直則江駛水淺，岸回則勢曲潭深。此野老籬前，江岸回曲。其柴門不正者，以逐江開耳。此時向江一望，但見澄潭上，漁人結網；返照下，賈客艤船。吾豈長與漁人、賈客為緣者。所關心，惟長路千盤，劍閣之險，歸途難問；最無意，惟孤雲一片，琴臺之畔，何心久留。況彼處王師，未收東郡；此間畫角，又復驚秋。柴門野老，何以遣此？〇自乾元二年秋，鄭、滑、濟、汝四州皆陷於史思明。上元元年夏四月，思明又入東京。是東郡尚未收也。至上元二年五月，今孤彰使楊萬定通表請降，徙屯杏園，東郡始收。

杜鵑行

君不見昔日蜀天子，化為杜鵑似老烏。二句領一章。**寄巢生子不自啄，群鳥至今為哺雛。雖同君臣有舊禮，骨肉滿眼身羇孤。業工竄伏深樹裏，四月五月偏號呼。其聲哀痛口流血，所訴何事常區區。爾豈摧殘始發憤，羞帶羽翮傷形愚。**以上敘杜鵑之失所。**蒼天變化誰料得，萬事反覆何所無。萬事反覆何所無，豈憶當殿群臣趨。**四句挽合起處。

　　此為上皇遷居西內而作。昔年有蜀天子，相傳其化為杜鵑，有類老烏，誰復知為蜀天子者。亦嘗生子，不自哺而寄巢他所，群鳥代之。同是鳥也，群鳥代為哺者，以杜鵑昔日曾為天子，有君臣之舊禮。雖則云然，乃生子寄巢，縱有骨肉，一身依然羇孤耳。子既寄巢，身還竄伏，至夏號呼，似有欲訴。所訴謂何？得毋身已摧殘，不勝發憤，自傷羽翮雖帶，無異形愚，故其聲如此哀痛與？夫昔為帝王，今為杜宇，蒼蒼變化，何常之有！古今萬事，反覆皆然。彼有君臣舊禮者，亦曾回首當年，群臣趨蹌之日否也。〇上皇自蜀歸，居興慶宮，謂之南內。上元二年七月，李輔國矯制，遷上皇於西內。詩中「化為杜鵑似老烏」，喻上皇昔為天子，今老而遜位也。「雖同君臣有舊禮」，謂當時上皇雖居南內，父老過者，往往瞻拜，呼萬歲。嘗召郭英乂等上樓賜宴。有劍南奏事官過樓下，輒拜舞。是君臣舊禮未嘗廢也。彼輔國於上皇，亦有君臣

之義。今謀為叵測，離間上皇父子，致使夾城起居，肅宗不復致問。至遷居西內，如杜鵑寄巢他所，又竄身深樹中也。當上皇為輔國所逼，謂高力士曰：「我兒為輔國誤，不得終孝養矣。」此即發信號呼之謂與？上皇昔為天子，今成霸孤。羈孤不已，至於竄伏。向時滿眼骨肉，如如仙媛安置矣，玉真公主出矣。至陳玄禮、高力士，皆不得留。所留侍衛兵，纔尫羸數人。所謂「當殿群臣趨」者安在？曰「豈憶」，傷痛之至也。託之杜鵑者，上皇曾幸蜀，唐人詩每以蜀王例之。

南鄰

錦里先生烏角巾，園收芋栗未全貧。慣看賓客兒童喜，得食堦除鳥雀馴。四句「南鄰」。秋水纔深四五尺，野航恰受兩三人。白沙翠竹江村暮，相送柴門月色新。四句歸。

　　錦里先生，頭戴烏巾，山人巾也；園收芋栗，山人租也。山人可以貧，又不可以全貧。山人不貧，風流安在？山人全貧，經濟謂何？未全貧，斯為錦里先生耳。有錦里先生，則有錦里兒童。先生不謝客，故兒童亦樂先生之樂，而喜看賓客。有錦里園居，因有錦里鳥雀。先生收芋栗，故鳥雀亦食先生之食，而馴擾堦除。南鄰如此。未幾，泛秋水，屬停航而歸。秋江之水太深不得，太深不便於野航，四五尺足矣，今喜纔深。野航之人多受不得，多受不宜於秋水，兩三人足矣，今喜恰受。水纔四五尺，航只兩三人，水與航相得也。此時江村上，白沙翠竹，暮景侵人，我遂望柴門，乘月色而還。一時江村情景如此。○公有南北兩鄰，北為王明府，南必朱山人。山人而外，斛斯酒徒亦南鄰。此章南鄰，定是朱山人。山人有水亭花樹之勝也。

北鄰

明府豈辭滿，藏身方告勞。青錢買野竹，白幘岸江皋。愛酒晉山簡，能詩何水曹。六句美明府。時來訪老疾，步屧到蓬蒿。二句明府記訪。

　　江村有南鄰，又有北鄰。北鄰明府，曾為縣令。未嘗辭滿，忽焉桂冠，一何高也！明府安得青錢？縱有青錢，獨買野竹，俗物偏以雅用。明府亦有白幘，雖覆白幘，自岸江皋，見客何必整冠。且明府愛酒，為山簡之流；明府能詩，又何遜之侶。真我徒也！幸居北鄰，故老病江干，頻煩相訪，肩與不禪，步屧忘勞與？○南鄰秋水遙隔，先生必泛航而訪；北鄰村逕可通，明府但步屧而至。南鄰烏角，北鄰白幘，人物一流。南鄰之老收芋栗，北鄰之叟買青竹，經濟無異。公得兩鄰如此，江村盡不寂寞。明府，黃鶴謂是王明府。

泛溪

落景下高堂，進舟泛回溪。二句點「泛溪」。誰謂溪上小，未盡喬木西。遠郊信荒僻，秋色有餘淒。練練峰上雪，纖纖雲表霓。六句溪上之景。童戲左右岸，罟弋畢提攜。翻倒荷芰亂，指揮逕路迷。得魚已割鱗，採藕不洗泥。人情逐鮮美，物賤事已暌。八句溪上之事。吾村靄暝姿，異舍雞亦棲。蕭條欲何適，出處庶可齊。衣上見新月，霜中登故畦。濁醪自初熟，東城多鼓鼙。八句歸。

　　草堂暮矣，且泛花溪。花溪一帶，直至喬木以西而未盡。於是由溪中望遠郊，循遠郊眺秋色，仰見峰上，雪雲表霓，何纖練哉！爰有兒童爭攜罟弋，芰荷倒，逕路迷，但知得魚採藕以為樂。此雖兒童戲事，而魚鮮藕美，人情之所好已可見。所惜者，物雖賤，事多暌耳。泛溪將還，遙望我溪，已帶暝色。近見異舍，所在雞棲。進舟則在落景時，登畦則在霜月下。濁醪初熟，旅人可遣矣。東城鼓鼙，他鄉亦未寧也。泛溪之始末如此。○「東城」，舊作「東都」，悮。《出郭》詩曰：「他鄉亦鼓鼙。」〔註18〕

贈蜀僧閭丘師兄公自注：「太常博士均之孫。」

太師銅梁秀，籍籍名家孫。嗚呼先博士，炳靈精氣奔。四句另提。惟昔武皇后，臨軒御乾坤。多士盡儒冠，墨客靄雲屯。當時上紫殿，不獨卿相尊。世傳閭丘筆，峻極蹌崑崙。八句遡閭丘之遇。鳳藏丹霄暮，龍去白水昏。青熒雪嶺東，碑碣體制存。斯文散都邑，高價越瓊璠。晚看作者意，妙絕與誰論。八句敘傳世之久。我祖詩冠古，同年蒙主恩。豫章夾日月，歲久空深根。小子思疎闊，豈能達詞門。窮愁一揮淚，相遇如弟昆。八句敘淵源。我住錦官城，兄居祇樹園。地近慰旅愁，往來當丘樊。天涯歇滯雨，粳稻臥不飜。漂然薄遊倦，始與道侶敦。八句敘客居。景晏步修廊，而無車馬喧。夜闌接軟語，落月如金盆。漠漠世界黑，驅驅爭奪繁。惟有牟尼珠，可照濁水源。八句贈詩之意。

　　太師生銅梁，真為獨秀，況籍籍者，尤名家孫也。名家何人？其先閭丘博士，鍾靈傑出。追維天後臨朝，惟儒冠墨客，承恩者乃得上殿。不然，雖卿相不為尊。然莫如爾祖閭丘筆也。蓋由閭丘筆墨，高極海內，當世所推。所以天後既崩，閭丘亦逝，而荒陬遐郡，碑碣尚存。散於人間者，得其一字，價越奇珍；遺於後代者，想其遺徽，歎為獨絕也。太師之祖，固以翰墨傳千秋；小子之祖，亦以詩篇蒙特眷。當年兩公，

同仕天後朝，譬之豫章大木，夾於日月。不料歲月既久，空存深根。惟予小子，自憐才思疎闊，難達詞門，只有窮愁揮淚而已。言念世誼，我與太師固異姓弟昆。今日我非錦官人，而住錦官城；兄本博士孫，而居祇樹園。幸免各天，相與話舊，雖天涯滯雨，旅食艱難，乃道侶其敦，亦云厚幸。於焉脩廊閒步，車馬無聲；軟語相商，銀艅欲墮。當此青絲白馬，爭奪於外；紆金拖紫，爭奪於內。是黑世界，何異濁水源，庶得牟尼珠以照之，惟太師有之耳。閻丘筆，直踰崑崙；牟尼珠，可照濁水。真不媿先博士名家孫也已！○按：閻丘均有《臨水亭》諸詩傳世。

不見公自注：「近無李白消息。」

不見李生久，佯狂真可哀。世人皆欲殺，我意獨憐才。敏捷詩千首，飄零酒一杯。六句「不見」。**匡山讀書處，頭白好歸來。**二句望之。

　　痛哉李生！言別以來，聞其佯狂受辱，真可哀也。自高力士譖言後，至永王迫脅受誣，世人誰非欲殺李生者？欲殺李生，忌李生才也。吾獨哀李生，憐李生才也。李生之才，見於詩酒；李生之才，即窮於詩酒。李生之才，見於詩酒，李生故可殺；李生之才，即窮於詩酒，李生故可憐。其敏捷而詩千首，今於何處千首？其飄零而酒一盃，今於何處一盃？蜀有匡山，李生舊讀書其處。今老矣，猶望歸蜀，與故人一見，不至佯狂，終嬰世網哉！○匡山讀書，黃鶴謂白曾遊匡廬山，故望其歸匡山。非也。定是蜀之大匡山，蓋白生於成都彰明縣，少年嘗讀書其處。公在成都，以久不見白，望其垂老還鄉，故曰「頭白好歸來」。若望其歸匡廬山，不獨非公願見故人意，亦豈頭白首丘之義？況任城、會稽，皆白舊遊處，何獨望其歸匡廬山耶？

戲題王宰山水圖歌

十日畫一水，五日畫一石。能事不受相迫促，王宰始肯留真蹟。四句贊其畫手。**壯哉崑崙方壺圖，掛君高堂之素壁。巴陵洞庭日本東，赤岸水與銀河通，中有靈氣隨飛龍。舟人漁子入浦漵，山水盡亞洪濤風。**以上是「山水圖」。**尤工遠勢古莫比，咫尺應須論萬里。焉得并州快剪刀，剪取吳淞半江水。**四句將看畫結。

　　王宰善畫山水，真蹟難得，一迫促則捉刀以應耳。壯哉此圖！乃方壺崑崙圖，非巴陵、洞庭、日本、赤岸諸處、吳楚山水之景。高堂素壁間，忽然對此，幾疑巴陵、洞庭、日本東也。赤岸水與銀河通也。既通銀河，則有雲氣，隨飛龍矣。此中舟人漁子，如在巴陵、洞庭、日本、赤岸之浦漵。此中山木嵸巃，如撼巴陵、洞庭、日本、赤岸之風濤。所以然者，能工遠勢耳。故咫尺之間，恍惚萬里。既有巴陵、洞庭、日

本、赤岸,即吳淞江水,亦在此尺幅中。襄裳末由,並刀剪取,以慰我吳越舊遊之思,不亦可乎!

題壁上韋偃畫馬歌

　　韋偃,京兆人。寓蜀。善畫馬,韓幹之匹。

韋侯別我有所適,知我憐君畫無敵。二句泛起。戲拈禿筆掃驊騮,欻見騏驎出東壁。一匹齕草一匹嘶,坐看千里當霜蹄。四句「畫馬」。時危安得真致此,與人同生亦同死。二句題畫之意。

　　韋侯去矣,留畫東壁間者,知我愛其畫之獨步耳。果然神駿,躍出壁間。不過戲拈枯管,乃一匹齕若真齕,一匹嘶若真嘶。雖曰畫馬,坐看千里,何必捨此,更覓霜蹄?今日時危,止須此物,安得真致之,與人同生同死,一心成大功也?○顏回望吳門馬,見一匹練。〔註19〕「一匹」本此。

戲韋偃為雙松圖歌

天下幾人畫古松,畢宏已老韋偃少。絕筆長風起纖末,滿堂動色嗟神妙。四句總起。兩株慘裂苔蘚皮,屈鐵交錯迴高枝。白摧朽骨龍虎死,黑入太陰雷雨垂。松根胡僧憩寂寞,厖眉皓首無住著。偏袒右肩露雙腳,葉裏松子僧前落。八句細寫神妙。韋侯韋侯數相見,我有一匹好東絹,重之不減錦繡段。已令拂拭光零亂,請君放筆為直幹。進一層意結。

　　古松難畫,向推畢宏,今惟韋郎耳。筆纔絕,樹杪風來;圖初成,滿堂色動。歎曰:何神妙哉!其幹慘裂,如披蘚皮;其枝樛曲,如見屈鐵。其蘚皮之白處,疑龍虎死後,蛻骨山中;其屈鐵之黑處,恍雷雨來時,垂陰天際。不獨此也,點綴松根者,更有胡僧,寂寞獨憩,雖趺坐而原無住著;偶然偏袒,無色相而松子常飄。畫之神妙如此。我有東絹,待子落筆,只須直幹耳,直須放筆者。直非拘謹所能,放則無顧忌,無束縛,坦然率意,行所獨是。蓋拘謹者必多曲也。

一室

一室他鄉遠,空林暮景懸。正愁聞塞笛,獨立見江船。四句「一室」情景。巴蜀來多病,荊蠻去幾年。應同王粲宅,留井峴山前。四句「一室」感懷。

〔註19〕《太平御覽》卷八一八引《韓詩外傳》:「孔子、顏淵登魯東山,望吳昌門,淵曰:『見一匹練,前有生藍。』子曰:『白馬,蘆芻也。』」

　　一室孤矣，更在他鄉；空林寂矣，又當暮景。何以遣此？忽聞塞笛，何處傳來？此際江船，那能俱去？聞塞笛而添愁者，為來巴蜀多病也；見江船而獨立者，為去荊蠻無日也。昔者，王粲客荊，留井志意。我亦王粲，但不知荊蠻之適，果在何年；巴蜀之去，定於何日。他年留井此地，得同峴山遺跡否耳？○公寓蜀，實思去蜀，故嘗曰「此生那老蜀」〔註20〕。公上世本襄陽人，襄陽故土，屢動歸思。不曰「吾家碑不沒」〔註21〕，則曰「鹿門自茲去」〔註22〕。故將適吳楚有詩〔註23〕，將赴荊南有詩〔註24〕，登舟將適漢陽有詩〔註25〕。究之，出峽計遂，還荊願虛。至大曆五年，扁舟下荊楚，竟以寓卒。《一室》八句，已堪腸斷。

赴青城縣出成都寄陶王二少尹

老被樊籠役，貧嗟出入勞。客情投異縣，三句「赴青城」。詩態憶吾曹。東郭滄江合，西山白雪高。文章差底病，回首興滔滔。五句「寄陶王」。

　　吾老矣，尚為樊籠中人。今日出入為勞者，饑驅故耳。於時作客之情，思投青城之異縣；賦詩之態，常憶二尹為我曹。而成都出矣，因見青城東郭，二水合流，適與滄江交會。遙望成都，西山上有積雪，若與山色爭高。至於二尹詩態，二尹文章也，世以文章為病，似此文章，差等何病？此我論詩之興。回首二尹，滔滔欲瀉耳。○東郭，青城郭。蜀城之東，二水合流南下，土人謂之合水。西山上有積雪，經夏不消。想公見東郭滄江、西山白雪，忽觸陶、王詩態，其雄渾處如滄江合流，其明淨處如白雪高潔，故於「詩態憶吾曹」下接此二句，即以文章詩興足之也。「差」作「校」字義解，「底」作「何等」字義解。公謂世以文章為病，不知與何等病相校，正見文章非病。

寄杜位

　　位為李林甫諸婿。林甫敗，楊國忠發其奸，親黨坐貶者，五十餘人。位貶新州。此天寶十二載事。上元間，移之近郡，公有此寄。

近聞寬法離新州，想見歸懷尚百憂。逐客雖皆萬里去，悲君已是十年

〔註20〕《杜詩闡》卷十四《奉送嚴公入朝十韻》。
〔註21〕《杜詩闡》卷三十二《迴棹》。
〔註22〕《杜詩闡》卷三十二《登舟將適漢陽》：「鹿門自此往。」
〔註23〕《杜詩闡》卷十六《將適吳楚留別章使君留後兼幕府諸公得柳字》。
〔註24〕《杜詩闡》卷十六《將赴荊南寄別李劍州弟》。
〔註25〕《杜詩闡》卷三十二《登舟將適漢陽》。

流。此聯承「寬法」句。干戈況復塵隨眼，鬢髮還應雪滿頭。此聯承「歸懷」句。玉壘題書心緒亂，何時更得曲江遊。二句自述所懷。

汝貶新州，不為嚴譴。今奉寬法而歸，幸矣。乃想汝歸懷未能釋然者何？故回首當年逐客，一時五十餘人，誰不萬里去者？曾幾何時，汝之放逐，亦已十年。今邀恩赦，未免痛定思痛耳。況汝初貶新州，國難未興，數年以來，塵隨眼矣。即汝未貶新州，年方強仕，數年以來，亦雪滿頭矣。今日汝離沂州，我遊玉壘，題書奉寄，心緒茫然。計惟亂定，重到曲江，不知當在何日耶！

野望因過常少府

野橋齊度馬，秋望轉悠哉。竹覆青城合，江從灌口來。四句「野望」。入村樵徑引，嘗果栗園開。落盡高天日，幽人未遣回。四句「過常少府」。

青城橋上，一時行者，齊度馬矣。我獨倚橋而望，秋色悠哉！一望青城，叢叢翠竹，覆之而合；一望灌口，湛湛江水，從彼而來。而少府之村不遠矣。因入少府村，喜得樵徑以相引；遂嘗少府果，適逢栗園之始開。自野橋度馬來入村，而後為時已久，高天日落，幽人可回。乃至此而未遣客回，何少府多情哉！

丈人山

自為青城客，不唾青城地。為愛丈人山，丹梯近幽意。四句「丈人山」。丈人祠西佳氣濃，緣雲擬住最高峰。掃除白髮三千丈，君看他時冰雪容。四句發明「為愛丈人山」二句之意。

我客青城，不敢唾此一片地者，誠愛青城丈人山，為五嶽長，其丹梯之處，幽意多耳。幽意何如？不見祠西佳氣，高峰緣雲？他日卜築於祠西高峰間，斸黃精以延年，掃除白髮，瑩然有冰雪之姿。愛丈人山者以此。○凡人有所厭棄則唾之。秦帥不顧而唾，趙太后曰「老婦必唾其面」。不唾者，愛而敬之也。《智度論》：「若入寺，不唾僧地。」

出郭

舊註：「公從青城出郭歸成都。」

霜露晚淒淒，高天逐望低。遠煙鹽井上，斜景雪峰西。四句「出郭」之景。故國猶兵馬，他鄉亦鼓鼙。江城今夜客，還與舊烏啼。四句「出郭」之感。

秋天木高，對晚景而忽低。況鹽井之煙，漠漠更遠；雪峰之景，冉冉欲斜。因想

故國，庶幾兵馬息矣，乃猶兵馬；幸寓他鄉，庶幾鼓聲寢矣，乃亦鼓聲。此時伴客者，止有烏耳。烏為舊烏，我客青城，亦惟與烏為舊識耳。將出郭而啼者，惟舊烏；我別青城，亦惟舊烏，還堪戀耳。然則今夜，客不與舊烏啼，又誰與哉？

和裴廸登新津寺寄王侍郎公 <small>自注：「王時為蜀牧。」</small>

何恨倚山木，吟詩秋葉黃。<small>二句喚詞。</small>蟬聲集古寺，鳥影度寒塘。風物悲遊子，登臨憶侍郎。<small>二聯承，明首二句。</small>老夫貪佛日，隨意宿僧房。<small>結意自述。</small>

　　凡人必有所恨，故倚木長吟。今子何恨？乃倚木吟詩於此秋深候也。此時伴客吟者，惟蟬聲嘹唳，鳥影迴翔耳。蟬聲集而遊子無依，能無風物之悲？鳥影度而侍郎不見，難免登臨之恨。子果何恨？或者恨是。子雖恨也，老夫則否。老夫惟貪佛日，隨喜僧房，何必倚木長吟耶？

送韓十四江東省覲

兵戈不見老萊衣，歎息人間萬事非。我已無家尋弟妹，君今何處訪庭闈。<small>四句「省覲」。</small>黃牛峽靜灘聲轉，白馬江寒樹影稀。<small>二句「江東」。</small>此別應須各努力，故鄉猶恐未同歸。<small>二句「送」。</small>

　　亂離之世，父南子北，萬事皆非。即如我弟在江左，妹在鍾離，無家可尋矣。子赴江東，訪庭闈，獨有萊子斑衣之慕，誠不易得。但道梗路塞，不知何處可訪耳。子往江東，必由黃牛峽、白馬江而下，遙想黃牛峽靜，其灘聲自轉；白馬江寒，即樹影亦稀。亂後關河蕭瑟有如此者。我尋弟妹，君訪庭闈，各須竭力。但子往江東，既非故鄉；我於故鄉，亦復契闊。恐終老蜀中，與汝留滯江東，其情正同也。○上元二年，江東有劉展之亂，朝廷遣鄧景山，並勅李峘圖之。李峘關北固為戰場，插木以塞江口。展軍於白沙，設疑兵於瓜州，多張火鼓，自上流襲峘，峘軍潰。展陷潤州，轉攻金陵。江東多故如此，宜公於韓之行，一曰「何處訪」，一曰「未同歸」也。峽逢水退，則水勢就靜。各灘高下，嗚咽曲折，每轉一灘，有一灘之聲，故曰「灘聲轉」。

石鏡

蜀王將此鏡，送死置空山。冥寞憐香骨，提攜近玉顏。<small>四句「石鏡」。</small>眾妃無復歎，千騎亦虛還。獨有傷心石，埋輪月宇間。<small>四句感歎。</small>

　　昔有蜀王名開明者，痛妃之死，曾將石鏡送葬空山。誠念既葬後，從此冥寞，香骨堪憐，留此提攜，玉顏還照也。當妃在時，寵冠後宮，眾妃無色，為之竊歎。自送

死，眾妃休歎矣。當妃在時，同輦侍君，千騎簇擁，從者如雲。自送死，千騎寂寞矣。一輪石鏡，萬古常存。月宇茫茫，蜀妃安在哉？○李白作《上皇西巡歌》有「石鏡更名天上月，後宮親得照蛾眉」〔註26〕句，似為上皇思念妃子。豈公此章亦託意與？

寄楊五桂州譚公自注：「因州參軍段子之任。」

五嶺皆炎熱，宜人獨桂林。梅花萬里外，雪片一冬深。四句「桂州」。**聞此寬相憶，為邦復好音。**二句「楊五」。**江邊送孫楚，遠附白頭吟。**二句因段子之任寄詩。

　　五嶺炎荒，無宜人者。宜人有桂林郡耳。五嶺無梅，桂林獨有。無瘴氣，故有梅也。宜人一。五嶺無雪，桂林獨深。無瘴氣，故有雪也。宜人一。我聞此而相憶可寬，君為邦而好音可卜。我送段子之任，更無他語，惟此詩為《白頭吟》，期楊五一念故人云。○大庾嶺為梅嶺。昔范曄與陸凱善，凱自江南寄梅一枝詣長安。此地梅花，固為僅有。此桂林有梅之證。范成大曰：「靈州興安間有嚴關，雪至嚴關輒止。大盛，則度關，至桂林城下，不復南矣。」〔註27〕此桂林有雪之證。

村夜

風色蕭蕭暮，江頭人不行。村舂雨外急，鄰火夜深明。四句「村夜」。**胡羯何多難，漁樵寄此生。中原有兄弟，萬里正含情。**四句「村夜」所感。

　　當此村夜，風色暮矣，行人絕矣。所入耳者，惟舂聲；所望見者，惟鄰火。我旅人無食，鄰光難借，何以遣此？彼胡羯至今，亦可已矣，何其尚多難！此漁樵生涯，豈我事也？聊以寄我生。吾棲遲村夜，為此故也。然豈無中原？中原豈無兄弟？我兄弟三人，飄零已久，況今萬里，存亡難必。嗚呼！中原可不歸。中原有兄弟，何可以不歸！萬里含情，淒其欲絕矣。○是年秋，史賊充斥，南蠻不靖，党項跳梁，故曰「還多難」。

〔註26〕《李太白詩集注》卷八《上皇西巡南京歌十首》其五。
〔註27〕范成大《桂海虞衡志·雜志》：嶠南風土之異，宜錄以備博聞，而不可以部居，謂之雜志。雪，南州多無雪霜，草木皆不改柯易葉。獨桂林歲歲得雪，或臘中三白，然終不及北州之多。靈川、興安之間，兩山蹲踞，中容一馬，謂之嚴關。朔雪至關輒止。大盛，則度送至桂林城下，不復南矣。

卷十二

成都詩_{上元二年}

建都十二韻

據舊註，鮑曰寶應元年建五都；黃曰上元元年建五都，二年停，是年復建。皆非。此建都是單建南都於荊州。

蒼生未蘇息，胡馬半乾坤。議在雲臺上，誰扶黃屋尊。建都分魏闕，下詔闢荊門。六句「建都」。恐失東人望，其如西極存。時危當雪恥，計大豈輕論。雖倚三埏正，終愁萬國飜。六句「建都」失策。牽裾恨不死，漏網辱殊恩。永負漢廷哭，遙憐湘水魂。四句追言疏救房琯事。窮冬客江劍，隨事有田園。風斷青蒲節，霜埋翠竹根。四句自窮客蜀。衣冠空穰穰，關輔久昏昏。願枉長安日，光輝照北原。四句挽合不必建都意。

今日民困未蘇，外寇未息，所急者，救民滅寇。若盈庭之議，何益黃屋也？側聞建都荊門，以扼吳蜀。夫荊門雖闢，恐失東人之望；南都雖建，其如西極猶存。蓋東人所望者，在清河北之寇；而西極所都者，亦為上皇曾幸也。夫危時不北伐雪恥，大計乃築舍輕論，恐三埏之正徒然，萬國之愁難免耳。紛紛建此者，失在昔年不從房琯之議。追維琯以分鎮得罪，我以救琯移官。自歎為牽毗牽裾，不能死爭；反辱張鎬救免，徼幸漏網。昔賈誼上《治安策》，欲眾建諸侯而少其力，曰「可為痛哭者」，此也。琯議分鎮，猶之漢廷哭。朝廷不能用，是漢廷之哭永負矣。琯遭進明之謗，貶竄邠州，猶賈誼不合於絳、灌，遠謫長沙。我於劍外悲之。是湘水之魂，遙憐而已。今日流離

江劍，退守田園，自分諫垣，此生無望。青蒲之節終斷，翠竹之根永埋。我則已矣。朝廷奈何不計長久，徒使衣冠穰穰，關輔昏昏哉？為今日計，但枉長安之日，亟照河北之民，翦安、史，靖中原，誠能北照，何必南圖也！○初，房琯建分鎮討賊之議，上皇遂有諸王之遣。詔下，遠近相慶，肅宗惡之。賀蘭進明乘間進讒，曰：「琯在南朝佐上皇，使陛下為諸王，分領諸道節度使，仍置陛下於沙漠虛無之地。」肅宗遂疏琯。後東南多故，康楚元等作亂荊襄，張維瑾等擅殺節度。上元元年九月，從呂諲請，置南都於荊州，以扼吳蜀之衝。此詩因建都及疏救房琯，意深遠矣。

蕭明府實處覓桃栽

奉乞桃栽一百根，春前為送浣花村。二句「覓桃」。**河陽縣裏雖無數，濯錦江邊未滿園。**二句「覓桃」之故。

桃雖賤植，非乞不與。桃惟賤植，百根非貪。尤望乘此春前，送至村上。況明府是潘岳，必有滿縣花；我村在錦江，須得滿園樹。夫河陽無數，取百根不見減；村園未滿，種百根不覺多。明府幸勿靳哉！○《齊民要術》云：「凡栽樹，正月為上時，三月為下時。」公曰「春前為送浣花村」，必春前送，始及上時栽。

憑何十一少府邕覓榿數百栽

草堂塹西無樹林，非子誰復見幽心。二句「覓榿」之故。**飽聞榿木三年大，**公自注：「蜀人以榿為薪，三年可燒。」**與致溪邊數畝陰。**二句「覓榿」。

地當西者，夏日最酷。草堂在塹西，亟須茂林耳。此我幽心，非少府誰見及此？但所須者，止為礙日計，榿木足矣。蓋榿木易長，三年為期。數畝之陰，必須數百。少府誠勿靳，塹西成陰有日哉！○自注雖曰充薪，詩意但取礙日。《堂成》詩曰：「榿林礙日吟風葉。」〔註1〕

憑少府班覓松樹子栽

落落出群非櫸柳，青青不朽豈楊梅。二句「松」。**欲存老蓋千年意，為覓霜根數寸栽。**二句「覓」。

我意中有樹，「落落出群」者，既非櫸柳；「青青不朽」者，又非楊梅。必也松樹。松有「老蓋千年」之意。然不始於老蓋，苟欲存之，亦始於霜根數寸耳。我從子覓，為此故也。○此章全是自寫。世人皆櫸柳、楊梅耳。「落落出群」，「青青不朽」，

〔註1〕《杜詩闡》卷十一。

何人足當？草堂中人是也。橙大三年，桃七八年便老，十年則死。至於松，非歷千年，不成老蓋。後公《寄題草堂》曰：「尚念四小松，蔓草易拘纏。」〔註2〕其難成可知。於桃期滿園，於橙須數畝，於松止覓數寸。蓋千年之蓋，始於數寸之根。嚴武再鎮，公歸草堂。《四松》詩曰：「四松初移時，大抵三尺強。別來忽三歲，離立如人長。」〔註3〕則數寸之根，自有千尋之勢。嗚呼！公於草堂，經營上元，斷手寶應，將為投老計。未幾，成都亂作，往來梓、閬，其心常在草堂。其身休息草堂者，曾無幾時。三年橙木，未得一薪之用。況此松根，冀其成立，十年之計，久置度外！「老蓋千年」，姑為松言之云爾。

從韋二明府續處覓綿竹三數叢

華軒靄靄他年到，綿竹亭亭出縣高。二句「竹」。江上舍前無此物，幸分蒼翠拂波濤。二句「覓竹」。

舍前須竹，明府有之。我他年曾到華軒，其亭亭者，已見其出縣高矣。今日江上波濤，須拂蒼翠，明府幸分數株，植之江上。竹枝蒼翠，與波濤俱遠矣。

詣徐卿覓果子栽

草堂少花今欲栽，不問綠李與黃梅。二句「覓果子」。石筍街中卻歸去，果園坊裏為求來。二句「詣徐卿」。

欲食果，先栽花，草堂少花也。欲栽花，先覓子，梅、李俱可也。惟徐卿家果種最多。徐卿家住果園坊，我詣徐卿，後誠得果子，即從石筍街退歸。或問我從何處來，從徐卿果園坊求果子歸來也。

又於韋處乞大邑瓷盌公自注：「大邑在臨邛。」

大邑燒瓷輕且堅，扣如哀玉錦城傳。二句「大邑瓷盌」。君家白盌勝霜雪，急送茅齋也可憐。二句「於韋乞」。

瓷之佳者，輕堅為最，惟大邑所燒者為然。蓋扣之，聲如哀玉，名傳錦城耳。吾茅齋中，得君急送，亦覺可憐而珍惜之。蓋君家之物，當與君家共憐也。

和裴廸登蜀州東亭送客逢早梅相憶見寄

東閣官梅動詩興，還如何遜在揚州。此時對雪遙相憶，送客逢春可自

〔註2〕《杜詩闡》卷十五《寄題江外草堂》，公自注：「梓州作，寄成都故居。」
〔註3〕《杜詩闡》卷十七。

由。四句裴廸見寄。**幸不折來傷歲暮，若為看去亂鄉愁。江邊一樹垂垂發，朝夕催人自白頭。**四句自述和詩意。

　　聞子登蜀州東亭，忽動詩興，無異何遜在揚州作《早梅》詩。此時子送者是東亭客，乃所懷者非東亭人。對如雪之花，遙憶我也。此時子所憶者，是成都人。乃子所送者，非成都客。逢早梅之春，其何能自由耶？幸止寄我以詩耳。若使折花貽我，我見花開，益傷歲暮。然子既貽詩，我見詩如見東亭梅花。因憶故園梅花，不知亦無恙否也。鄉愁自此彌亂耳。夫「幸不折來」、「若為看去」，東亭梅花，已攪余心，無奈江邊一樹，垂垂又發，其催人頭白，奚止「傷歲暮」、「亂鄉愁」而已。○「幸不折來」，暗用陸凱「折梅逢驛使，寄與隴頭人」意。

早起

春來常早起，幽事頗相關。領下六句。**帖石防隤岸，開林出遠山。一丘藏曲折，緩步有躋攀。童僕來城市，餅中得酒還。**

　　我躭高臥，春來不敢者，幽事關心耳。幽事惟何？大凡事之將來者，貴圖諸早。只如此岸，石隤而後防，不及防也。帖石於未隤，終無隤患矣。勢之在遠者，貴圖諸近。只如此山林，隔而望山，山終不見也。開林於几席，遠山不能遁矣。既帖石，則一丘之內，曲折以藏；既開林，則緩步之餘，躋攀不礙。至於城市付之僮僕，誠得酒還，幽事真遂哉！○人有經濟者，山林丘壑，往往而寓。公當垂老，客處他鄉，乃曰「春來常早起，幽事頗相關」，蓋有不肯自廢者。豫州聞雞，廣州運甓，不過此意。

琴臺

茂陵多病後，尚愛卓文君。二句生前。**酒肆人間世，琴臺日暮雲。野花留寶靨，蔓草見羅裙。歸鳳求凰曲，寥寥不可聞。**六句身後。

　　當年相如有消渴疾，誠好色之尤也。雖多病，後愛慕文君不衰，生前如此。追維滌器當壚日，曾有酒肆，今人間世猶是也，相如安在？亦「酒肆人間世」耳。相如善鼓琴，嘗以琴心挑文君，因有琴臺。今日暮雲猶是也，相如安在？亦「琴臺日暮雲」耳。惟是野花朵朵，寶靨疑留；蔓草縈縈，羅裙猶見。安得起相如而問之？惜乎！「鳳兮鳳兮歸故鄉，遨遊四海求其凰。」此曲寥寥，不可復聞。千載下，徒流連於相如之鍾情而已。○酒肆為相如藏身玩世之所，相如看得人間世，都作酒肆。觀「酒肆人間世」五字著眼。

漫成 二首

野日荒荒白，春流泯泯清。渚蒲隨地有，村逕逐門成。只作披衣慣，常從漉酒生。六句正見「無俗物」。眼前無俗物，多病也身輕。結足全意。

　　荒荒無色，野日澹矣；泯泯無聲，春流寂矣。蒲生自天，原不擇類，一隨地產而有；逕由自人，本無常處，一視門向而成。《莊子》有披衣者。我披衣之餘，更有何慣？陶潛只漉酒耳，我漉酒而外，無以為生。所見者野日，所聞者春流。渚蒲有而生意閒，村逕成而行蹤少。披衣本非待客，漉酒聊以陶情。可謂眼邊無俗物矣。俗物最敗人意。有俗物則不病而病，無俗物即病亦不病。甚矣，俗物可憎也！

江皋已仲春，花下復清農。仰面貪看鳥，回頭錯應人。讀書難字過，對酒滿壺頻。六句都寫孏意。近識峨眉老，公自注：「東山隱者。」知予孏是真。收足全意。

　　江皋幾時，忽已仲春。花下難逢，幸復清晨也。此時江皋花下，有鳥焉；我仰面貪看，有人焉。我回頭錯應，意在鳥，不在人也。繼而讀書，難字喜其已過；因而對酒，滿壺快其頻添。孏使然耳。孏與物接，故貪看鳥。孏與世親，故借應人。孏於求解，故難字聽其過。孏於獨醒，故對酒不厭頻。大抵擎拳曲跽，與人歗歗者，都由於偽。孏是我之真，此意峨眉老知之，蓋峨眉老非俗物也。

客至 公自注：「喜崔明府見過」。

舍南舍北皆春水，但見群鷗日日來。花徑不曾緣客掃，蓬門今始為君開。四句「客至」。盤餐市遠無兼味，尊酒家貧只舊醅。肯與鄰翁相對飲，隔籬呼取盡餘杯。四句待客。

　　當此江村水泛，彷彿浮家。訪我者，止群鷗耳。所由落花滿徑，門只常關。明府至，喜可知也。何以歗客？我舍南舍北，一望皆水，市遠矣，愧無兼味。我盤餐粗糲，不惟市遠，家亦貧矣，只有舊醅。此時思一對飲者，群鷗而外，絕無一人，計惟鄰翁。明府不嫌，隔籬呼取，共傾餘杯，不亦可乎！○「市遠」即《春水》詩「南市津頭」〔註4〕。

江畔獨步尋花七絕句

　　《江畔》七章，要會「獨步」二字。蓋尋花，原獨步佳也。當時江畔，其人惟斛斯六，其地惟少城黃師塔，甚而黃四娘家耳。足見江村無主，旅客寡徒。

〔註4〕《杜詩闡》卷十二《春水生二絕》之二。

江上被花惱不徹，無處告訴只顛狂。二句「尋花」之由。**走覓南鄰愛酒伴，**
公自注：「斛斯融，吾酒徒。」**經旬出飲獨空床。**正見「無處告訴」。

　　尋花於斛斯家。　江上花開，春色惱人哉！凡惱可解，此惱絕不可解，何不徹
也！惟惱不徹，故思告訴於人，而又無處，只顛狂耳。因思南鄰酒徒有斛斯六者，庶
知我惱，乃走覓相左，家只空床。其經旬出飲者，亦似惱不徹，思告訴於人也。

稠花亂蕊裹江濱，行步欹危實怕春。二句江上「尋花」。**詩酒尚堪驅使在，**
未須料理白頭人。二句「尋花」之意。

　　尋花江濱。　我行江濱，一路稠花亂蕊，不禁行步欹危者，實怕春也。我尋花，
又怕春，豈真有怯於春？若論詩酒，我雖白頭，尚堪驅使。蓋人之輕侮白頭人者，只
為料理白頭人，不復有為。誠知我於詩酒，尚堪驅使，則白頭人未可量也。料理我者，
誤矣。○驅使詩酒，實有才情意氣。今人都被詩酒驅使，則苦於詩，困於酒，且詩酒
亦何樂得此輩驅使之？若能驅使詩酒，則立身詩酒外，自然指揮如意，不受束縛。公
曰「詩酒尚堪驅使在」，有廉將軍被甲上馬，馬伏波據鞍顧盼意。

江深竹靜兩三家，多事紅花映白花。二句「尋花」。**報答春光知有處，直**
須美酒送生涯。二句「尋花」之意。

　　尋花江深竹靜處。　我江村原有八九家，若論「江深竹靜」處，實不過兩三家
耳。此兩三家，其花紅白間發，一何多事！花猶多事如此，人慾報答春光，豈無其
處？計惟美酒斷送生涯，庶不見笑於紅白兩花也。○公嘗曰「爛醉是生涯」〔註5〕，
此曰「美酒送生涯」。《莊子》曰：「我生也無涯，夫生亦何涯。」〔註6〕公始終以酒
為涯云。

東望少城花滿煙，百花高樓更可憐。二句「尋花」。**誰能載酒開金盞，喚**
取佳人舞繡筵。二句正見「可憐」。

　　尋花少城。　蜀都亞以少城。我草堂在西郭外，少城恰當東望。此地有樓，樓在
百花潭上。少城高樓，煙花滿眼，有何可憐？可憐者，似此百花高樓，斷須載酒，喚
佳人而共醉。今也無人，故可憐耳。夫至少城高樓，載酒無人，不真獨步尋花與？

黃師塔前江水東，春光嬾困倚微風。二句「尋花」。**桃花一簇開無主，可**
愛深紅愛淺紅。二句正寫「嬾困」。

　　尋花黃師塔前。　犀浦東有黃師塔，我獨步至此，春色困人，賴有微風可倚耳。
所見桃花一簇，紅白不同，淺深皆好。花無主，愛亦無主，真嬾困哉！○「倚微風」，

〔註5〕《杜詩闡》卷二《杜位宅守歲》。
〔註6〕《莊子・養生主第三》：「吾生也有涯，而知也無涯。」

說得風有情。他日又曰「微風倚少兒」〔註7〕。

黃四娘家花滿蹊，千朵萬朵壓枝低。二句「尋花」。**留連戲蝶時時舞，自在嬌鶯恰恰啼。**二句點染「四娘」。

尋花黃四娘家。　黃四娘家宜有花矣，花宜千朵萬朵，壓枝滿蹊矣。於時蝶戲枝頭，對人慾舞；鶯嬌樹裏，見客方啼。黃四娘，其戲蝶、嬌鶯哉！尋花至此，真爛熳矣。

不是愛花只欲死，只恐花盡老相催。二句「尋花」之意。**繁枝容易紛紛落，嫩蘂商量細細開。**以惜花結。

發聞尋花之故。　我尋花者，愛花也。愛花念重，則生死為輕。夫愛花耳，豈欲至此？但恐花落易盡，老景相催，所以到處尋花，皇皇不惜。彼繁枝已落，何其容易；嫩蘂木開，正好商量。凡物易開者易落。當其開也細細，及其落也不至紛紛，此我尋花之意云爾。

春水生二絕

二月六夜春水生，門前小灘渾欲平。二句「春水生」。**鸕鶿鸂鶒莫漫喜，我與汝曹俱眼明。**二句諷辭。

此諷小人漁利。　二月桃花水生，門前小灘渾欲平矣，水可畏如此。此時水盛，得志者惟鸕鶿鸂鶒耳。蓋鸕鶿喜捕魚，水生則魚多；鸂鶒喜食短狐，水生則短狐出。夫捕魚、食狐，二鳥自為眼明，而能取物。不知汝曹貪得，不能遁我之察也。然則鸕鶿、鸂鶒何漫喜為？

一夜水生二尺強，數日不可更禁當。二句「春水生」。**南市津頭有船賣，無錢即買繫籬旁。**二句憂辭。

此患至憂無備意。　人知陸居宜屋，不知陸居者有時宜舟。不見一夜間，水高二尺。數日後，何可禁當？及今水初生，買船防溺，猶可及耳。可惜南市津頭，有船可買，自恨無錢。即買繫此籬旁，恐數日之後，陸沉難免。然則有備無患，凡事當圖諸早也。

春夜喜雨

好雨知時節，當春乃發生。隨風潛入夜，潤物細無聲。野徑雲俱黑，江船火獨明。二句承「潛入夜」。**曉看紅濕處，花重錦官城。**二句承「細無聲」。

應雨而雨，名為好雨，《洪範》「時若」是也。當春發生，其知時節如此。未雨先風，風以散之，隨風而施，不覺其入夜。已潛入夜，隨風本雨之常。潛入夜則為好雨。雨之潤物，貴於細。《詩》曰「霡霂」〔註8〕，記曰「不破塊」〔註9〕，皆言其細。細則無聲。潤物亦雨之常，細無聲則為好雨。何由知其潛入夜？遠而野雲俱黑，雨故雲俱黑也；近亦船火獨明，雨故火獨明也。不見雨，但見雲與火，是潛入夜。何由知其細無聲？蓋夜雨細潤，疑於無雨，故曉看。曉看亦不見其為雨，於紅濕處，訝其花重，然後覺其為雨。不聞雨聲，但見花重，是細無聲，誠好雨哉！

遣意　二首

囀枝黃鳥近，泛渚白鷗輕。一徑野花落，孤村春水生。四句「遣意」之景。衰年催釀黍，細雨更移橙。二句「遣意」之事。漸喜交遊絕，幽居不用名。二句「遣意」之情。

當此春日，仰聽黃鳥，近哢枝頭；俯見白鷗，輕浮水面。鳥哢則花落，一徑皆然；鷗浮則水生，孤村欲沒。我復何事，惟有釀黍，釀黍非急務，衰年實催之；惟有移橙，移橙亦緩圖，細雨更為之。人惟好名，故喜交遊。交遊既絕，焉用名為？幽居之意，真足遣矣。

簷影微微落，津流脈脈斜。野船明細火，宿雁起圓沙。雲掩初弦月，香傳小樹花。六句「遣意」之景。鄰人有美酒，穉子也能賖。二句「遣意」之情。

當此春夜，日影侵簷，微微欲落；津流去岸，脈脈自斜。細火遠明，知為野船之泊；圓沙旋起，知為宿雁之樓。月上初弦，天邊雲掩；花開小樹，暗裏香傳。此際無聊，亟須酒耳。無錢奈何！且喜鄰人折券，穉子能賖，我意更足遣哉！○此詩須得其用字精細。影曰微，流曰脈，火曰細，沙曰圓，弦曰初，樹曰小，酒曰美，子曰穉。簷影微微，如無影矣。津流脈脈，如不流矣。野船細火，半明半暗。宿雁圓沙，疑遠疑近。初弦雲掩，月在何處？小樹香傳，花在何處？鄰人有酒，穉子能賖，酒之有無，未可知也。雁宿縈旋，沙為之起，沿灘而望，勢若迴環，故圓。

春水

二月桃花水，江流復舊痕。「春水」。朝來沒沙尾，碧色動柴門。「春水」

〔註8〕《小雅·信南山》：「益之以霡霂。」毛《傳》：「小雨曰霡霂。」
〔註9〕桓寬《鹽鐵論·水旱第三十六》：「當此之時，雨不破塊，風不鳴條，旬而一雨，雨必以夜。」

之勢。**接縷垂芳餌，連筒灌小園。**「春水」之事。**已添無數鳥，爭浴故相喧。**「春水」之物。

自去秋霜降，水痕既收。至二月，桃花水盛，始復舊痕。「沙尾」，水所不到者，今亦沒柴門，臨於水，而碧色上侵，有蕩漾柴門之趣。水勢如此，宜於釣矣，水深垂餌者，一縷不能到而接縷；宜於汲矣，水多灌園者，一筒不能受而連筒。況水鳥之生育於水者，似此春水，應添無數。鳥多則爭浴，爭浴至相喧。凡物類聚，不能相忘於機，有如此者。

江亭

坦腹江亭暖，長吟野望時。二句領至末。**水流心不競，雲在意俱遲。寂寂春將晚，欣欣物自私。故林歸未得，排悶強裁詩。**

當此春和，解衣盤薄，故江亭上，坦腹而暖也。但我身在亭中，心遊亭外。長吟之意，野望為多。俯見流水春容，心與無競；仰見閒雲來往，意與俱遲。況靜中春色，去已多時；到處物情，私各有託。我意亦思故林耳。江亭雖好，非我思有；故林未歸，悶何由解。亦強一題詩，不禁長吟云爾。

徐步

整履步青蕪，荒庭日欲晡。「徐步」之時。**芹泥隨燕嘴，花蘂上蜂鬚。**「徐步」所見。**把酒從衣濕，吟詩信杖扶。敢論才見忌，實有醉如愚。**「徐步」情事。

整履而步，步徐矣。步荒庭，至於日欲晡，徐故也。日晡則燕饑。燕啄芹，其泥隨嘴，非徐步以靜觀則不見。日晡則蜂出。蜂穿花，其蘂上鬚，非徐步以細察則不知。酒當徐步把，故濕衣。「從衣濕」，濕亦不覺也。詩當徐步吟，故扶杖。「信杖扶」，扶亦無心也。似此吟詩，得毋有忌才者，忌亦聽之。似此縱飲，得毋有笑其愚者，愚亦安之。徐步時，信心又如此。

寒食

寒食江村路，風花高下飛。汀煙輕冉冉，竹日淨暉暉。四句「寒食」之景。**田父要皆去，鄰翁問不違。**二句「寒食」之事。**地偏相識盡，雞犬亦忘歸。**二句「寒食」之情。

寒食暮春，江村花落，隨風飄舞，或高或下。況時屬禁煙，惟見汀水，其煙冉

冉。煙火既微，故竹竿之日，暉暉然淨也。我於寒食何事？惟有居鄉從俗耳。與人泥飲，凡有所要，無不皆去。至於鄰人有所問遺，則受而不違。凡以江村上，舍南舍北，地偏人少，相識易盡。微獨人也，即雞犬亦樂而忘歸。噫嘻！人忘歸，雞犬亦然。○本傳載公「結廬枕江，縱酒嘯詠，與田夫野老相狎蕩」〔註10〕。諷公田父泥飲詩云：「田翁逼社日，邀我嘗春酒。」〔註11〕其《春日江村》又云：「鄰家送魚鱉，問我數能來。」〔註12〕《客至》詩云：「肯與鄰翁相對飲，隔籬呼取盡餘盃。」〔註13〕《野人送櫻桃》詩云：「西蜀櫻桃也自紅，野人相贈滿筠籠。」〔註14〕其「要皆去」、「問不違」，概可見也。公豈樂與田夫野老作緣？公自言矣。「久客惜人情，如何距田叟」〔註15〕，他鄉從俗，聊以自遣。雞犬忘歸，暗用漢高營新豐，雞犬競識其家〔註16〕，而反言之。

少年行　二首

莫笑田家老瓦盆，「莫笑」二字領下三句。**自從盛酒長兒孫。傾銀注玉驚人眼，共醉終同臥竹根。**

　　世人莫作富貴貧賤觀。即此酒器瓦者，與金玉者有異。若論盛酒，而飲至於既醉，則瓦盆此醉，傾銀注玉者亦此醉。陶然共醉，同臥竹根，原作平等觀也。寄語少年，休恃驚人眼者，笑此老瓦盆哉！

巢燕養雛渾去盡，江花結子也無多。二句興。**黃衫年少來宜數，不見堂前東逝波。**二句喚醒。

　　纔見燕來巢，忽養雛去盡，燕安在也？纔見江上花開，忽結子無多，花安在也彼？黃衫年少，安可長恃？及此春光，數來行樂。不見堂前逝波，終日東流，去而不

〔註10〕　《舊唐書》卷一百九十下《文苑列傳下》。
〔註11〕　《杜詩闡》卷十三《遭田父泥飲美嚴中丞》。
〔註12〕　《杜詩闡》卷十九《春日江村》五首其四。
〔註13〕　《杜詩闡》卷十二。
〔註14〕　《杜詩闡》卷十三《野人送朱櫻》。
〔註15〕　《杜詩闡》卷十三《遭田父泥飲美嚴中丞》。
〔註16〕　《西京雜記》卷二：
　　　　太上皇徙長安，居深宮，悽愴不樂。高祖竊因左右問其故。以平生所好，皆屠販少年、酤酒賣餅、鬥雞蹴踘，以此為歡，今皆無此，故以不樂。高祖乃作新豐，移諸故人實之，太上皇乃悅。故新豐多無賴，無衣冠子弟故也。高祖少時，常祭枌榆之社。及移新豐，亦還立焉。高帝既作新豐，並移舊社，衢巷棟宇，物色惟舊。士女老幼，相攜路首，各知其室。放犬羊雞鴨於通塗，亦競識其家。其匠人吳寬所營也。移者皆悅其似而德之，故競加賞贈，月餘，致累百金。

來乎？少年知之否？

高柟

柟樹色冥冥，江邊一蓋青。二句寫「高」。**近根開藥圃，接葉製茅亭。落景陰猶合，微風韻可聽。尋常絕醉困，臥此片時醒。**六句皆「高」之故。

　　柟樹之色，冥冥獨青，遠望江邊，恰似一蓋。其高如此。所以近其根，可開藥圃；接其葉，可製茅亭。直至落景，其陰未散，午更可知。一遇微風，其韻鏗然，靜更可想。縱逢醉困，臥此亦醒。若當醒時，趣必更甚。無非高使然耳。

惡樹

獨遶虛齋徑，常持小斧柯。二句領至末。**幽陰成頗雜，惡木翦還多。枸杞固吾有，雞棲奈汝何。方知不才者，生長漫婆娑。**

　　惡之當除，如惡木者，其遶徑而生，有排眾木、獨播其惡之勢。虛齋何堪容此？斧柯之施，不可緩也。豈惟難緩，斧柯之施，又安可間也？持斧柯鋤惡者，不可無具。常持斧柯鋤惡者，不可少疏。所以然者，幽陰為積惡地，惡種頗多。況愈翦愈繁，此斧柯不容少輟耳。吾虛齋本植佳卉，如枸杞者。惡木不過庇雞棲也，惡木妨枸杞，去惡木，枸杞始為我有。惡木庇雞棲，惡其惡而去之，雖雞棲失所，亦奈之何。語云：「不才之木，可保天年。」〔註17〕惡木得毋微幸偷生？豈知似此婆娑，生亦靡益，誠不如伐去為愈也。疾惡當嚴有如此。○「雞棲」，或云樹名，非。公《羌村》詩云：「驅雞上樹木。」〔註18〕○考漢哀時，夏候憲惡劉放，指殿中雞棲樹曰：「此亦久矣，

〔註17〕《莊子·人間世第四》：

　　匠石之齊，至於曲轅，見櫟社樹。其大蔽數千牛，絜之百圍，其高臨山十仞而後有枝，其可以為舟者旁十數。觀者如市，匠伯不顧，遂行不輟。弟子厭觀之，走及匠石，曰：「自吾執斧斤以隨夫子，未嘗見材如此其美也。先生不肯視，行不輟，何邪？」曰：「已矣，勿言之矣！散木也。以為舟則沉，以為棺槨則速腐，以為器則速毀，以為門戶則液樠，以為柱則蠹，是不材之木也。無所可用，故能若是之壽。」匠石歸，櫟社見夢曰：「女將惡乎比予哉？若將比予於文木邪？夫柤梨橘柚，果蓏之屬，實熟則剝，剝則辱；大枝折，小枝泄。此以其能苦其生者也。故不終其天年而中道夭，自掊擊於世俗者也。物莫不若是。且予求無所可用久矣，幾死，乃今得之，為予大用。使予也而有用，且得有此大也邪？且也若與予也皆物也，奈何哉其相物也？而幾死之散人，又烏知散木！」匠石覺而診其夢。弟子曰：「趣取無用，則為社何邪？」曰：「密！若無言！彼亦直寄焉！以為不知己者詬厲也。不為社者，且幾有翦乎！且也彼其所保與眾異，而以義喻之，不亦遠乎！」

〔註18〕《杜詩闡》卷五《羌村》三首之三。

其能復幾奈爾何？」〔註19〕三字似有會，作樹名亦可。〔註20〕

戲為六絕

六章。公借庾信、四傑以自況，為今人輕侮老成者發。少陵詩文，當時少年不免嗤點。六章中連呼曰「爾曹」，警戒甚切。

庾信文章老更成，凌雲健筆意縱橫。二句尊「庾信」。**今人嗤點流傳賦，不覺前賢畏後生。**二句諷「今人」。

庾信文章，清新獨絕，老而彌促，意復縱橫。彼輕薄者，何足語此？所以流傳之賦，漫為今人嗤點。使前賢如庾信者，反畏後人之姍笑，是可歎也！

楊王盧駱當時體，輕薄為文哂未休。二句謂今人輕世傑。**爾曹身與名俱滅，不廢江河萬古流。**二句謂四傑未可輕。

豈獨庾信，王、楊、盧、駱號為四傑，亦當時一體，未可妄議。何今文輕薄，妄加姍笑哉？豈知輕薄之文，身名俱滅；彼四傑者，其文章浩淼，自與江河同流萬古。輕薄者多見不知量耳。○「輕薄為文」，謂今人文體輕薄，非謂輕薄四傑，如點鬼簿、筭博士云云。

縱使盧王操翰墨，劣於漢魏近風騷。二句承「哂未休」說。**龍文虎脊君王馭，**承「當時體」句。**歷塊過都見爾曹。**承「輕薄為文」句。

舉盧、王，而楊、駱在中矣。爾曹「哂未休」者，得毋以四公文劣於漢、魏之近風騷？縱使云然，乃擬之於馬，四公皆龍文虎脊，資為君王所馭。爾曹特未歷塊過都耳。試一歷塊過都，才窮力盡，爾曹不及四公，較然見矣。

才力應難跨數公，收上庾信、四傑。**凡今誰是出群雄。或看翡翠蘭苕上，**承「凡今」句。**未掣鯨魚碧海中。**應「才力」句。

合數公觀之，爾曹才力，總難跨比。則以凡今之人，出群者少耳。彼蘭苕之上，翡翠徘徊；碧海之中，鯨魚吞吐。誇輕薄，議前賢，是或看翡翠，但愛今人靡麗；未掣鯨魚，一窺數公淺深耳。前賢可輕侮否？

不薄今人愛古人，清詞麗句必為鄰。二句謂「今人」。**竊攀屈宋宜方駕，**

〔註19〕徐堅《初學記》卷十一《職官部上》、李昉《太平御覽》卷二百二十《職官部十八》：

郭頒《魏晉世語》曰：「劉放、孫資共典樞要，夏侯獻、曹肇心內不平。殿中有雞棲樹，二人相謂：『此亦久矣，其能復幾指？』謂中書監劉放、中書令孫資。」

〔註20〕「考漢哀時」至此，底本無，據二十一年本補。

恐與齊梁作後塵。二句申足「必為鄰」意。

　　凡吾謂今人輕薄，不宜嗤點前人者，非薄今人，偏愛古人。凡以今人作文，其清詞麗句，必與古人為鄰。窺其意，竊欲攀屈、宋而方駕；諷其文，祇恐齊、梁不若。轉落數公後塵耳。然則屈、宋未易擬，齊、梁未可嗤也。

未及前賢更勿疑，遞相祖述復先誰。承上「必為鄰」句說。**別裁偽體親風雅，轉益多師是汝師。**結挽前賢未可侮意。

　　由此觀之，今人不及前賢，斷斷無疑。以其遞相祖述，沿流失真。似此沿習，更復先誰耶？蓋《騷》《雅》有真《騷》《雅》，漢魏有真漢魏。等而下之，齊梁亦有真齊梁。果能辨別真偽，裁去偽體，則直追風雅，下而屈、宋、庾信、王、楊、盧、駱，誰非汝師者？當此之時，轉益多師之不暇，而莫非汝師也，亦可知所取法矣。

絕句　四首

堂西長筍別開門，連下四句，各拈一物。**塹北行椒卻背村。梅熟許同朱老喫，松高擬對阮生論。**公自注：「朱、阮，劍外相知。」

　　別開門而長筍，愛物也；種行椒而背村，取其幽也。朱老能知梅味，故許同喫；阮生能有松操，故擬對論。合言之，竹，物之貞者；椒，物之辛者；梅，物之清者；松，物之孤高者。四物皆君子，人惟朱老、阮生耳。

欲作魚梁雲覆湍，因驚四月雨聲寒。二句喚起。**青溪先有蛟龍窟，竹石如山不敢安。**二句申足上意。

　　以下三章，皆託興之作。編竹積石，以為魚梁。本取魚也，忽而雲覆江湍，雨聲驟至。蓋因其下，先有蛟龍作窟，蛟龍能興雲致雨耳。彼竹石如山，又安得晏然置於其上？此欲作魚梁，終止也。夫竹石為梁，不過取魚，豈能取蛟龍？蛟龍不受制於竹石，豪傑不受攖於世網。當其蟠伏，利害不奪，有如此蛟龍者。

兩箇黃鸝鳴翠柳，一句低。**一行白鷺上青天。**一句高。**窗含西嶺千秋雪，**一句近。**門泊東吳萬里船。**一句遠。

　　低而見翠柳中，黃鸝對語；高而見青天上，白鷺齊飛。近而見西嶺之雪，常在窗前；遠而思東吳之船，還泊門外。幸下東吳，為上青天之白鷺；勿滯西嶺，為鳴翠柳之黃鸝也。○鸝曰兩箇。公嘗曰「黃鶯並坐交愁濕」〔註21〕，「並坐」則有時兩箇。鷺曰一行，公嘗曰「白鷺群飛太劇乾」〔註22〕，「群飛」則有時一行。雪曰千秋，西

〔註21〕《杜詩闡》卷二十一《遣悶戲呈路十九曹長》。
〔註22〕《杜詩闡》卷二十一《遣悶戲呈路十九曹長》。

山積雪，冬夏不消，非千秋而何？船曰萬里，孔明在蜀，送吳使曰：「萬里之行自北始」，非萬里而何？

藥條藥甲潤青青，色過棕亭入草亭。二句「色」。**苗滿空山慚取譽，**一句「苗」。**根居隙地怯成形。**一句「根」。

　　圖中藥物，其條甲青青，掩映於棕亭、草亭間。顧此條甲，當其苗滿空山，原無求知於人之想。今日根居隙地，常有怯於成形之思。蓋一成形，則為人剗取。所由始生，便慚取譽。青青條甲，亦善自全可也。○大抵物為人譽，便不能免。漆以用割，膏以明煎，皆由見知於人。夫惟「慚取譽」，斯能保其形。猶曰「怯成形」，真憂患之至哉！公流寓成都，嘗曰「漸喜交遊絕，幽居不用名」；〔註23〕又曰「畏人成小築，褊性合幽棲」〔註24〕。「慚取譽」、「怯成形」，自況良切。「形」，如公於茯苓，曰「封題鳥獸形」〔註25〕。

屏跡

用拙存吾道，幽居近物情。二句領二章。**桑麻深雨露，燕雀半生成。村鼓時時急，漁舟箇箇輕。**四句「近物情」。**杖藜從白首，心跡喜雙清。**結還「存吾道」意。

　　屏機用拙，吾道可存，道與拙為鄰也。屏客幽居，物情可近，物情從靜中得也。桑麻、燕雀、村鼓、漁舟，皆物情之可見者。桑麻以無求，故雨露偏深；燕雀以無知，故生成偏享。農務將興，喜村鼓之時作；身世多累，羨漁舟之獨輕。我屏跡，得近物情如此。自分衰年，手扶藜杖，心無一事，與跡同清。心跡雙清，吾道斯存。我屏跡得存吾道如此。

晚起家何事，無營地轉幽。二句領至末。**竹光團野色，舍影漾江流。失學從兒懶，長貧任婦愁。百年渾得醉，一月不梳頭。**

　　人惟有事，故早起。我何事耶？無事則無營，無營則地幽，轉覺幽耳。夫地之幽，存乎跡之屏，故有山林不幽者，跡不屏也；有城市而幽者，跡能屏也。野無他色，團其際者，但有竹光；江亦空流，漾於中者，不過舍影。此時未能脫然者，妻孥耳。今失學之懶，我且從兒。兒懶，我亦懶也。長貧之愁，我亦聽婦。婦愁，我不愁也。經年沉醉，累月蓬頭，不真可屏跡哉！

〔註23〕《杜詩闡》卷十二《遣意二首》之一。

〔註24〕《杜詩闡》卷十三《畏人》。

〔註25〕《杜詩闡》卷七《路逢襄陽楊少府入城戲呈楊四員外綰》，公自注：「甫赴華州日，許寄員外茯苓。」

戲作花卿歌

按史，上元二年夏四月，段子璋反於綿，花敬定討平之，公為此歌。題曰「戲作」，有諷也。

成都猛將有花卿，學語小兒知姓名。用如快鶻風火生，見賊惟多身始輕。四句敘其勇。**綿州刺史著柘黃，我卿掃除即日平。子璋髑髏血糢糊，手提擲還崔大夫。李侯重有此節度，人道我卿絕世無。**六句敘其平亂之事。**既稱絕世無天子，何不喚取守東都。**二句諷。

花卿真成都猛將，成都小兒皆知姓名。莫猛於鶻，花卿用兵，如快鶻然。耳後風生，鼻頭火出，故能見小敵怯，見大敵勇，賊愈多，身愈輕也。邇者，子璋作亂，據綿州，改元黃龍，僭用乘輿。花卿出而掃除，曾不一日，手提賊首，擲還崔君。先是子璋亂，節度李奐奔成都。子璋誅，李奐還東川，重為節度。都人莫不稱花卿為絕世無者。今日東都為史朝義據，或者正須花卿。天子不來喚取，必有故也。○敬定討子璋，自恃其功，大掠成都。結曰「何不喚取守東都」，以見其不堪大將。

贈花卿

錦城絲管日紛紛，半入江風半入雲。二句惜辭。**此曲祇應天上有，人間能得幾回聞。**二句諷辭。

錦城何地？絲管之聲，紛紛日奏。惜哉！半入江風江雲而不返。我意此絲管聲，祇應作於天上。錦城不過人間耳，能得幾回聞此也。○舊註以此詩諷花破定之僭。

百憂集行

憶年十五心尚孩，健如黃犢走復來。庭前八月梨棗熟，一日上樹能千回。四句追敘。**即今倏忽已五十，坐臥只多少行立。強將笑語供主人，悲見生涯百憂集。**四句出「百憂集」。**入門依舊四壁空，老妻睹我顏色同。癡兒未知父子禮，叫怒索飯啼門東。**結出不足憂意。

我老矣。憶年十五，尚有童心，何憂之有？況精力壯健，每日間，不過擊梨撲棗以為樂。今日五十之年，忽焉已至。回首十五，不可得矣。行立為艱，何況上樹！回首壯健，不可得矣。況他鄉久客，東道不通，破涕為歡，憂端叢集。回首「心尚孩」時，又何可得哉！夫我之百憂集者，不為妻孥也。我四壁久空，入門依舊；老妻同病，穉子恒饑。老妻知我憂而顏色同，癡兒豈未知我憂而反怒啼，是可傷也。○公《同谷

七歌》曰：「中夜起坐萬感集。」〔註26〕萬感集，《七歌》不足盡之。茲曰「悲見生涯百憂集」，百憂集，妻孥之累不足數也。公之憂，其大者，憂國憂民，憂家次之，憂一身之生涯又次之。《詠懷》篇曰〔註27〕：「杜陵有布衣，老大意轉拙」、「窮年憂黎元，歎息腸內熱」。至於「長貧任婦愁」〔註28〕、「恒饑穉子色淒涼」〔註29〕，久置度外，故曰「老妻見我顏色同」。公之憂，能感室人同其憂也。曰「呼怒索飯啼門東」，公之憂形諸穉子，雖飢餓不能出戶，但啼門東，不敢向人也。猶曰「未知父子禮」，其固窮樂道可想見云。廚在東，故索飯曰「啼門東」。

因崔五侍御寄高彭州一絕

百年已過半，秋至轉飢寒。二句寄詩之由。為寄彭州牧，何時救急難。二句寄詩之意。

年過半百，前途已短。人當秋至，可免飢寒。「秋至轉饑」，終饑矣。秋至轉寒，真寒矣。急難如此，望救何人？其惟彭州牧。彭州牧不救，更望何人救？彭州牧此時不救，更望何時救？侍御留意焉。

送裴五赴東川

故人亦流落，高義動乾坤。何日通燕塞，相看老蜀門。四句「裴五」。東行應暫別，北望若銷魂。凜凜悲秋意，非君誰與論。四句「送赴東川」。

我流落，宜也。故人裴五如何亦然？雖則流落，高義自動天地也。故人居北方，必燕塞通而可歸。今史朝義尚據漁陽，殆流落他鄉，與我相看，終老蜀門耳。既相看而老蜀門，則今日東行，不過暫別。既通燕塞而未能，則今日北望，祇有消魂。況秋氣蕭森，悲懷凜凜，此時冀得高義者，話此情緒。惜乎，君去東川也！

聞斛斯六官未歸

故人南郡去，去索作碑錢。本賣文為活，翻令室倒懸。荊扉深蔓草，土銼冷疏煙。六句諷其「未歸」。老罷休無賴，歸來省醉眠。二句望其歸。

酒徒斛斯善作碑文，今遊南郡，想索錢未歸耶？斛斯貧，賣文贍家，無奈為贍家遠遊。乃遠遊，家貧益甚，遊何益矣！我聞其家，荊扉絕跡，蔓草都迷，土銼蕭然，

〔註26〕《杜詩闡》卷十《乾元中寓居同谷縣作歌七首》之五。
〔註27〕《杜詩闡》卷四《自京赴奉先縣詠懷五百字》。
〔註28〕《杜詩闡》卷十二《屏跡》之二。
〔註29〕《杜詩闡》卷十一《狂夫》。

炊煙不起。目望斛斯歸耳。今潦倒忘歸，何其無賴。斛斯老矣，休作故態，尚早遄歸，節飲贍家哉！○史言斛斯工碑文，所得碑錢，歲不減十萬。隨得隨費，室人至貧窶不給，故曰無賴。乃作詩大指，亦似諷其鬻文也。古鬻文得貨最富者，莫如李邕。公於《八哀詩》猶曰：「擺落多藏穢。」〔註30〕此詩曰「去索作碑錢」，五字殊無善狀。

徐卿二子歌

君不見徐卿二子生絕奇，「奇」字領下七句。感應吉夢相追隨。孔氏釋氏親抱送，並是天上麒麟兒。三句兆奇。大兒九齡色清澈，秋水為神玉為骨。小兒五歲氣食牛，滿堂賓客皆回頭。四句相奇。我知徐公百不憂，積善袞袞生公侯。丈夫生兒有如此二雛者，名位豈肯卑微休。四句歌之意。

　　生子尋常事耳，我獨奇徐卿二子，何奇爾？其兆奇。初生之前，有吉夢相感應，一為孔氏抱送，一為釋氏抱送，皆如徐陵，為天上石麒麟。其相奇。大者九齡，其色清澈，直在親骨裏；小者五歲，其氣雄武，能回賓客頭。徐卿何由得此兒？徐卿能積善也。積善而生公侯，自當接踵，豈獨兩兒。就此兩兒，我卜徐卿名位，決不以卑微終爾。

石犀行

　　按：蜀太守李冰作石犀五頭，以厭水精，遂有犀浦。後轉二頭在府中，一頭在市橋，一在淵。公據見，只稱三犀，而曰「缺訛只與長川逝」也。

君不見秦時蜀太守，刻石立作三犀牛。二句推原。自古雖有厭勝法，天生江水向東流。二句正理。蜀人矜誇一千載，泛溢不近張儀樓。今年灌口損戶口，此事或恐為神羞。終藉隄防出眾力，高擁木石當清秋。六句言「石犀」無用。先王做法皆正道，詭怪何得參人謀。嗟爾三犀不經濟，缺訛只與長川逝。但見元氣長調和，自免波濤恣彫瘵。安得壯士提天綱，再平水土犀奔茫。八句皆諷辭。

　　君亦知石犀之故否？昔秦文王時，蜀太守李冰以水怪故，作石犀牛以厭之。夫厭勝之法，鎮壓精怪，以求必勝。雖有其說，不可施之於水。蓋由天一生水，江水東流，大禹且不能逆遏。蜀人習於詭怪，犀牛一事，矜誇千載，以為自今，永免泛溢，張儀之樓，可以無患。今秋八月，灌口之戶，何以遭水，而損李冰之神？不其羞與？

〔註30〕《杜詩闡》卷二十一《八哀詩‧贈秘書監李公邕》。

犀牛固無恙，能為隄防否？終藉人力也。犀牛原自若，能高擁以障水否？終賴木石也。甚哉，詭怪厭勝不足據，而正道可恃，人謀足憑與！先王知其然，故做法但崇正道，未嘗有心以御怪，而亦不逢不若。魑魅魍魎、山精木客，未嘗見於聖明之世。所以然者，元氣調和，陵谷奠定，故百姓自然安者，萬物自然得所，其經濟非後人可及。彼五犀，今只三犀，則缺矣。三犀猶曰五犀，則訛矣。缺訛石犀，應與長川永逝，又焉足恃，而紛紛厭勝為？夫天為綱，水為犯，天綱正則江水安。壯士苟提天綱，平水土，嗟爾石犀，將奔茫不暇。蜀人矜誇，可爽然矣。○肅宗佞佛信巫。如乾元年間，信王與之邪教，遣坐滿天下。上元年間，以宮人為佛菩薩，武士為金剛神。公曰：「先王做法皆正道，詭怪安得參人謀」，自是篤論。

江漲

江發蠻夷漲，山添雨雪流。大聲吹地轉，高浪蹴天浮。魚鱉為人得，蛟龍不自謀。六句「江漲」。輕帆好去便，我道付滄洲。二句解嘲。

　　蜀水濫觴夷地。所從來者，苟不發漲，何至橫溢？使蜀山積雪長年不消者，亦因而流也。地本載水，一經漲，聲吹地轉；天本生水，一經漲，浪蹴天浮。此時因漲而困者，若魚鱉，若蛟龍。魚鱉都居於水者，今載道，亦為人得；蛟龍竄穴於水者，今徙宅，亦不自謀。物困如此，人則利涉，蓋輕帆便於濟勝。舉我道而滄洲，雖陸沉板蕩，亦何惜哉！○唐人熊孺登賦《蜀江水》〔註31〕，註云：「來自蕃界。」詩末有「共憐江水引蕃心」之句。「江發蠻夷漲」，公有隱憂焉。明年，吐蕃果分三道，入寇成都。

朝雨

涼氣曉蕭蕭，江雲亂眼飄。風鴛藏近渚，雨燕集深條。四句寫「朝雨」。黃綺終辭漢，巢由不見堯。草堂尊酒在，幸得過清朝。四句「朝雨」所感。

　　秋朝涼氣，未為雨候，江雲所以致雨。「亂眼飄」，則云隨風勢，曉雨之來必驟也。曉則鴛宜泛渚，今以雨藏；曉則燕宜辭條，今以風集。蓋出非其候，寧藏寧集，物之見機猶如此。至若漢可仕，堯可見也，彼黃、綺、巢、由卒不可屬者，士固有志也。我追維直言見忤，幾冒雷霆，移官以來，可日不抱風鴛雨燕之恐。今日優游草堂，留連尊酒，如鴛在渚，如燕棲條，長為漢世逸民、堯天遺老，又何敢妄求仕進，使他日有風雨漂搖之恨耶？

〔註31〕　《蜀江水》見《全唐詩》卷四百七十六，題下注：「來自蕃界。」詩曰：「日夜朝宗來萬里，共憐江水引蕃心。若論巴峽愁人處，猿比灘聲是好音。」
　　　　　按：此處稱「詩末有『共憐江水引蕃心』之句」，誤。

贈虞十五司馬

遠師虞秘監，公自注：「世南。」今喜識玄孫。形象丹青逼，家聲器宇存。
淒涼憐筆勢，浩蕩問詞源。爽氣金天豁，清談玉露繁。佇鳴南嶽鳳，
欲化北溟鯤。以上「贈司馬」。交態知浮俗，儒流不異門。過逢連客位，
日夜倒芳尊。沙岸風吹葉，雲江月在軒。百年嗟已半，四座敢辭喧。
書籍終相與，青山隔故園。以上自述。

　　爾祖秘監名世南者，我生已晚，恨未親炙。今幸邂逅，得識玄孫。追維秘監之
像，太宗曾勅圖於凌煙閣上，丹青尚存。今司馬之貌，逼似其祖，況不墜家聲器宇，
亦宛然秘監也。秘監有五絕：一德行，二忠直，三博學，四文辭，五書翰。今猶傳者，
只文詞、書翰。惜乎！辭世已久，即筆勢、詞源，亦淒涼而浩蕩矣。幸有司馬，其挹
金爽氣，如披少昊高秋；其霏玉清談，恍注江都《繁露》。搴嶽鳳，化溟鯤，豈顧問
哉！雖今日交態，門第誰知？然我輩儒流，淵源自合。蓋司馬為祕監後人，我亦是膳
部孫子。當此客中同席，幾度銜盃，不送辭秋，疎軒掛月。自傷老大，無復好懷；四
座雖喧，老夫曷禁。惟是文章一道，貴有傳人，司馬而外，誰堪相許！我老非蔡邕，
子才逾王粲。蔡邕書籍，終與王粲耳。但恨名山舊業，荒蕪已久。回首故園，不勝青
山遙隔之悲云。○秘監能書，公亦善書。《壯遊》詩曰：「九齡書大字。」〔註32〕又
嘗曰：「鵝費羲之墨。」〔註33〕此曰：「遠師虞秘監」者，正師其書法，故又曰「淒
涼憐筆勢。」

晚晴

村晚驚風度，庭幽過雨霑。夕陽薰細草，江色映疎簾。四句「晚晴」。書
亂誰能帙，杯乾自可添。時聞有餘論，未怪老夫潛。四句「晚晴」之興。

　　村晚風來，庭幽雨過，因而草帶斜陽，簾侵江色。晚晴之景麗矣。我萬卷空陳，
老至誰能更讀？我一盃在手，興到還可呼添。至於潛非我志，潛為我之餘論，世人特
未聞耳。誠聞餘論，老夫之潛亦自有故，何必怪焉。○「餘論」，即王符《潛夫論》。
公平生稷契，自命潛非素志，故為餘論。《潛夫論》，王符以譏當世干進者，故怪。

所思

苦憶二字領至末。荊州醉司馬，公自注：「崔吏部漪。」謫官尊酒定常開。

〔註32〕《杜詩闡》卷二十三。
〔註33〕《杜詩闡》卷二十七《搖落》。

九江日落醒何處，一柱觀頭眠幾回。可憐懷抱向人盡，欲問平安無使來。故憑錦水將雙淚，好過瞿唐灩澦堆。

我今苦憶崔公，何也？蓋崔公以吏部謫荊州司馬也。既謫荊州，非醉不足遣懷，宜曰「醉司馬」。夫荊州為重地，司馬非閒官，何容尊酒？矧曰常開尊酒。「定常開」者，謫官故也。吾想荊州有九江，九江日落，醉司馬應醒矣。醒何處耶？荊州有一柱觀，一柱觀頭，醉司馬應眠也。眠幾回耶？此時醉司馬之懷抱，何人可慰？醉司馬之平安，有信誰傳？故憑錦水，將我雙淚，過灩澦堆，出荊州，一達醉司馬。謫官之愁，庶乎少釋也。

奉簡高三十五使君

當代論才子，如公復幾人。驊騮開道路，鷹隼出風塵。四句「高使君」。行色秋將晚，交情老更親。天涯喜相見，披豁對吾真。四句「奉簡」之意。

才子多矣，若論當代如公者，能有幾人？蓋才子不盡達，公則如驊騮然，獨開道路；如鷹隼然，自出風塵。才子而又達者。我今留滯蜀州，行色至秋將晚。吾向與子定交，交情到老宜親。往日各天，共疑契闊；一朝握手，披豁何如。兩人真情，不坦然吐露哉！○乾元間，公寄高適詩〔註34〕，有「時來知宦達」句，此詩前四句是；有「歲久莫情疎」句，此詩後四句是。《舊唐書》載「有唐以來，詩人達者，惟高一人」〔註35〕，前四句可證。年譜載公與高素厚，中間頗暌舊好，後四句可證。

逢唐興劉主簿弟

公作《唐興縣客館記》〔註36〕，亦在是年。劉、杜同支，故曰弟。

分手開元末，連年絕尺書。江山且相見，戎馬未安居。四句「逢」。劍外官人冷，關中驛騎疎。輕舟下吳會，主簿意何如。四句逢後情事。

憶與子別，自開元末至今，二十年矣。分手既久，尺書又無，中間江山如故，戎馬多端，家國飄零，親朋斷絕。即相見不可必得，幸而今日且相見也。江山雖好，非我故鄉。然「江山且相見」者，以我馬倥傯，未得安居故也。但子為官劍外，如此蕭條，回首關中，茫無消息，計惟吳會可遊耳。我扁舟素具，有興遊吳；子薄宦天隅，長安日遠。曷不眾官結伴，同訪東吳主簿，果有意否？

〔註34〕《杜詩闡》卷七《寄高三十五詹事》。
〔註35〕《舊唐書》卷一百一十一《高適傳》。
〔註36〕《杜詩詳注》卷二十五。

敬簡王明府

葉縣郎官宰，「明府」。周南太史公。自謂。神仙才有數，流落意何窮。承上。驥病思偏秣，鷹秋怕苦籠。看君用高義，恥與萬人同。四句「敬簡」之意。

郎官出宰百里，古有王喬，今有明府。太史公留周南，不得與漢家從事，我其似之。明府為王喬，則神仙矣，其才不可多得；吾如太史，則流落矣，此意難向人言。蓋我之流落，猶驥遇病，鷹在籠也。驥意常在千里，豈在於秣？今病則思秣，然驥不屑以尋常秣者望人秣。必為驥而偏秣，是真知驥者。鷹意亦在雲霄。當其在籠，良局促矣。況當秋乎！所望出諸苦籠，遂其遠舉。驥得秣，鷹脫籠，其知己之報，必有出於尋常萬萬者。此其意之何窮，看明府高義何如耳。明府以眾人遇之，驥寧不秣，鷹不如在籠也。明府以國士遇之，驥豈負秣，鷹豈飽颺去也？我雖涷落，恥同眾人，明府倘有意否？

重簡王明府

甲子西南異，冬來只薄寒。江云何夜靜，蜀雨幾時乾。四句唐興縣。行李須相問，窮愁豈有寬。君聽鴻雁響，恐致稻粱難。四句「重簡」之意。

我秋杪來遊，忽而冬矣。但覺西南氣候，不比他方。十月寒輕，宜於旅客。惟是氣暖雲濃，蜀天常漏；雲濃雨密，蜀地罕乾。我夜夜看雲，朝朝對雨，留滯可知也。似此行李蕭條，明府何惜一問；而況窮愁交作，明府何法可寬。彼鴻雁所謀者稻粱，我今秋饑，無異鴻雁。君聽鴻雁嗷嗷，或者因而念曰：恐致稻粱難也。則我之窮愁，是即可寬之法。明府果有意否？

卷十三

成都詩 上元二年寶應元年

草堂即事

荒村建子月，獨樹老夫家。雪裏江船渡，風前逕竹斜。 二句隱承「荒村建子月」。**寒魚依密藻，宿鷺起圓沙**〔註1〕。二句隱承「獨樹老夫家」。**濁酒禁愁得，無錢何處賒。** 結還即事。

　　建子為仲冬，荒村何以度此？老夫本旅客，宜與獨樹為依耳。當此「荒村建子月」，大雪滿江，何處孤舟問渡；朔風壓逕，為憐瘦竹難支。顧此「獨樹老夫家」，似水底寒魚，深潛密藻；比灘邊宿鷺，倚徙圓沙。此時惟酒可以禁愁，無錢不可必得，我其奈此嚴冬何！〇上元二年九月，肅宗制去尊號，又去上元年號，以建子月為歲首，月皆以所建為數，因大赦天下。公在成都，聞朝廷以建子月朔為元日，受朝賀。自傷流落，不得躬逢，故曰「荒村建子月」。以見荒村之人，身違北闕，建子改歲，荒村所同。

徐九少尹見過

晚景孤村僻，行軍數騎來。交新徒有喜，禮厚愧無才。 四句「見過」。**賞靜憐雲竹，忘歸步月臺。何當看花蘂，欲發照江梅。** 四句過後情事。

　　晚景客稀，孤村人絕，行軍數騎，何為乎來？或者故人見訪，今乃新知賁臨也。新交固可喜，然少尹枉車騎到孤村，其禮意如此厚者，慕才故耳。奈禮則厚矣，愧無

〔註1〕按：《杜詩闡》卷十二《遣意二首》之二：「宿雁起圓沙」。

－263－

才何！顧我靜處孤村，雖有雲竹而誰賞；月臺一片，孰肯步此而忘歸。少尹獨見賞，且忘歸耶？此時臨江，梅蕊垂垂欲發，然未發也。何當少尹一盼，照江之蕊，遂爾欲發。然則花蕊未發欲發者，少尹發之爾。

范二員外邀吳十侍御郁特枉駕闕展待聊寄此

作暫往比鄰去，空聞二妙歸。幽棲誠簡略，衰白已光輝。四句總寫。野外貧家遠，村中好客稀。論文或不媿，重肯欵柴扉。四句反覆題意，期其重過。

我方比鄰去，此忽二妙來，何相左也。既往比鄰，則缺展待。我之幽棲，誠為簡略。乃二妙來，則特枉駕，我之衰白，頓覺光輝。二妙來，簡略去者，家貧故也，況又野外。二妙來，光輝生者，村中嘉客不易得也，何幸惠然。雖然，貧家誠遠，好客誠稀，我之論文，或不愧於二妙。以此卜員外、侍御，重欵柴扉，即我論文之興，亦不孤矣。○公欲與李白論文，則曰「重與細論文」〔註2〕。欲與高、岑論文，則曰「論文暫裏糧」〔註3〕。又嘗與孟雲卿論文，則曰「孟子論文更不疑」〔註4〕。茲欲與吳、范論文，則曰「論文或不愧」。想見其「讀書破萬卷」〔註5〕，老興彌篤。

王十七侍御掄許攜酒至草堂奉寄此詩便請邀高三十五使君同到

老夫臥穩朝慵起，白屋寒多暖始開。江鸛巧當幽徑浴，鄰雞還過短牆來。四句「草堂」。繡衣屢許攜家釀，皂蓋能忘折野梅。戲假霜威促山簡，須成一醉習池廻。四句「攜酒邀高」。

值此冬日，老夫但貪穩睡，而況草堂寒甚，非暖不開，幾忘侍御使君有所期約。適見江鸛一群，趁暖巧浴；鄰雞幾翼，乘暖還來。因思繡衣侍御，曾許攜釀，來何暮也；皂蓋使君，曾約觀梅，肯契之否？繡衣有霜威，使君是山簡，草堂即習池，我將假霜威，促山簡，成此習池勝會云。

王竟攜酒高亦同過共用寒字

臥病荒郊遠，通行小徑難。故人能領客，攜酒重相看。四句「攜酒同過」。

〔註2〕《杜詩闡》卷一《春日憶李白》。
〔註3〕《杜詩闡》卷九《寄彭州高三十五使君適虢州岑二十七長史參三十韻公自注時患瘧病》。
〔註4〕《杜詩闡》卷二十四《解悶十二首》之五。
〔註5〕《杜詩闡》卷一《奉贈韋左丞丈二十二韻》。

自愧無鮭菜，空煩卸馬鞍。二句自謙。移時勸山簡，頭白恐風寒。公自注：「高每云：『汝年幾小，且不必小於我。』此句戲之也。」

　　侍御雖有成約，只恐荒郊野徑，難辱旌旆耳。侍御竟挈使君，載酒而赴，但我家貧，並無鮭菜，有愧於庾郎之二十七種。兩公卸鞍於此，殊覺空煩也。我借侍御酒，以勸使君，顧使君老矣。然是山簡，我移時頻勸，誠恐老人畏寒，酒能敵之，使君何惜痛飲！

陪李七司馬皂江上觀造竹橋即日成往來之人免冬寒入水聊題短作簡李公

伐竹為橋結構同，褰裳不涉往來通。天寒白鶴歸華表，日落青龍見水中。四句橋成。顧我老非題柱客，知君才是濟川功。合觀卻笑千年事，驅石何時到海東。四句歸功於李。

　　橋必累石，以言結構。伐竹為之，堅密未嘗不同。凡以免屬揭，便往來耳。況橋柱來白鶴之樓，如聞寒語；橋影駭青龍之臥，定走賊兵。此皆司馬功。昔者，相如西去，題成都昇仙橋曰：「不乘駟馬，不復過此。」我自傷頹老，久無此志。司馬顧我，亦徒然耳。若司馬本具濟川才，如築巖老，即今竹橋成，人利涉，已見一斑。此則我知之也。我陪司馬合觀橋成。於今日伐竹之功，想秦皇鞭山之事。湯湯江上，此也即日成；茫茫海波，彼也何日到。不誠可付一笑哉！〇太康二年，大雪，南州人見二鶴於橋下，曰：「今寒不減堯崩年也。」白鶴用此，非丁令威事。天後時，默啜破趙州，至石橋，馬跪地不進，但見青龍臥橋上，奮迅而怒，乃遯去。故曰「青龍見水中」。「合觀」作「合歡」，悞。

觀作橋成月夜舟中有述還呈李司馬

把燭橋成後，回舟客坐時。二句「觀橋成」。天高雲去盡，江迴月來遲。二句「月夜」。衰謝扶多病，招邀屢有期。異方乘此興，樂罷不無悲。四句「有述」。

　　把燭觀橋者，月未來故也。既觀橋，司馬遂回舟而邀客，此時舟中所見，雲氣盡而天體為高，江勢闊而月光未起。天高則江迴，雲去則月來。天高江迴，亦橋成後見其然也；雲去月來，亦把燭後喜其然也。我舟中有述者，一述衰謝之老，有負招邀；一述樂罷之餘，難期後會。以呈司馬，司馬能知我情否？

李司馬橋了承高使君自成都回

向來江上手紛紛，三日成功事出群。二句「李司馬橋了」。已傳童子騎青竹，總擬橋東迓使君。二句「高自成都回」。

　　向者橋未成，役夫奮鍤，何紛紛耶！乃子來不日，橋功遂成，司馬之才過人矣。猶憶高使君初適成都，攝尹事時，橋未成也。橋未成則艤舟待，橋既成則策馬迎。非司馬橋了，彼童子者安得騎青竹而迓耶？○「騎青竹」暗用郭伋事。

病柏

有柏生崇岡，童童狀車蓋。偃蹇龍虎姿，主當風雲會。神明依正直，故老多再拜。以上柏盛時。豈知千年根，中路顏色壞。出非不得地，蟠據亦高大。歲寒忽無憑，日夜柯葉改。丹鳳領九雛，哀鳴翔其外。鴟鴞志意滿，養子穿穴內。以上柏衰時。客從何鄉來，佇立久籲怪。靜求元精理，浩蕩難倚賴。四句感歎。

　　此傷君子道衰。　柏生崇岡，據地高矣；狀如車蓋，托蔭大矣。以此奇姿，幸逢嘉會，神欽物仰，似可保終。豈知蟠結之根，難保青蔥之色。回首崇岡，地非不高，蔭非不大。一旦歲寒無憑，柯葉非昨。此曷故哉？向陟崇岡，青青之柏，丹鳳呼雛而止。今見病柏摧頹，哀鳴靡救，物傷其類有如此者。向陟崇岡，童童之蓋，鴟鴞孰敢過焉。今見病柏摧頹，穿穴肆虐，無良乘勢以傷善類，尤可悲者。夫柏本不凋，今忽至此，誠足怪異。彼物所倚賴者，天耳。柏以孤芳，不見庇於天，此理茫茫，更何倚賴。君子忠見疑，信見謗，亦若是而已。

病橘

群橘少生意，雖多亦奚為。惜哉結實少，酸澀如棠梨。剖之盡蠹蟲，採掇爽其宜。紛然不適口，豈止存其皮。蕭蕭半死葉，未忍別故枝。玄冬霜雪積，況乃迴風吹。以上「病橘」。嘗聞蓬萊殿，羅列瀟湘姿。此物歲不稔，玉食失光輝。寇盜尚憑陵，當君減膳時。汝病是天意，我愁罪有司。以上借橘感歎時事。憶昔南海使，奔騰獻荔支。百馬死山谷，到今耆舊悲。借客結。

　　此傷橫征病民。　種橘者使有生意，故貴乎多。既無生意，亦少味矣。蓋內則蠹蟲為害，外又採掇失宜。既不適口，皮之空存，雖多奚益？乃橘雖遭孟賊，其半死之葉尚戀故枝。無奈霜雪橫侵，回風搖落，病橘如此。彼蓬萊殿上御食時，江南橘柚，

厥包錫貢，由來已久。自蠹蟲為害，採掇失宜，此物蕭條，玉食無色。雖寇盜充斥，君亦優生橘。病原由於天，我心孔悲。直罪有司，失於培植，致物病。國亦病耳。夫橘猶荔支，往年南海驛使為貴妃傳送，日不暇給。山谷之間，馬死無筭。至今耆老，言及痛心。況病橘不及上供，先為有司蟊賊，是病橘較生荔尤苦也。

枯椶

蜀門多椶櫚，高者十八九。其皮割削盡，雖眾亦易朽。徒布如雲葉，青青歲寒後。交橫集斧斤，凋喪先蒲柳。傷時苦軍乏，一物官盡取。以上悲「枯椶」。嗟爾江漢人，生成亦何有。有同枯椶木，使我沉歎久。死者即已休，生者何自守。以上悲蜀民。啾啾黃雀啅，側見寒蓬走。念爾形影乾，摧殘沒藜莠。仍挽「枯椶」結。

　　此悲軍需困民。　蜀產椶櫚，今高者止存數株。此數株者，安保無恙？蓋以椶櫚之生，本以其皮，今割削既盡，雖有存者，亦易朽也。青青之葉，豈無萌芽？斧斤之施，那堪又集！嗟爾巴蜀，夙稱富饒，乃誅求孔亟，至椶櫚一物，不能保其皮，盡供軍需。彼民之不堪，有甚於椶者。其死者猶已去之皮，其生者猶重萌之蘖。似此誅求橫加，必同歸於盡。回首枯椶，黃雀爭呼，寒蓬靡依；形影既乾，藜莠同沒。摧殘似此，蜀民亦無孑遺矣。公為王閬州進論一表〔註6〕，其中有云：「勅天下徵收，赦文減省。軍用外，諸色雜賦名目，損之又損。劍南諸州，困而復振矣。」《枯椶》一章，即是此意。

枯柟

梗柟枯崢嶸，鄉黨皆莫記。不知幾百歲，慘慘無生意。上枝摩皇天，下根蟠厚地。巨圍雷霆折，萬孔蟲蟻萃。凍雨落流膠，衝風奪佳氣。白鵠遂不來，天雞為愁思。猶含棟樑具，無復霄漢志。良工古昔少，識者亦涕淚。以上悲「枯柟」，比君子。種榆水中央，成長何容易。截承金露盤，裊裊不自畏。四句諷水榆，比小人。

　　此借柟自傷。　柟樹雖枯，崢嶸自在；歷年既深，鄉黨莫識。誠不知其歲月幾百，生意蕭條，竟至於此。乃其上枝之高原摩蒼天，下根之深原蟠厚地。惟是雷霆摧折，既損巨圍；蟲蟻紛來，又攻萬孔。加之衝風凍雨，交相剝蝕，故慘慘然生意頓盡耳。往時白鶴天雞，棲止其上；今枯枝猶在，二鳥如遺。棟梁具存，雲霄興盡。良工孰賞，識者徒憐。夫以摩天蟠地之柟，辜負棟梁霄漢之質如此。彼榆貴不比柟，豈有

〔註6〕《杜詩詳注》卷二十五《為閬州王使君進論巴蜀安危表》。

崢嶸？原其始，不過植根水中也。乃旦夕成長，截承露盤，裊裊然自謂高而不危。豈知小材非大受之器，高位有易危之憂，雖承露盤，亦可畏哉！與為水榆，無寧枯栴也。

西郊

時出碧雞坊，西郊向草堂。領一章。**市橋官柳細，江路野梅香。**二句承「西郊」。**傍架齊書帙，看題檢藥囊。無人覺來往，疎嬾意何長。**四句承草堂。

　　時從何出？蓋自城出碧雞坊也。出碧雞坊又何往？蓋循西郊將向草堂也。成都有七星橋，市橋為七星之一。當其出碧雞坊，必過市橋，而細垂官柳。向草堂歸，應循江路。當其出碧雞坊至西郊，全乎江路，而香動野梅。既歸草堂，書帙有散亂者，傍架齊之；藥囊有加減者，看題檢之。我出碧雞坊向草堂，獨往獨來，何等幽僻。此意誰覺？惟自知耳。大凡營逐之意易覺，疎嬾之意難覺。吾於疎嬾，意味偏長，所以往來之間，竟無人覺云。

江詠　五首

　　《江詠》五章，皆託物比。況丁香、麗春、梔子為一類，鸂鶒、花鴨為一類，各有所指。

丁香

丁香體柔弱，亂結枝猶墊。細葉帶浮毛，疎花披素豔。四句「丁香」。**深栽小齋後，庶近幽人占。晚墮蘭麝中，休懷粉身念。**四句諷辭。

　　喻柔弱者當自守。　丁香纖卉，幸而結實，其枝猶墊，柔弱故也。葉帶浮毛，花披素豔。以植小齋，但堪與幽人作緣耳。使晚節不堅，搗入蘭麝，一墜之後，隨即粉身。此時而念，亦云晚矣。抱弱質者，宜自裁哉！

麗春

百草競春華，麗春應最勝。少須好顏色，多漫枝條剩。四句「麗春」。**紛紛桃李枝，處處總能移。**二句應「百草」句。**如何此貴重，卻怕有人知。**二句應「最勝」句。

　　比人以知希為貴。　眾芳競媚，最勝者誰？獨麗春耳。以其少為貴也。麗春雖少，顏色自佳。若多，雖枝條有餘，繁不足貴。不見桃李之枝，到處皆有，到處可移！夫至可為人移，亦何貴重之有！麗春亦花耳，如何若此貴重？只是性不因人，守其幽僻。其所怕者在人知，其所全者在人不知矣。

梔子

梔子比眾木，人間誠未多。於身色有用，與道氣傷和。紅取風霜實，青看雨露柯。承「色有用」句。無情移得汝，貴在映江波。應「氣傷和」句。

　　喻人貴遠俗。　木亦眾矣，梔子不同，誠難得者。難得何如？大凡物以色勝者未必合道，道勝者未必有色，梔子兼之。夫梔子可取，不在於色。即以色言，亦染帛有用。梔子可取，原在於氣。今以氣言，則性冷傷和。人以其色之有用愛之，又以氣之傷和憎之。豈知梔子之異，不在色之有用，正在此氣之傷和哉！其實之紅，經風霜而後；其柯之青，在雨露之餘。色之有用如此，其如氣之傷和而無情何！夫梔子無情，自甘冷落，人亦不樂與親，往往移之江波之處。但見紅實青柯，掩映於水光山色耳。然則物之多情者不足取，其無情者未可棄傷，和何害也。

鸂鶒

故使籠寬織，須防動損毛。看雲莫悵望，失水任呼號。四句戒之之辭。六翮曾經剪，孤飛卒未高。且無鷹隼慮，留滯莫辭勞。四句慰之之辭。

　　意在安於義命。　鸂鶒不耐樊籠，其籠寬織，信有故也。亦防其動，即有損毛之患耳。看雲之興，到此休思；失水之悲，到此且忍。所以然者，六翮既剪，就使開籠而去，任其孤飛，終不能置身雲霄之上。故不如安於寬織，雖阻雲霄，猶免搏擊。則今日留滯，亦何足病！嗟乎！人誰不在籠中？但使籠誠寬織，是即浩蕩之恩矣。

花鴨

花鴨無泥滓，堦前緩步行。羽毛知獨立，黑白太分明。四句「花鴨」。不覺群心妬，休牽眾眼驚。稻粱霑汝在，作意莫先鳴。四句戒辭。

　　此即漁父獨清意。　物患獨清。瞻彼花鴨，嚼然眾鴨中，緩步自如，以為無患。我則憂其羽毛獨立、黑白分明耳。獨立則入群不亂，群心為妬，花鴨覺之否？分明則處眾自別，眾眼為驚，花鴨奈何牽之？花鴨雖不慕稻粱，而霑汝亦何嘗不在，何必介然作意，自謂有異群鴨，且囂然先鳴，自謂不與群鴨。同嘿嘿無奇，花鴨慎旃！○《左傳》：「平陰之役，先二子鳴。」〔註7〕

野望

西山白雪三城戍，南浦清江萬里橋。二句「野望」所見。海內風塵諸弟隔，天涯涕淚一身遙。惟將遲暮供多病，未有涓埃答聖朝。跨馬出郊時極

〔註7〕《左傳‧襄公二十一年》。

目，不堪人事日蕭條。四句「野望」所感。

西山白雪間，舊列三城之戍，此全蜀設備處也。南浦清江上，只有萬里之橋，此草堂流寓處也。為念諸弟何在，海內兵戈久矣。分散自顧，一身徒然，天涯寥落，不過羈樓。少壯尚有為也，遲暮之年，但供多病。頂踵皆君父也，涓埃之細，未答聖朝。此時跨馬出郊，極目西山南浦之餘，人事蕭條，不堪甚矣。○自上皇還京，復分劍南為兩節度，百姓疲於徵調。西山三城列戍，高適疏論不納。公亦嘗《為閬州王使君進論全蜀安危表》〔註8〕。是年建辰月，奴刺寇梁州。此時西山三城備兵方嚴，公自傷不能為朝廷陳力，又念全蜀安危，實係京師，乃奴刺未已，吐蕃又三道分侵，欲取成都為東府。至明年，京師果陷。眼中人事，所感實多。殺賊有心，報主無力。西山白雪，南浦清江，何限腸斷！

三絕句

楸樹馨香倚釣磯，斬新花藥未應飛。二句憐詞。**不如醉裏風吹盡，可忍醒時雨打稀。**二句怨詞。

首傷獨醒。　楸樹之倚釣磯者，其斬新花藥，幸免飄零，然終不免。與其醒時觸目，不如醉裏聽之。蓋最無情者，風吹雨打；極不忘者，斬新花藥也。宋無名氏《鷓鴣天》詞：「不如飲待奴先睡，圖得不知郎去時。」語意出藍於公。〔註9〕

門外鸕鷀久不來，沙頭忽見眼相猜。二句怪辭。**自今以後知人意，一日須來一百廻。**二句諷辭。

次況小人。　門外鸕鷀，非我族類，不來可也。乃欲入門者，其情也。久不來者，其中必有疑畏。忽然一見，展轉相猜，欲親未敢即親，欲遠不肯終遠。其相猜之故，在於窺伺人意。既得人意，漸習漸狎。一日之間，百次不厭。噫嘻！彼鸕鷀者，何妨久不來，亦何取其一日百回哉！

〔註8〕見前《枯棕》腳註。

〔註9〕劉克莊《後村集》卷一百七十五《詩話續集》：近人長短句，多脫換前人詩。七夕詞云：「儌豪今夜為情，忙人那得工夫送巧然羅隱已云：「時人不用穿針待，沒得心情送巧來。」送別詞云：「不如飲待奴先醉，圖得不知郎去時。」然劉駕已云：「我願醉如泥，不見君去時。」宮詞云：「一夜御前宣住，六宮多少人愁。」然王建已云：「聞有美人新進入，六宮未見一時愁。」王岐公宮詞云：「翠眉不及池邊柳，取次飛花入建章。」雖本王昌齡「玉顏不及寒鴉色」之句，然殊不相犯。又云：「重教按舞桃花下，只踏殘紅作地裀。」又云：「吹回一覺昭陽夢，帳外春風太薄情」，其思致在王建之上矣。
按：溯源與此處不同。

無數春筍滿林生，柴門密掩斷人行。會須上番看成竹，應「春筍」句。客至從嗔不出迎。應「斷人行」句。

　　三喻君子。　春筍初生，尚未成竹。人跡不斷，摧折隨之。故須柴門密掩，以斷人行。蓋我胷中早有成竹，會須看其頭番耳。豈無客至？亦嬾逢迎。夫客至不迎，難免於嗔。畏其嗔而嬾迎之，客意則狗矣。其如春筍摧殘，成竹無望何！○番，音瓣。獨孤及有「近日霜毛一番新」句〔註10〕。

畏人

早花隨處發，春鳥異方啼。二句興體。萬里清江上，三年落日低。二句「畏人」之由。畏人成小築，褊性合幽棲。門逕從榛草，無心待馬蹄。四句「畏人」。

　　花鳥本無情之物，故隨處皆發，異方亦啼。人則不然，處異地而畏人矣。顧此清江之上，萬里他鄉，落日之低，三年客況。何樂此浣花小築？亦畏人成之耳。平生褊性，動與時違，只合幽棲，以終暮齒。所以三逕榛草，經年不鋤；上客馬蹄，杜門長謝。欲如花鳥，何可得也？

可惜

花飛有底急，老去願春遲。可惜歡娛地，都非少壯時。四句自惜。寬心應是酒，遣興莫過詩。此意陶潛解，吾生後汝期。四句自遣。

　　花何事而飛偏急，我則老而願春遲。願春遲而又地與年相左，則春雖遲，老彌促也。計惟酒可寬心，詩堪遣興。古人能此者，莫如陶潛。嘗曰：「泛此忘憂物，遠我遺世情」〔註11〕、「天運苟如此，且進杯中物」〔註12〕。是陶潛能以酒寬心也。至於作詩，其達生則賦《輓歌》，其固窮則《詠貧士》，甚而《責子》《命子》。諸作惻怛慈祥，詼諧戲謔，無所不至。是陶潛能以詩遣興也。所以然者，陶潛不屑為彭澤令，棄官歸隱，故放情詩酒以寄傲。我不屑為華州司功，棄官遠客，故逃名詩酒以娛老。不知者謂是酒人、詩人耳，知者謂其有大不得已者，託之於此。此意惟陶潛解耳。惜乎，我生已晚也！○公嘗曰「陶潛避俗翁，未必能達道」〔註13〕，茲又曰「此意陶潛解，

〔註10〕獨孤及《毗陵集》卷三《前年春與獨孤常州兄花時為別倏已三年矣今鶯花又爾覩物增懷因之抒情聊以奉寄》。
〔註11〕陶潛《飲酒二十首》之五。
〔註12〕陶潛《責子一首》。
〔註13〕《杜詩闡》卷八《遣興五首》之三。

我生後汝期」。夫能達道者，乃能寬心遣興。公於陶潛，師法不暇，自恨生晚，不獲追隨於柴桑、栗里間。前所云「未必能達道」者，誠寓言也。

落日

落日缶簾鉤，溪邊春事幽。二句領至末。芳菲緣岸圃，樵爨倚灘舟。啅雀爭枝墜，飛蟲滿院遊。濁醪誰造汝，一酌散千憂。

日影忽下，近在簾鉤。出顧溪邊春事，抵暮正幽也。芳菲之生，圃緣岸側；樵爨之處，舟倚灘前。況啅雀爭枝，不覺其墜；飛蟲出院，有似乎遊。春事幽如此。遣此春事，亟須濁醪。蓋濁醪可以解憂，不知何人造汝，有解憂之功至是。○魏武《短歌》：「何以解憂？惟有杜康。」

獨酌

步屧深林晚，開尊獨酌遲。二句「獨酌」。仰蜂黏落絮，行蟻上枯梨。二句「獨酌」時所見。薄劣慚真隱，幽偏得自怡。本無軒冕意，不是傲當時。四句「獨酌」感懷。

步屧深林，不覺向晚。開尊獨酌，所以遲也。林中有蜂，絮落孤蜂獨掛，其形為仰；林中有蟻，梨枯群蟻爭先，其象成行。獨酌時所見如此。但我愛此深林者有故。昔袁淑以古之無名者為真隱，似我薄劣，能無慚否？陶弘景以嶺上白雲，只可自怡，似我幽棲，庶幾近之。雖慚真隱，軒冕之志，自顧原無；雖只自怡，與世相忘，非同於散。我獨酌時感懷又如此。

少年行

馬上誰家白面郎，臨堦下馬坐人牀。不通名姓粗豪甚，應「誰家郎」句。指點銀瓶索酒嘗。應「臨堦下馬」句。

此馬上郎果誰家子？當堦下馬，便坐人牀。不知為誰家郎者，以不通名姓也。下馬坐牀欲何為者？指點銀瓶，索酒嘗耳。粗豪如此。

即事

百寶裝腰帶，真珠絡臂韝。二句裝餙。笑時花近眼，舞罷錦纏頭。二句「即事」。

此舞者，腰帶則百寶裝成，臂韝則真珠綴就，舞餙盛矣。嫣然一笑，如花近眼。忽焉舞罷，親賜纏頭，宜也。○唐人宴集，酒酣為人舞。當此禮者，以綵物為贈，謂

之纏頭。廣德元年，僕固懷恩酒酣起舞，駱奉仙贈以錦纏頭。娼妓當筵舞者，亦有纏頭喝賜。此詩為舞妓作。

魏十四侍御就弊盧相別

有客騎驄馬，江邊問草堂。遠尋留藥價，惜別到文場。四句敘其來。**入幕旌旗動，歸軒錦繡香。時應念衰疾，書疏及滄浪。**四句敘其去。

此驄馬御史，何為到江邊問草堂？念我臥病，留藥價而遠尋；喜我論文，到文場而作別耳。作別而去，入幕旌旗，猶見其動；歸軒錦簫，尚聞其香。今日留藥價矣，此後猶望念予衰疾；今日到文場矣，此後庶幾毋有退心。侍御倘有意焉？〇「到文場」，近註謂草堂即文場，問即到。既曰「問草堂」，不得又曰「到文場」。引蔡氏作「倒文場」，乃傾倒其詩章之謂，似愊。公遠祖杜預，有文庫、武庫。文庫名文場。文場是公家本色，猶王氏青緗也。公《遣悶》詩：「時清疑武略，世亂躓文場。」〔註14〕「文場」與「武略」對舉，正是文武二庫，家學淵源。夫豈以文場為草堂？近註又以公無自稱文場之理。夫海內文章，自命有素，公何不可以文場自任？

贈別何邕

生死論交地，何由見一人。悲君隨燕雀，薄宦走風塵。四句「何邕」。**綿谷元通漢，沱江不向秦。五陵花滿眼，傳語故鄉春。**四句「贈別」。

當時同患難、「生死論交」者，今日都乘時得志，眼前流落，更無一人。獨君在耳。君亦失志，如燕雀然。薄宦不能自振，為綿谷尉也。但今日者，君由綿谷，言歸京師，是綿谷之水，依然通漢；我滯蜀江，終遠魏闕，是沱潛之水，不肯向秦。秦地有五陵。五陵，我故鄉。五陵之花，無復親見，但憑君歸，傳語故鄉。故鄉人情薄矣，故鄉人無容傳信，故鄉春尚可傳語也。〇「生死論交」，定主同患難時說。但「引一死一生，乃見交情」，似泛。「生死論交地」，即指五陵。

贈別鄭鍊赴襄陽

戎馬交馳際，柴門老病身。把君詩過日，念此別驚神。四句「贈鄭鍊」。**地闊峨眉晚，天高岷首春。為於耆舊內，試覓姓龐人。**四句「赴襄陽」。

極目風塵，戎馬還紛然也。無奈柴門，吾身已老病何！戎馬交馳，此日何日，如何可過？幸有君詩，把吟以度耳。柴門老病，我神已傷，那堪更驚。言念君別，不禁

愴然耳。君去矣，我留此處，地闊而峨眉日落；我留矣，君歸彼處，天高而峴首春晴。襄陽我故鄉，昔有龐公隱居鹿門，君歸試訪，今日耆舊內，尚有斯人否。○襄陽有《耆舊傳》，故曰「為於耆舊內」。

重贈鄭鍊絕句

鄭子將行罷使臣，囊無一物獻尊親。二句憐薄宦。江山路遠羈離日，裘馬誰為感激人。二句傷交情。

  鄭子何為而歸？罷使臣故也。使臣曰歸，將父將母。可憐薄宦，罷官欲獻高堂，竟無一物。此去由蜀至楚，江山迢遞，行李蕭條，庶幾望之裘馬中人。乃裘馬中人雖有，而為鄭子感激者，絕無一人也。

廣州段功曹到得楊長史書功曹卻歸聊寄此詩

衛青開幕府，楊僕將樓船。漢節梅花外，春城海水邊。四句「楊長史」。銅梁書遠及，珠浦使將旋。貧病他鄉老，煩君萬里傳。四句「得書寄詩」。

  長史府帥如衛青，乃長史亦楊僕，行將將樓船而出征矣。廣州屬梅嶺，長史持節，必在梅花外。廣州近南海，長史臨城，必在海水邊。今者功曹適至，長史之書附功曹而達蜀地之銅梁。功曹將旋，故人之詩附功曹而還廣州之珠浦。我頻頻寄詩者，誠以貧病他鄉，思長史而不見，煩功曹於萬里外，一傳故人之信云。

得廣州張判官叔卿書使還以詩代意

鄉關胡騎遠，宇宙蜀城偏。忽得炎州信，遙從月峽傳。四句「得書」。雲深驃騎幕，夜隔孝廉船。卻寄雙愁眼，相思淚點懸。四句「以詩代意」。

  判官我鄉關故人，今日鄉關遠隔，只因安史作亂耳。因而我客蜀郡，僻處偏隅；君宦炎州，更為荒徼。何幸今日炎州使來，忽接判官之札，月峽地阻，如自意外而傳。判官今為幕僚，是佐霍驃騎也。遙望其幕，白雲自深。判官昔為六逸中人，是即張孝廉也。因想其船，夜景猶隔。一雙愁眼，淚點空懸；無限相思，但憑寄語。是在使者。

送段功曹歸廣州

南海春天外，功曹幾月程。峽雲籠樹小，湖日落船明。四句「歸廣州」。交趾丹砂重，韶州白葛輕。幸君因估客，時寄錦官城。四句預期。

  廣州度梅嶺，近百蠻，則在春天外，程途應難計日。功曹此去，當由三峽。遙想

樹隱峽中，籠雲更小。功曹此行，復過洞庭。遙想船浮湖面，落日尤明。既歸廣州時，交趾有丹砂，可鍊藥以延年；韶州有白葛，可驅炎而卻暑。功曹憐我衰老，藥裹關心；念我南居，炎燠最早。因估客之便，寄此二物，使我得延頹齒，資清涼，餘生皆故人賜矣。

奉酬嚴公寄題草亭之作

時嚴公初除西川節度，先有詩寄公〔註15〕，公酬之也。

拾遺曾奏數行書，嬾性從來水竹居。奉引濫騎沙苑馬，幽棲真釣錦江魚。四句自述。謝安不倦登臨費，阮籍焉知禮法疎。枉沐旌麾出城府，草茅無徑欲教鋤。四句期嚴枉駕。

我昔居諫垣，曾上封事，乃性嬾居官者，祗因平生志在山林耳。當為拾遺時，亦嘗奉引天子，不過濫騎沙苑之馬，非有宦情。今日愛水竹而幽棲，卜築浣花溪上，錦江之魚乃真釣也。公固謝安登臨之興，自然不倦；我為阮籍禮法之疎，其又焉知。惟登臨不倦，我知公之旌麾必臨野亭；雖曰禮法疎乎，吾之野亭定須開徑以待公。果惠然與否？○此作語語翻嚴原作。嚴曰「何須不著鵷鸞冠」，欲公貶節就仕也。公曰「拾遺曾奏數行書」，又曰「奉引濫騎沙苑馬」，蓋謂我嘗奏書，我嘗奉引，且無意為天子侍從，何有鵷鸞冠為？嚴曰「嬾眠沙草愛風湍」，「嬾眠」者，嬾而後眠，不嬾則不眠也。公曰「嬾性從來水竹居」，曰「嬾性」，嬾本性生；曰「從來」，又非止風湍之愛也。嚴曰「漫向江頭把釣竿」，若以釣竿為公偶然寄興，故曰「漫向」。公曰「幽棲真釣錦江魚」，曰「真釣」，則非偶然寄興也。嚴曰「興發會能馳駿馬」，必興發後至。興不發，不至矣。公曰「謝安不倦登臨費」，「不倦」無須興發也。嚴曰「莫倚善題鸚鵡賦」，又曰「腹中書籍幽時曬，肘後醫方靜處看」。禰衡傲世，嚴殆以公放誕而託諷。郝隆曝腹中書，葛洪著《肘後方》，其事尋常。卻曰「幽時曬」、「靜處看」，分明諷公炫才躁動，欲其藏鋒晦跡也。公曰「阮籍焉知禮法疎」，夫阮籍卻曹爽召，辭晉武婚，其疎於禮法，以酒自晦，正善藏其用處。公以阮籍自待，嚴亦無煩相諷也。嚴曰「終須重到使君灘」，公草茅無徑，何使君灘之有？且曰「終須」，亦期之異日。公曰「枉沐旌麾出城府，草茅無徑欲教鋤」，謂嚴既有意於野亭，野亭之上，吾直鋤徑待耳。與酬高適作同一機鋒。

〔註15〕嚴武《寄題杜二錦江野亭》：
漫向江頭把釣竿，懶眠沙草愛風湍。莫倚善題鸚鵡賦，何須不著駿鸃冠。腹中書籍幽時曬，肘後醫方靜處看。興發會能馳駿馬，終須重到使君灘。

嚴中丞枉駕見過公自注：「嚴自東川除西川，敕令兩川都節制。」

元戎小隊出郊坰，問柳尋花到野亭。二句「枉駕」。川合東西瞻使節，此句節制兩川。地分南北任浮萍。扁舟不獨如張翰，皂帽應兼似管寧。寂莫江天雲霧裏，何人道有少微星。五句自述。

我冀公旌麾出府，今日果如所期。但我野亭，敢辱元戎？想公亦為問柳尋花，偶然至此。公為元戎，一人而東西兩川，敕令都節制，使節尊矣。我在野亭，一身而南北流落，秦蜀無定蹤，浮萍信矣。似此浮萍，何異扁舟。昔者，張翰扁舟，聽秋風而去官。我應如之。不獨此耳。似此浮萍，應著皂帽而浮海。昔者，管寧皂帽，攜家居遼。我非管寧，應兼似之。所以江天之處，雲霧晦冥，甘心遯跡。雖扁舟皂帽，有類少微，但似此云霧江天，亦何人道此中有少微星在，不謂元戎忽過野亭，亦足異矣。○按史，嚴除兩川在寶應元年六月，是懼以被召時為除職日，當以公註及詩為據。又考「川合東西」兩句，註都未確。先是至德二載，上皇還京，分劍南東西兩川，各置節度，是兩川始分也。此詩公自註云：「嚴自東川除西川，敕令兩川都節制」，是嚴先為東川節度，更除西川，權攝東川。故是年公《說旱》〔註16〕云：「請管內東西，各遣一使」，正以其分而未合，故各遣耳。嚴武六月被召遣朝，西川節度高適代之，東川使節虛懸，但以章彝為留後。至廣德二年正月，東西兩川始合為一道，以黃門侍郎嚴武為節度。若謂劍南二川兩合於嚴，懼矣。此章「川合東西」，但謂其權知兩川事。趙注曾云：「應為不謬。」少微即處士星。古之入林密、入山深者，只為怕人道有耳。「何人道有」四字，語意有味。

遭田父泥飲美嚴中丞

步屧隨春風，村村自花柳。田翁逼社日，邀我嘗春酒。四句為綱。酒酣誇新尹，畜眼未見有。回頭指大男，渠是弓弩手。名在飛騎籍，長番歲時久。前日放營農，辛苦救衰朽。差科死則已，誓不舉家走。今年大作社，拾遺能住否。以上就田翁口中寫出中丞。叫婦開大餅，盆中為我取。感此氣揚揚，須知風化首。語多雖雜亂，說尹終在口。收拾「酒酣誇新尹」一段。朝來偶然出，自卯將及酉。久客惜人情，如何距鄰叟。高聲索果栗，欲起時被肘。指揮過無禮，未覺村野醜。月出遮我留，仍嗔問升斗。末段寫足「泥飲」。

〔註16〕《杜詩詳注》卷二十五。

觀於鄉，知王道。〔註17〕今於田父，知嚴尹吏治矣。我乘春風，問花柳，步屧所至，何村不然。偶值田翁，作社邀飲，其情事有可述者。田翁酒酣時，誇張新尹，若曰：「此新尹，我小人生平未見者。」回頭而指大男曰：「往當舊尹，久隸飛騎。長番差役，無時少休。新尹至，放歸營農，救我衰朽。夫我等差科，原應效死。特向者舊尹不惜民而久役，故輒思走。今日新尹以時使民，從此以後，誓死則已。往年救死不瞻，何暇作社。今日釀錢大作，亦為新尹放歸之故。拾遺不為我留，獨不為新尹留乎？」田翁之言如此。於時叫婦開餅，捧盆取酒，揚揚意氣，殊足感人。大抵風化之首，觀於人情。今田翁一則曰「辛苦救衰朽」，能不遺其親也；一則曰「誓不舉家走」，是不後其君也。親親長長，風化之大。非新尹有善政，何由致此。此時田翁酒酣，語雖雜亂，誇張新尹，始終如一。我步屧至此，不過乘春風，問花柳。自卯而出，至酉未歸。所以重違田翁情者，久客不忍也。未幾，村社散，醉言歸。田翁索果以贈貽，我復被肘而艱脫。雖無禮太過，而野醜足恕。自卯至酉，迄於月出，還遮留我，而喚大餅升斗之量，田翁尚夷然不屑也。泥飲如此。○蜀自上皇還京後，分劍南為兩節度，百姓罷於調遣。西山三城又列戍焉，蜀民籍為兵者，無寧歲矣。上元二年，段子璋反，將士大掠為害。蜀民既苦寇，又苦兵。為吏者，李若幽、崔光遠拊循乖方。讀公《枯椶》等詩曰：「傷時苦軍乏，一物官盡取。嗟爾江漢人，生成亦何有。」〔註18〕蜀民長番不已，差科不息，安得營農釀錢作社？嚴武鎮蜀，兩川兼攝，蜀民始稍蘇息。公是年《說旱》〔註19〕云：「自中丞下車，軍郡之政、罷弊之俗，已下手開濟矣。凡百冗長者，又已革削矣。」合之此詩，嚴吏治精能，蜀民休息，大略可見。又本傳載公「住浣花裏，好與田畯野老相狎蕩」〔註20〕。此詩既曰「邀我嘗春酒」，再曰「拾遺能住否」，又曰「盆中為吾取」、「欲起時被肘」，狎蕩之趣，大是可想。

入奏行

時吐蕃窺西山三城，西川八州刺史合兵御之。竇侍御以戰守機宜，入奏朝廷。
竇侍御，驥之子，鳳之雛。年未三十忠義俱，骨鯁絕代無。炯然一段清水出萬壑，置在迎風寒露之玉壺。蔗漿歸廚金盌凍，洗滌煩熱足以寧君軀。政用疏通合典則，戚聯豪貴耽文儒。以上美侍御，以見「入奏」本領。**兵革未息人未蘇，天子亦念西南隅。吐蕃憑陵氣頗麤，竇氏檢察**

〔註17〕《荀子・樂論篇第二十》：「吾觀於鄉，而知王道之易易也。」
〔註18〕《杜詩闡》卷十三。
〔註19〕見前《嚴中丞枉駕見過》腳注。
〔註20〕《舊唐書》卷一百九十下《文苑列傳下》。

應時須。運糧繩橋壯士喜，斬木火井窮猿呼。八州刺史思一戰，三城守邊卻可圖。以上「入奏」之事。此行入奏計非小，密奉聖旨恩應殊。繡衣春當霄漢立，綵服日向庭闈趨。省郎京兆必俯拾，以上「入奏」承恩。江花未落還成都，肯訪浣花老翁無。為君酤酒滿眼酤，與奴白飯馬青芻。以上歸而燕喜。

侍御為名家兒，少年致主，忠義性生，其直節已動朝廷。況其才品，炯無纖塵，即冰壺蔗漿，不足踰者。當此夏日，得此二物，煩熱洗，君軀寧，豈非救時之彥？以是施諸政事，必能疏通而不膠柱，又合典則而不乖方。人見其驥子鳳雛，以為是戚聯豪貴，未必能軼文儒者。今政疏通，合典則，藉非文儒，安能若是？本此入奏，其檢察實事，亦惟足兵食，策戰守。方今兵革未息，民罹湯火，煩熱甚矣。西南一隅，上厪宸慮，不寧甚矣。彼吐蕃三道入寇，竇氏以文儒，用疏通之政，檢校戎務，應時而施。蜀中自卬雅以抵南蠻，地界吐蕃，其糧儲皆仰給劍南。故須運糧自繩橋，而壯士喜；然後斬木於火井，而窮猿呼。兵食足矣。使恭蓬八州協力進攻，松維三城扼要固守，凡此戰守機宜，正侍御今日入奏天子者。夫侍御以疏通之政、應時之策進而陳奏，計非小也。帝嘉乃功，恩應渥也。絹衣當霄漢而立，果然「忠義俱」、「絕代無」也。綵服向庭闈而趨，不媿「驥之子」、「鳳之雛」也。以侍御遷京兆，有如拾芥。辭長安，還成都，亮不崇朝。或者以年未三十之侍御，於浣花五十之老翁有不屑就訪者。不然，酒為君酤，奴為君犒，馬為君秣，請為君賀滅寇成功云。○檢校意重在糧。觀公上嚴武東西兩川說〔註21〕云「頃者三城失守，非兵之過也，糧不足也」等句可證。又云：「八州之人，願賈勇復取三城。」故詩中有「八州」、「三城」二句。「滿眼」，滿酒筒之眼。

弊廬遣興奉寄嚴公

野水平橋路，春沙映竹村。風輕粉蝶喜，花暖蜜蜂喧。把酒宜深酌，題詩好細論。以上「弊廬遣興」。府中瞻暇日，江上憶詞源。跡忝朝廷舊，情依節制尊。還思長者轍，恐避席為門。以上「奉寄嚴公」。

弊廬而外，斷橋沉水，野竹迷村。弊廬而內，戲蝶娟娟，遊蜂趯趯。而況弊廬中人，能不把酒有餘情，題詩多逸興乎！此時深酌細論，亟須公耳。公於府中，應選暇而過我；我於江上，望詞客之遄臨。蓋我是朝廷故人，公宜加禮；公為成都地主，我所依歸。但恐我則期公，思長者之轍；公嫌我之席門而迴避，亦奈之何哉！

〔註21〕《杜詩詳注》卷二十五《東西川說》。

奉和嚴中丞西城晚眺十韻

汲黯匡君切，廉頗出將頻。直詞才不世，雄略動如神。政簡移風速，
詩清立意新。六句頌美嚴公。層城臨媚景，絕域望餘春。旗尾蛟龍會，
樓頭燕雀馴。地平江動蜀，天闊樹浮秦。六句「西城晚眺」。帝念深分閫，
軍需遠籌緝。花羅封蛺蝶，瑞錦送麒麟。辭第輸高義，觀圖憶古人。
征南多興緒，事業闇相親。八句願望之詞。

　　公本汲黯，往年匡君正切，乃頻作廉頗之出將。外有廉頗，內無汲黯矣。為汲黯
則有詞，為廉頗則有雄略。況吏治文心，更有過人者。大凡移風不速者，政繁冗而不
簡也；立意不新者，詩淆雜而不清矣。公政簡詩清又如此。於時層城一帶，景物媚人；
絕域萬里，春光奪目。蛟龍會合，看旗尾之卷舒；燕雀低飛，羨樓頭之馴擾。近接巴
蜀，則地涵江體，有包絡之形；遠莫長安，則樹與天平，有會歸之勢。公勉乎哉！帝
念之殷，深於分閫，公當報主也。軍需之費，遠於籌緝，公能恤民矣。而況蜀羅川錦
貢獻朝廷者，仍未嘗乏。乃猶寵至若驚，其高義若霍驃驍之辭第。然而古人不遠。我
觀圖，覺馬伏波為庶幾。蓋公今日事業，著於兩川，猶我祖征南將軍平吳事業，著於
荊州。時代雖遙，興緒真闇相親哉！○公《論巴蜀安危表》〔註22〕有「劍南自用兵
以來，稅斂則殷，部領不絕。瓊林諸庫，仰給最多」諸語，可知撫蜀者宜輕土物，以
來遠人。史言嚴武在蜀，厚賦斂，窮奢侈，「軍需」等句諷之勉之。

中丞嚴公雨中垂寄見憶一絕奉答二絕

雨映行宮辱贈詩，點「雨中垂寄」。元戎肯赴野人期。江天老病雖無力，
強擬晴天理釣絲。三句寫「奉答」之意。

　　中丞節鉞，適近上皇行宮。對雨題詩，貽我野老。詩則貽矣，不識野老之期中
丞，亦肯赴否？但恐非尚書之期，未必肯耳。肯赴，雖江干病夫，準擬天晴，強理釣
絲以待云。○元戎來，理釣絲以待。公蓋謂年力雖衰，絲綸尚在云。行宮後為郭英乂
借居。

何日雨晴雲出溪，白沙青石洗無泥。承前「強擬晴天」句。只須伐竹開荒
徑，拄杖穿花聽馬嘶。承前「肯赴野人」句。

　　我擬晴天把釣相待，但不知何日果晴。晴則云隨雨散。白沙青石間，洗拭而待
元戎矣。我野人，更無他事，但須伐竹開徑，拄杖穿花。此日浣花溪上，忽聞馬嘶，
是元戎枉駕時，吾且傾耳聽矣。○非知己，前日「會須上番看成竹，客至從嗔不出

〔註22〕《杜詩詳注》卷二十五《為閬州王使君進論巴蜀安危表》。

迎」〔註23〕。是知己，此日「只須伐竹開荒徑，拄杖穿花聽馬嘶」。公豈一味杜門者！

謝嚴中丞送青城山道士乳酒一缾

山缾乳酒下青雲，氣味濃香幸見分。鳴鞭走送憐漁父，三句「送」，下句「謝」。洗盞開嘗對馬軍。公自注：「軍州謂驅使騎為馬軍。」

　　乳酒出青城山上。道士不自私，下青城，貽中丞。中丞亦不自私，遣馬軍送漁父。我惟有對馬軍洗盞開嘗耳。大夫有賜，不敢虛也。○「開嘗對馬軍」，亦見公肺腑洞達，坦然對人，隱用羊祐飲陸抗酒而不疑意。

江上值水如海勢聊短述

　　先曰「江上值水如海勢」，蓋觸目水勢，浩瀚驚人也。次曰「聊短述」，短述非述水勢，述己作詩之指。偶因水勢，會心作詩。

為人性僻躭佳句，語不驚人死不休。老去詩篇渾漫興，春來花鳥莫深愁。四句先寫「聊短述」意。新添水檻供垂釣，故著浮槎替入舟。二句「水勢」。焉得詩如陶謝手，令渠述作與同遊。以作詩結。

　　作詩何必躭佳句，作驚人語耶？今老矣，回首平生，自悔其非。所以今日詩篇，漫興為多，寄言花鳥。從此語都平澹，無用深刻，亦不必為我深愁也。驚人佳句，久不復作，豈尚有往日才情，如江上水勢浩瀚橫溢者？且此水，彼自如海勢，吾只添檻，供垂釣而已；彼自如海勢，我只浮槎，替入舟而已。水如海勢，何等驚人！添檻浮槎，胷中眼中，已不見所謂如海者，何憂之有！即作詩之法可知矣。緬想陶、謝二公，其為詩不可及處，正在不作驚人句。今日安得詩手如陶、謝二公者，令渠述二公之作，我與同遊哉！陶、謝詩，如「採菊東籬」、「池塘春草」等句，盡自平澹，未嘗驚人。公曰「性僻躭佳句」，正是少年習氣。目擊狂瀾，不覺自失。故題曰「江上值水如勢海聊短述」。

水檻遣心　二首

去郭軒楹敞，無村眺望賒。二句領至末。澄江平少岸，幽樹晚多花。細雨魚兒出，微風燕子斜。城中十萬戶，此地兩三家。

　　近市之居多湫隘，「去郭」則「軒楹敞」，稠密之處妨遠覽，「無村」則「眺望賒」。

眺望何如？憑檻看江，喜其平而少岸；臨江窺樹，愛其晚而多花。況疏雨點江，魚淰淰而欲出；江風拂燕，燕冉冉而能斜。檻外之景如此。但我所居，已去郭矣。去郭何有於十萬戶，且無村矣。無村正不厭此兩三家，吾心於此少遣哉！

蜀天常夜雨，江檻已朝晴。葉潤林塘密，衣乾枕席清。以上「水檻」。**不堪衹老病，何得尚浮名。淺把涓涓酒，深憑送此生。**四句「遣心」。

蜀有漏天，常常夜雨。我憑江檻，喜得朝晴。常夜雨，故葉潤，林塘之景加密；已朝晴，故衣乾，枕席之氣能清。夫心所難遣者，以多老病也；負浮名，鮮大用也。坐此二者，此生無住著，而無從斷送也。今老病、浮名盡付涓涓之酒，涓涓之酒雖淺，所託之意甚深。憑此以送浮生，陶然水檻之上，此心終得自遣耳。結二語，即「斷送一生惟有酒」〔註24〕意。

短歌行贈王郎司直

王郎酒酣拔劍斫地歌莫哀，領起下數句。**我能拔爾抑塞磊落之奇才。豫章翻風白日動，鯨魚跋浪滄溟開，且脫劍佩休徘回。**四句慰之，欲其莫哀。**西得諸侯掉錦水，欲向何門趿珠履。仲宣樓頭春已深，青眼高歌望我子，眼中之人吾老矣。**五句勸之，欲其「莫哀」。

王郎酒酣時，拔劍而歌，氣何壯哉！歌則歌矣，莫哀可也。莫哀者，爾有奇才，如豫章，如鯨魚。今抑塞磊落，不能自伸，我能拔之，使之翻風跋浪，何哀之有！然則今日者，拔劍斫歌，亦不必也。且脫劍佩，王郎尚有徘回之意者，得毋鬱鬱蜀土，意中不欲掉錦水，別欲遊朱門？我意西得諸侯，似亦足矣。彼朱門雖多，珠履難趿，王郎徘回未定者，欲向何門耶？王郎得諸侯，掉錦水，是王粲樓頭春色正深。此我青眼高歌，獨望我子。我老矣，眼中之人，匪我思存。王郎何必以奇才見屈，捨此他適，亦終莫哀可也。○「歌莫哀」，王郎之歌。「高歌」，乃題中之「短歌」。須分曉。

戲贈友　二首

元年建巳月，郎有焦校書。自誇足膂力，能騎生馬駒。一朝被馬踏，唇裂板齒無。六句「戲贈」。**壯心不肯已，欲得東擒胡。**二句正言。

纔建子月，又建巳月矣，時事無足紀，可笑惟有焦校書耳。校書自誇多力，能騎生駒，何為反被馬踏，唇裂齒折也？雖則被踏，其壯心不休，若曰吾欲得生駒騎之，

〔註24〕韓愈《遣興》。

東擒史朝義。何其壯哉！○肅宗於上元二年，以十一月為建子月，公有「荒村建子月」句〔註25〕。寶應元年，建巳月。肅宗病劇，復以建寅月為正月，建巳月以後，月數皆如其舊。公復有「元年建巳月」句。中間建丑、建寅、建辰、建卯等月，都不著，獨於建子、建巳紀其起訖，故稱詩史。

元年建巳月，官有王司直。馬驚折左臂，骨折面如墨。駑駘漫染泥，何不避雨色。六句「戲贈」。**勸君休歎恨，未必不為福。**二句慰之。

建巳月之可笑者，不獨焦校書。又有王司直，亦為馬蹶折臂，蓋因遇雨故。司直何不少避，為此泥中耶？雖則折臂，古有羊祜，曾為三公。禍兮福所倚，今日司直，未必非福，何歎恨之有！○人生得失，如塞翁之馬，得不必賀，失不必弔。惟達者弔其可賀，故趙氏得左人、中人兩城而憂；〔註26〕賀其可弔，故柳子厚以王參元失火，若果蕩焉泯焉，為尤可喜也。〔註27〕

野人送朱櫻

西蜀櫻桃也自紅，野人相贈滿筠籠。數回細寫愁仍破，萬顆勻同訝許同。四句題面。**憶昨賜霑門下省，退朝擎出大明宮。金盤玉筯無消息，此日嘗新任轉蓬。**四句感懷。

我向謂寢園薦新，有此櫻桃之紅，不圖西蜀野人，其筠籠滿贈者，櫻桃也自紅也。禮器之漑者不寫，其餘皆寫，不欲手澤之瀆。筠籠為不可洗滌之物，故須寫，乃不敢輕寫而細寫。不敢驟寫，幾回細寫，愁其仍破者，不以野人贈忽之也。此筠籠中櫻有萬顆，寫器之餘，勻圓一色。豈獨今日，猶憶我在諫垣時，侍臣沾宴，分食尚方，退朝出宮，擎歸滿器。此叼聖天子金盤玉筯之餘也。放逐以來，金盤玉筯，久無消息。

〔註25〕見前《草堂即事》。

〔註26〕《呂氏春秋·慎大覽·慎大》：

趙襄子使新稚穆子攻翟勝之，勝左人、中人，使遽人來謁之。襄子方食而有憂色。左右曰：「一朝而兩城下，此人之所喜也。今君有憂色，何也？」襄子曰：「夫江河之大也，不過三日；飄風暴雨不終朝，日中不須臾。今趙氏之德行無所施於積，一朝而兩城下，亡其及我哉！」孔子聞之曰：「趙氏其昌乎！夫憂者所以為昌也，喜者所以為亡也。勝非其難者也，持之其難者也。賢者以此持勝，故其福及後世。齊楚吳越皆嘗勝矣，然卒取亡焉，不達乎持勝也。唯有道之主為能持勝。」

〔註27〕柳宗元《賀進士王參元失火書》：

得楊八書，知足下遇火災，家無餘儲。僕始聞而駭，中而疑，終乃大喜。蓋將弔而更以賀也。道遠言略，猶未能究知其狀，若果蕩焉泯焉而悉無有，乃吾所以尤賀者也。（下略）

不謂他鄉流落，還得嘗新。所由睹物，不勝興感耳。○寶應元年建巳月，上皇、肅宗相繼賓天。公在成都，感時傷心，故睹櫻桃愴懷，曰「金盤玉筯無消息」。有編此詩於廣德二年，謂公憶去年十月吐蕃逼長安，代宗幸陝。公遠客成都，未知消息，因野人之贈，忽思今日玉食有此時物否。謬矣。微論廣德年間，公在東川，與西蜀無涉。即是年公《傷春五首》，已自注云：「巴閬僻遠傷春罷，始知春前已收宮闕。」〔註28〕櫻桃為孟夏之物，此時尚未知消息，不幾與自注相左。

大麥行

大麥乾枯小麥黃，婦女行泣夫走藏。東至集壁西梁洋，問誰腰鎌胡與羌。四句時事。豈無蜀兵三千人，部領辛苦江山長。安得如鳥有羽翅，託身白雲歸故鄉。四句有感。

　　兩麥成熟，正可刈穫。婦泣夫走，兩麥齎盜矣。奴剌橫行，衝突於梁洋、集壁十二州，無不腰鎌刈麥者。昔年麥莊之誚，將又見於此處。寇亂如此。豈無蜀兵可以防禦？奈部領辛苦，奔走既罷，而江山長何！我在蜀中，處此時勢，自歎身非鳥羽，乘雲可飛，迢迢故鄉，安得旋歸，避此寇亂也？○寶應元年春，奴剌寇梁州。梁州觀察李勉棄城走，以臧希讓代之。蜀兵三千，當赴希讓軍前。

嚴公仲夏枉駕草堂兼攜酒饌得寒字

竹裏行廚洗玉盤，花邊立馬簇金鞍。非關使者徵求急，自識將軍禮數寬。四句嚴公攜酒饌枉駕。百年地僻柴門迥，五月江深草閣寒。看弄漁舟移白日，老農何有罄交歡。四句自述。

　　竹裏何處？忽見行廚繹絡，爭洗玉盤，蓋由將軍枉駕，載酒尋歡。花邊一簇，金鞍已到矣。公而枉重，人謂公求我之急，乃殊不然。不過枉車騎，交歡故人。禮數之寬，我自識之耳。顧我草堂，為地甚僻。自分長此百年，聊以卒歲。況錦江片水，五月猶寒。在公酒饌之餘，看弄漁舟，坐移白日。在我野亭之內，老農何有，足罄交歡？公真枉重哉！○「老農何有」，舊註謂公自言家貧，固陋。一說中丞膺節制之尊，何有於老農？亦非。公蓋謂老農何有才能，足佐中丞，乃罄交歡如此。即「豈有文章驚海內，漫勞車馬到江干」〔註29〕意。

〔註28〕《杜詩闡》卷十六。
〔註29〕《杜詩闡》卷十一《賓至》。

嚴公廳宴同詠蜀道畫圖得空字

日臨公館靜，畫列地圖雄。二句「嚴公廳畫圖」。劍閣星橋北，松州雪嶺東。華夷山不斷，吳蜀水相通。四句詳寫蜀道地圖。興與煙霞會，清尊幸不空。結還「宴」與「同詠」意。

　　廳事晝閒，江山森列，盡在此地圖中矣。地圖中，據險若劍閣，近界星橋；扼要如松州，遠控雪嶺。況華夷雖別，山勢不分；吳蜀雖遙，水道原接。「星橋北」，莫以近而疏其防；「雪嶺東」，莫以遠而弛其守。山勢不斷，則當慮其闌入；水道相通，則當固其封疆。地圖如此。但我身在公館，興入煙霞，所幸清尊不空，得與公同詠此蜀道畫圖云爾。○劍閣為中原門戶，松州當吐蕃要衝。蜀水之源，皆發夷地。山亦聯屬，防守最難。近者，吐蕃寇成都，奴剌寇梁洋、集壁，亦孔亟矣。岷山導江，由荊至揚。吳蜀之水原合，以之運漕，江淮可通梁洋；以之用兵，長江可通巴蜀。此上元二年，置南都以扼吳蜀之衝也。時吳地廣陵、潤州諸郡，自劉展亂後，元載搜括貲產，江淮一帶，民皆嘯聚山澤，州縣不能制。吳蜀水相通，公有隱憂焉。題曰「同詠蜀道畫圖」，蓋欲嚴公觀詩，得其意也。

大雨

西蜀冬不雪，春農尚嗷嗷。上天回哀眷，朱夏雲鬱陶。執熱乃沸鼎，纖絺成縕袍。以上雨候。風雷颯萬里，霈澤施蓬蒿。敢辭茅屋漏，已喜黍豆高。三日無行人，二江聲怒號。流惡邑里清，矧茲遠江皋。以上「大雨」。荒庭步鸛鶴，隱几望波濤。沉痾聚藥餌，頓忘所進勞。則知潤物功，可以貸不毛。陰色靜壟畝，勸耕自官曹。四鄰出耒耜，何必我家操。以上雨後情事。

　　冬有積雪，則春有小雨。西蜀去冬無雪，春農宜嗷嗷哉！乃天眷忽回，夏雲鬱起，熱彌極，雨將作矣。俄而風雷施，沛澤降，茅屋雖漏，黍豆得甦，道絕行蹤，江無靜響，何惡不洗，靡遠不清。雨大如此。我狎鸛鶴於庭前，望波濤於几上。沉痾減，藥物忘。況潤物之功，無有不及；不毛之地，借雨能生。雨之為功大矣！夫大雨之後，力耕為急，但勸農自上。官曹勤於勸，斯甸徒力於耕，小人勞力而食人，君子勞心而食於人。彼操耒耜者，自有四鄰耳。我曹何與，亦共享天眷可已。○孔丘斥學稼，孟軻闢並耕。從來大經濟人，不為一身一家謀。公曰：「四鄰出耒耜，何必我家操。」此等語意，與灌園抱甕人自別。是年蜀地大旱，公有《說旱》〔註30〕，上嚴武。

〔註30〕見前《嚴中丞枉駕見過》腳注。

溪漲

當時浣花橋，溪水纔尺餘。白石明可把，水中有行車。四句漲前。秋夏忽泛溢，豈惟入吾廬。蛟龍亦狼狽，況是黿與魚。四句漲。前晨已半落，歸路跬步疎。馬嘶未敢動，前有深填淤。青青屋東麻，散亂床上書。不知遠山雨，夜來復何如。八句漲退復雨。我遊都市間，晚憩必村墟。乃知久行客，終日思其居。結寓思歸意。

　　猶憶溪水未漲前，浣花橋下，石可把，車可行也。入秋泛溢，幾壞我廬，困及蛟龍。何況魚黿日來，溪漲半落，跬步可通。然填淤尚深，匹馬難渡，是我歸途還阻也。隔溪遙望，想見浣花橋處，麻生縱橫；浣花堂內，琴書散亂。而況遠山之雨，夜來復作。我廬此際，又當何如。我晨遊都市，晚向村墟者，蓋由久行之客，思家不置。無奈漲雨連作，阻人歸轍何！

寄高適

楚隔乾坤遠，難招病客魂。二句喚動歸意。詩名惟我共，世事與誰論。北闕更新主，南星落故園。定知相見日，爛熳倒芳尊。六句寄詩之意。

　　庸蜀舊隸楚。我身羈此，與長安之日月遠矣。病客之魂，何日而招？猶幸有子在耳。子之詩名，非我誰共？豈獨詩名，即當今世事，舍子誰可與論者？今日新君踐祚，我輩可以還朝；老人星明，故園可以聚首。夫豈乾坤終遠，病客終羈也？他日相見，共倒芳尊，有不爛熳之極哉！○黃鶴曰：「是年，代宗即位，高適官於蜀召還，故曰『南星落故園』。」按史，適召還在廣德二年松維失守後。「南星」，即南極老人星。公與適皆舊臣，宜曰老人星。

自成都往綿州至梓州詩 _{寶應元年}

奉送嚴公入朝十韻

鼎湖瞻望遠，象闕憲章新。四海猶多難，中原憶舊臣。四句「入朝」之由。與時安反側，自昔有經綸。感激張天步，從容靜塞塵。四句溯其前功。南圖回羽翮，北極捧星辰。漏鼓還思晝，宮鶯罷囀春。空留玉帳術，愁殺錦城人。六句去後之思。閣道通丹地，江潭隱白蘋。此生那老蜀，不死會歸秦。公若登台輔，臨危莫愛身。六句「奉送」情事。

　　痛哉！玄、肅二宗相繼賓天，鼎湖渺渺，瞻望勿及。然新君嗣服，象闕憲章，又一番新矣。今日朝義未滅，國難方殷，公為先帝舊臣，中原尚煩整頓，而公安反側，樹經綸，天步張，塞塵靖，功已見於前，則後效可卜也。因之蒞蜀未久，羽翮頓回，外任幾時，星辰再捧。公入朝矣，如蜀人去後之思何！於時漏鼓寂然，誰為傳書？宮鶯淒絕，不忍囀春。玉帳之術，空留錦城之人。愁殺豈獨蜀人，即如我者，不得與公同趨丹地，可堪流落，尚隱江潭！然巴蜀難居，此生那老；長安舊地，會須言旋。公此去已陟崇班，必登台輔，他日身臨國難，莫惜頂踵。我臨岐贈言，意盡此矣。

送嚴侍郎到綿州同登杜使君江樓宴得心字 公自注：「杜使君乃宗人也。」

野興每難盡，江樓延賞心。歸朝送使節，落景惜登臨。四句總起。稍稍

煙集渚，微微風動襟。重船依淺瀨，輕鳥度層陰。檻峻背幽谷，窓虛交茂林。燈光散遠近，月彩靜高深。以上寫「江樓」。城擁朝來節，天橫醉後參。窮途衰謝意，苦調短長吟。此會共能幾，諸孫賢至今。點「宗人」。不勞朱戶閉，自待白河沈。以上送別之情。

　　野興優矣，況有江樓，足延賞心。惟是我公歸朝，來送使節，惜此登臨，落景難久也。日暮而遠渚煙浮，樓高而披襟風快。涓涓淺瀨，彩鷁還依；杳杳層雲，晚禽未返。檻喜其峻，背谷則明；窓愛其虛，交林則暗。俄而疎燈幾點，烏榜皆懸；明月片輪，江天一色。送別者綿州城外，擁節未還；與宴者鳥道天邊，橫參欲落。我本依公，公去，此別真為窮途，此詩真成苦調。而況後會難必，猶幸使君尚在，宗人有托耳。由落景至月靜，由參橫至河沈，天已曉，戶休閉，終宵送別，情緒如此。

奉濟驛重送嚴公四韻

遠送從此別，青山空復情。幾時杯重把，昨夜月同行。列郡謳歌惜，三朝出入榮。六句「重送」。江村獨歸處，寂寞養殘生。二句自歎。

　　我送嚴公，由成都至綿州奉濟驛，青山猶在，故人將分，亦空復多情耳。此後酒盃重把，不知幾時；猶想月下同行，已成昨夜。公去矣，兩川列郡，謳歌思慕，竟不能留。公去矣，歷仕三朝，出將入相，誰復能比？所難為情者，老夫耳。從此江村歸處，寂寞殘生，誰為我故人者，重過草堂話舊也？

送梓州李使君之任 公自注：「故陳拾遺，射洪人也。篇末有云。」

　　是年七月，徐知道反劍南，以兵守要害，距嚴武，不得進。公亦不能歸成都，將有梓州之役。此送李使君之梓州任。

籍甚黃丞相，能名自潁川。近看除刺史，還喜得吾賢。四句除刺史。五馬何時到，雙魚會早傳。老思筇竹杖，冬要錦衾眠。不作臨岐恨，惟聽舉最先。火雲揮汗日，山驛醒心泉。以上「送」。遇害陳公殞，於今蜀道憐。君行射洪縣，為我一潸然。結還「自注」意。

　　使君除梓州刺史，即潁川黃霸，梓州有賢守矣。計使君五馬到梓，正使君雙魚抵綿。但我所望於使君者，豈特雙魚。庶幾贈筇竹，為我扶老需；貽錦衾，為我禦寒計。然則臨岐有何恨，惟側耳聽君，他日課最被舉耳。此行也，火雲赫赫，揮汗為煩；泉水涓涓，塵心可醒。顧臨岐，雖無恨，而此別有係懷者。蓋以梓州屬邑射洪有陳子昂，其父昔年為段簡所辱，子昂欲報父仇，反為所害。蜀人至今憐之。君按部至邑，當為

我而一潸然也。○箯竹與錦，東川所出。公將入梓，託意二物，謂使君如杖可倚，如衾可庇。又似謂梓人得使君，扶持衽席之，如杖如衾。姑寓意於己欲得此二物，如任棠置盂拔薤，抱兒當戶〔註1〕意。

苦戰行

苦戰身死馬將軍，自云伏波之子孫。干戈未定失壯士，使我歎恨傷精魂。四句傷死後。去年江南討狂賊，臨江把臂難再得。別時孤雲今不飛，時獨看雲淚霑臆。四句痛生前。

　　我在綿州，猶憶苦戰身死。此馬將軍者非他人，自言我是伏波之後。奈何干戈未定，便失壯士。將軍精魂，竟安往耶？將軍何為苦戰身死？蓋因去年狂賊段子璋作亂綿州，將軍曾奉命討賊。彼時臨江把臂，與我作別。今日惟有一片孤雲，冉冉還在，一若凝結不忍飛者，誠傷將軍死難耳。我看雲之際，想像精魂，能不涕泗沾襟也已？○上元二年四月，段子璋反，舉兵襲節度使李奐於綿州。馬將軍必李奐牙將，死難綿州者。黃鶴謂即馬巴州，非也。按：公《奉別馬巴州》詩〔註2〕自注：「時甫除京兆功曹，在東川。」已廣德年間，與段子璋反時無涉。且《奉別》詩曰「勳業終歸馬伏波」，茲《苦戰行》又曰「自云伏波之子孫」，語意不應如此乖舛。

去秋行

去秋涪江木落時，臂槍走馬誰家兒。二句憶生前。到今不知白骨處，部曲有去皆無歸。遂州城中漢節在，遂州城外巴人稀。戰場冤魂每夜哭，空令野營猛士悲。六句傷戰死。

　　往時死難，不獨馬將軍。去秋狂賊未反，涪江木落，臂槍走馬者，又誰家兒？至今白骨沙場，不知其處。可憐一時部曲，自綿州去，不見從遂州還也。彼時遂州城中，將軍之漢節猶在，奈遂州城外巴人之救援無聞，致使骨埋戰場，魂號永夜。野營猛士撫事而悲，亦何益矣。○鮑欽止以此章為指嗣虢王巨。按史，段子璋反，遂州刺史嗣虢王巨脩屬郡禮迎之，被殺。既為遂州刺史，不得云「部曲有去皆無歸」。既脩郡禮

〔註1〕皇甫謐《高士傳》卷下《任棠》：任棠字季卿，少有奇節，以《春秋》教授，隱身不仕。寵參為漢陽太守，到，先就家俟焉。棠不與言，但以薤一本、水一盂置戶屏前，自抱孫兒伏於戶下。主簿白以為倨傲，參思其為意，良久曰：「棠置一盂水者，欲諭太守清也；拔一本薤者，欲諭太守擊強宗也；抱孫兒當戶者，欲諭太守開門恤幼也。」終，參去不言。詔徵不至，及卒，鄉人圖畫其形，至今稱任徵君也。

〔註2〕《杜詩闡》卷十五。

迎賊，不得云「遂州城中漢節在」。鮑說惧。

觀打魚歌

時公因徐知道之亂，留綿州。借打魚，諷為人上者不宜虐民激亂。**綿州江水之東津，魴魚鱍鱍色勝銀。魚人漾舟沉大網，截江一擁數百鱗。眾魚長才盡卻棄，赤鯉騰出如有神。潛龍無聲老蛟怒，廻風颯颯吹沙塵。**以上「觀打魚」。**饔子左右揮霜刀，鱠飛金盤白雪高。徐州禿尾不足憶，漢陰槎頭遠遁逃。魴魚味美知第一，既飽歡娛亦蕭瑟。君不見朝來割素鬐，咫尺波濤永相失。**以上諷「打魚」者。

　　打魚者以魴魚味美，漾舟沉網，截江橫取。魴魚之外，即為常才。殊不知魴魚之外，又有赤鯉；赤鯉之外，又有蛟龍。彼赤鯉者，其出有神；彼蛟龍者，其怒已甚。一旦廻風颯颯，吹沙胥去，夫豈打魚者可得取也！打魚事畢，因而作鱠。嗟爾魴魚，纔出漁網，便罹饔刀。揮霜刀而鱠縷飛，登金盤而白雪聚。其味之美，覺徐州禿尾、漢陰槎頭舉不足道。魴魚自傷味美，致供貪饕，豈知味雖美也，一飽之後，魴魚安在？獨惜為魴魚者，素鬐纔割，波濤永失。彼為漁人者，亦何忍使魴魚有失水之痛哉！○「赤鯉」等句，喻為人上者但知鞭撻愚民，其傑黠豪雋者原不受其迫脅，有棄此而去，如此赤鯉與老蛟、潛龍者。

又觀打魚

蒼江漁子清晨集，設網提綱萬魚急。能者操舟疾若風，撐突波濤挺叉入。小魚脫漏不可紀，半死半生猶戢戢。大魚傷損皆垂頭，倔強泥沙有時立。以上「觀打魚」。**東津觀魚已再來，主人罷鱠還傾杯。日暮蛟龍改窟穴，山根鱣鮪隨雲雷。干戈兵革鬪未已，鳳凰麒麟安在哉？我徒胡為縱此樂，暴殄天物聖所哀。**以上諷「打魚」者。

　　打魚者清晨更集，設網提綱，欲盡取為快。或操舟，或挺叉，萬魚急矣。彼打魚者，將一網而盡，豈知小魚脫漏，不可紀極；大魚倔強，有時直立。打魚者亦何益哉！我於東津，已經縱觀，今日再來，又復傾酒。一若樂此打魚之事者。豈知蛟龍已徙窟宅而他走，鱣鮪亦隨雲雷而遁逃，不獨小魚脫漏，大魚倔強也。今日兵革未休，民生塗炭，何以異此？夫破卵則鳳凰不來，殺胎則麒麟不至。為人上而貪雪害民，有鳥獸散耳。我徒念此，亦宜慘然。何為罷鱠傾盃，屢縱此樂；暴殄天物，聖人所哀。東津主人亦可省矣。

越王樓歌

綿州州府何磊落，顯慶年中越王作。孤城西北起高樓，碧瓦朱甍照城郭。樓下長江百丈清，山頭落日半輪明。六句「樓」。君王舊跡今人賞，轉見千秋萬古情。二句作歌之意。

　　綿州州府，何其磊落，蓋由高宗顯慶年間，越王封此故也。府中西北，更建高樓。夫州府城郭，既已磊落，照以碧瓦朱甍，又加壯焉。其樓下則有長江，憑樓望之，百丈清也；其山頭則有落日，倚樓眺之，半輪明也。今日長江自清，落日自明，越王安在？獨此樓舊跡在耳。夫舊跡何足憑，惟千秋萬歲後，其人情或悲或憤，或思慕或諷刺，所係於人情不同，舊跡因之有異，即越王可知矣。○撫碑峴山，墮羊公之淚；鼓琴石檞，笑恒魋之愚。「轉見千秋萬古情」，七字中多少衰鉞。越王於則天時，曾興兵討武后者。

海棕行

左綿公館清江濱，海棕一株高入雲。龍鱗犀甲相錯落，蒼稜白皮十抱文。四句「海棕」。自是眾木亂紛紛，海棕焉知身出群。移栽北辰不可得，時有西域胡僧識。四句托感。

　　涪水所經處，涪居其右，綿居其左。左綿舊有公館，公館舊有海棕。海棕止一株，落落自異，但見其高入雲而已。望之者，為龍鱗，為犀甲，錯落莫辨。若犀甲，是蒼稜也；若龍鱗，是白皮也。十抱成圍，一何巨哉！惜乎雜處眾木，負此殊姿。彼長安上直北辰，正須此木，為棟梁需。今眾木紛紛，海棕落落，誰為移之北辰上者？庶幾胡僧法眼，過而識之。大才淪落，世無知己，率此海棕也夫。

姜楚公畫角鷹歌

楚公畫鷹鷹戴角，殺氣森森到幽朔。二句「畫」。觀者貪愁掣臂飛，畫師不是無心學。此鷹寫真在左綿，卻嗟真骨遂虛傳。梁間燕雀休驚怕，亦未搏空上九天。六句觀畫者。

　　姜楚公皎，其畫鷹必戴角，形象已殊。況殺氣森森，直薄幽朔，其傳神又如此。此皆苦心所至。故雖畫鷹，一若掣臂能飛者。彼觀者徒愁其形神絕似，掣臂飛去，亦曾一鑒畫者苦心否？今此鷹真蹟留於左綿，有此真蹟，真骨反不足貴。惟其然，不但觀者貪愁，直令燕雀驚怕。寄語燕雀，不煩驚怕，今日尚未搏空上天耳。有日焉，搏空上天，即搏擊不難，豈但驚怕已哉！○觀者之人猶梁間燕雀。觀者之人愁其掣臂飛，猶梁間燕雀怕其上九天。觀者徒駭其掣臂能飛，不察其苦心獨至，誠然皮相，誠然梁

間燕雀之見。不說「搏空上九天」，卻說「亦未」，自負念高。

宗武生日

小子何由見，高秋此日生。點「生日」。自從都邑語，已伴老夫名。詩是吾家事，人傳世上情。熟精文選理，休覓綵衣輕。以上敘家學。凋瘵筵初秩，欹斜坐不成。流霞分片片，涓滴就徐傾。結以長生祈之。

    我因徐知道亂，不得歸成都，小子宗武，何日得見？今日八月高秋，正其誕日。憶自都邑傳言，以小子係老夫之子，每一話及，與老夫並稱。夫小子何知，雖詩為家學，自我祖膳部相傳，淵源已遠。而人言小子宗武為知詩者，特徇情則然耳。我所期者，《文選》是我家學，尚須熟精；彩衣不過兒戲，且教休覓。今日是汝誕期，念汝病餘，形神凋瘵，肆筵雖秩，坐立欹斜。尚酌流霞之酒，徐徐細傾，以遣此日，圖長生可也。〇公《贈畢曜》詩曰：「流傳江鮑體」〔註3〕，又《水閣》詩曰「續兒誦文選」〔註4〕，此云「熟精文選理」，誠非泛語。瑞溪集云：「子美宗法《文選》，擷其英華，穷羅曲探，嚼為吾語，又用以訓其子。愚以世人徒拾其辭，未精其理。公曰精其理，欲棄糟粕，取神明。即昭明『略蕪穢，集精英』〔註5〕意。」項曼卿脩道入山，遇仙人以流霞飲之，輒不饑。〔註6〕公以卻病延齡祈宗武，故末句云然。

悲秋

涼風動萬里，一句「秋」。群盜尚縱橫。家遠傳書日，秋來為客情。愁窺高鳥過，老逐眾人行。始欲投三峽，何由見兩京。七句「悲秋」。

    悲哉，秋之為氣！涼風自萬里而動，乃成都群盜尚縱橫未靖耶！涼風而動萬里，家誠遠矣。所憑者，傳書耳。家遠傳書，未知何日得達也。群盜而尚縱橫，我終去家為客矣。我為客之情，當秋來益不能禁耳。家遠傳書，則不如高鳥之飛，意南意北，瞬息可到。秋來為客，則彌歎身世之拙。一身將老，猶復因人。雖然，離家矣，尚有

〔註3〕《杜詩闡》卷六《贈畢四曜》。
〔註4〕《杜詩闡》卷二十《水閣朝霽奉簡雲安嚴明府》。
〔註5〕蕭統《文選序》：「略其蕪穢，集其清英。」
〔註6〕（元）高楚芳注《集千家注杜詩》卷九《宗武生日》：《瑞溪集》云：「《文選》者，文章之祖也。自兩漢而下，至魏、晉、宋、齊文之精粹者，萃而成編。子美大率宗法《文選》，擷其英華，旁羅曲探，咀嚼為我語，故又用以訓其子焉。及唐文弊，尚《文選》大過。李衛公德裕云：吾家不蓄《文選》。此蓋有激而言也。」夢弼曰：「《抱朴子》：『項曼卿修道山中，自言至天上，遊紫府，遇仙人，以流霞一杯飲之，輒不饑渴。』」

迎家之日；去國矣，終無歸國之期。況從此而往，始欲投峽，則去京更遠。西歸難問，悲秋之情為何如哉！

客亭

秋窗猶曙色，木落更天風。二句領至末。日出寒山外，江流宿霧中。聖朝無棄物，老病已成翁。多少殘生事，飄零任轉蓬。

　　秋窗上還留曙色，無奈木落時，又遭天風，曙色何如？日出矣，初在寒山外；江流矣，尚於宿霧中。曙色然矣。客亭中人，何以為情！自傷身為棄物，幸生聖朝；已成老翁，那堪多病。雖聖朝無一物之可棄，乃老病為自棄之殘生。惟有零落飄搖，任其蓬轉，不猶木落更遭天風哉！

客夜

客睡何曾著，秋天不肯明。入簾殘月影，高枕遠江聲。四句客夜情景。計拙無衣食，途窮仗友生。老妻書數紙，應悉未歸情。四句客夜感懷。

　　睡本易著，客睡則難著。天亦易明，秋天則難明。「何曾著」，非無故也。「不肯明」，似有意也。此時簾間，月影去矣；雖留枕上，江聲來於何處？我客夜如此者，自傷計拙途窮耳。計拙難望衣食於友生，途窮又以友生為衣食。顧我未歸之情，亮無人悉。庶幾老妻題書數字，曾達與否，未可知也。

九日登梓州城

伊昔黃花酒，如今白髮翁。追歡筋力異，望遠歲時同。四句九日登城。弟妹悲歌裏，朝廷醉眼中。兵戈與關塞，此日意無窮。四句承「望遠」說。

　　往年九日，但醉黃花酒耳。今日登城，早成白髮翁矣。疇昔之歡，豈不欲追，而筋力已非；家國之遠，何常不望，而年歲如故。望遠何在？一望弟妹在悲歌裏耳，存亡不可知矣；一望朝廷只醉眼中耳，理亂豈能悉也。所以然者，兵戈未息，關塞又阻之；關塞既遙，兵戈又擾之。無窮之意，百端交集云。

九日奉寄嚴大夫

　　時徐知道據劍閣，距嚴武，不得出。公有此詩。《通鑑》似悞〔註7〕。

─────────

〔註7〕《錢注杜詩》卷十二《九日奉寄嚴大夫》：寶應元年四月，代宗即位，召武入朝。是年，徐知道反，武阻兵，九月尚未出巴。《通鑑》載六月以武為西川節度使，徐知道守要害拒武，武不得進。誤也。當以此詩正之。

九日應愁思，經時冒險艱。不眠持漢節，何路出巴山。四句奉寄之故。小驛香醪嫩，重岩細菊斑。二句寫巴山。遙知簇鞍馬，回首白雲間。結出相憶。

九日登臨，已堪愁思，況兵戈載道，冒險難前。遙想大夫此時，漢節在手，惟恐為賊得也。劍閣既為兵阻，不知巴山間道，從何路可出耶？巴山之處，亮有小驛。當此九日，香醪必嫩；定有重岩，當此九日，細菊初斑。公之歸節，既稽留於小驛、重岩，自應擄鞍回首念我。回首何在？遙知在白雲深處耳。○是時，徐知道雖殺，劍閣尚未通。公在梓憶之。後嚴答詩〔註8〕云：「臥向巴山月落時」，正答公「不眠持漢節」二句；「跂馬望君非一度」，正答公「遙知簇鞍馬」二句。

題玄武禪師屋壁

何年顧虎頭，滿壁畫滄州。赤日石林氣，青天江海流。錫飛常近鶴，杯渡不驚鷗。六句畫。似得廬山意，真從惠遠遊。隱將「禪師」結。

昔年有顧虎頭名愷，以善畫傳。但不知此間屋壁滄州之景，自何年畫者。畫中石林赤日之間，如見其氣；畫中江海青天之下，如見其流。其石林內，有禪師飛錫至者，「常近鶴」也；其江海中，有禪師浮杯渡者，「不驚鷗」也。此畫圖中石林江海，有滄州之趣，疑即廬山路。此畫圖中飛錫渡杯者，得虎頭一筆，若真從惠遠遊。畫真神矣！

戲題寄漢中王　三首公自注：「時王在梓州。初至，斷酒不飲，篇中有戲。」

西漢親王子，成都老客星。百年雙自鬢，一別五秋螢。四句敘別。忍斷杯中物，祇看座右銘。二句斷酒。不能隨皂蓋，自醉逐浮萍。二句戲意。

王非他人，即西漢之親王子；我猶嚴光，為成都之老客星。此老客星，百年忽忽，功業不建，所餘者，止雙蓬耳。此親王子，我與作別，至於今，五度秋螢矣。王非不善飲者，何為今日忍斷陶亮盃中之物，但看崔緩座右之銘？王既斷酒，何以追隨此老客星者，亦自醉以逐浮萍而已。王使我自醉以逐浮萍，王何以為情哉？○時王貶蓬州刺史，起句見不宜貶。

策杖時能出，王門異昔遊。已知嗟不起，未許醉相留。四句言斷酒。蜀酒濃無敵，江魚美可求。終思一酩酊，淨掃雁池頭。四句是「戲」。

〔註8〕嚴武《巴嶺答杜二見憶》：臥向巴山月落時，兩鄉千里夢相思。可但步兵兼好酒，也知光祿最能詩。江頭赤葉楓愁客，籬外黃花菊對誰。跂馬望君非一度，冷猿秋雁不勝悲。

　　吾雖老，猶能策杖從王而飲。但王已斷酒，穆生之醴〔註9〕未必為吾設，則已異昔遊耳。王異昔遊，明知吾王因酒病而嗟不起，則我雖能出，亦誰許吾醉而一相留？但王雖斷酒，乃蜀酒之濃，原無敵也，甚可飲也。既斷酒，必除葷，然江魚之美，自可求也，甚堪佐酒也。吾終期酩酊，思為王淨掃雁池。如梁孝王不悅，遊於兔園，命賓客以解不悅之意。則王病起，酒可不斷矣。○「不起」者，謂王病酒不起，本枚乘《七發》。《七發》連用「起」字。於音曰：「太子能強起聽之乎？」於味曰：「太子能強起嘗之乎？」於馬曰：「太子能強起乘之乎？」太子連曰：「予病未能。」「嗟不起」正用此。以楚太子比漢中王，以枚乘自況。《博議》引「深源不起」〔註10〕，亦是。但三章中公只諷王斷酒，並無自述潦倒之意。

群盜歸無路，衰顏會遠方。二句王在梓州。**尚憐詩警策，猶憶酒顛狂。魯衛彌尊重，徐陳略喪亾。空餘枚叟在，應念早升堂。**六句憶昔。

　　我在梓，以知道畔亂，欲歸成都無路耳。不圖王亦來梓，忽相晤語。往日我詩警策，王尚憐之否？往日我猶顛任，王尚憶之否？王於本支，是魯衛，不比他藩；客於王門，為徐陳，在者已少。今日但有我為枚乘耳。往日登堂論交，為時最早，王亦應念。何忍斷酒，使我老而寂寞哉！○觀公《醉為馬墜》詩：「甫也諸侯老賓客，罷酒酣歌拓金戟。騎馬忽憶少年時，散蹄迸落瞿唐石。」〔註11〕其少年遊王門，酒態顛

〔註9〕《漢書》卷三十六《楚元王傳》：「初，元王敬禮申公等，穆生不耆酒，元王每置酒，常為穆生設醴。」

〔註10〕朱鶴齡《杜工部詩集輯注》卷九、《杜詩鏡銓》卷九《戲題寄上漢中王三首》：《杜詩博議》：「『嗟不起』，舊注：『病酒不起』，極可笑。按《晉書·殷浩傳》：『於時比之管、葛。王濛、謝尚伺其出處，以卜江左興亡，相謂曰：深源不起，當如蒼生何？』蓋用此言。已知王歎我之不起矣，獨未許一醉而相留乎？」
按：潘檉章《杜詩博議》已佚。孫微、王新芳有《潘檉章〈杜詩博議〉輯考》，刊《圖書館雜誌》2008年第9期，第66～74頁。後收入孫微、王新芳《杜詩學研究論稿》（齊魯書社2008年版）、孫微《杜詩學文獻研究論稿》第六章《杜詩文獻學輯佚研究》（河北大學出版社2010年版）。
另，（清）費善慶《垂虹識小錄》卷七《潘吳逸事》（廣陵書社2014年版，第163頁）：
康熙癸卯二月，湖州莊史事發，吾邑吳愧庵名炎、潘力田名檉章，同被株連，逮繫武林軍營，互相唱和。是歲五月，吳與潘俱磔於杭之弼教坊，同死者二百餘人。先一日，吳語其弟曰：「我輩必罹極刑，血肉狼籍，豈能辨識，汝但視兩股上各有火字者，即我屍也。」聞者無不流涕。潘之著述甚富，悉於被逮時遺亡。間有留之故人家者，因其罹法甚酷，輒廢匿之。如《杜詩博議》一書，引據考證，糾訛闢舛，可謂少陵功臣。朱長孺《箋注》多所採取，竟諱而不著其姓氏矣。

〔註11〕《杜詩闡》卷二十六《醉為馬墜諸公攜酒相看》。

狂，大略可見。謝惠連《雪賦序》：「梁王不悅，遊於兔園，乃置旨酒，延枚叟。」「應念」不是空念，應念昔日置酒延叟，不似今日斷酒也。

翫月呈漢中王

夜深露氣清，江月滿江城。浮客轉危坐，歸舟應獨行。關山同一照，烏鵲自多驚。六句翫月。欲得淮王術，風吹暈已生。結出「呈王」之意。

　　露清夜淨，月出滿城，月可翫也。我為浮客，當此月下，危坐難安；王之歸舟，當此月下，獨行無耦。夫歸舟雖獨行，乃月到關山，由來同照；浮客當危坐，似月明烏鵲，無枝可依。露氣雖清，風吹暈至。吾聞淮王有缺暈之術，王即淮王，不識能為吾一試此術否？○淮南王畫蘆灰，月暈缺。風吹暈生，月光已失，淮王之術安在，使月暈不解？王以不從肅宗詔收群馬，至遭貶斥。一片丹心，照臨不及，如月被暈，不能鑒物。《高力士傳》亦云：「李輔國竊弄威權，拂其意者，不死則流。一郡王璵是也。」〔註12〕輔國宦豎，擅權蔽主，使親王貶斥，是風吹暈生之象。淮王之術，能解月暈；漢王之誠，難格主心。故聊為解嘲。語曰：「欲得淮王術，風吹暈已生。」

相從行贈嚴二別駕

我行入東川，十步一回首。成都亂罷氣蕭瑟，浣花草堂亦何有。四句敘入梓。梓州豪俊大者誰，本州從事知名久。把臂開尊飲我酒，酒酣擊劍蛟龍吼。烏帽拂塵青螺粟，紫衣將炙緋衣走。銅盤燒燭光吐日，夜如何其初促膝。以上敘相從宴飲。黃昏始扣主人門，誰謂俄頃膠在漆。萬事盡付形骸外，百年未見歡娛畢。神傾意豁真佳士，久客多憂今愈疾。高視乾坤又可愁，一軀交態同悠悠。垂老遇君未恨晚，似君須向古人求。以上敘相從交誼。

　　我入東川，回首成都，家在其處。乃亂罷後，置草堂不顧者，以東川有從事可依。從事豪俊，又豪俊之大者。一見把臂，能飲我酒也。酒酣舞劍，聲吼蛟龍；帽上拂塵，紋生螺粟。於時行酒者有紫衣，有緋衣，將者將，走者走。燒燭吐光，飲酣矣；夜深促膝，情密矣。夫黃昏扣門，不以倉猝為辭。每有良朋，不可多得。茲於俄頃間，如膠在漆。使人萬事，一旦都捐，一若百年歡娛，從此可畢者。是必神能傾，意能豁，為真佳士，故能使我客憂減，宿疾瘳。今日乾坤內，命為一軀無間，交態悠悠者，何

〔註12〕《錢注杜詩》卷十二《戲題寄上漢中王三首》：
　　《高力士傳》：「李輔國繆承恩寵，竊弄威權，不死則流，動逾千計。黔中道此一邑尤多，一郡王璵是也，一開府力士是也。」

可勝數。乃垂老遇子，真當於古人中求之也已。

嚴氏溪放歌

天下兵馬未盡銷，豈免溝壑常漂漂。劍南歲月不可度，邊頭公卿仍獨驕。費心姑息是一役，肥肉大酒徒相要。嗚呼古人已糞土，獨覺志士甘漁樵。以上泛說。況我飄轉無定所，終日慊慊忍羈旅。秋宿霜溪素月高，喜得與子長夜語。東遊西還力實倦，從此將身更何許。知子松根長茯苓，遲暮有意來同煮。以上「嚴氏溪」。

天下兵馬，到處未銷；我生漂漂，難免溝壑。天下如此，故客劍南，乃劍南不可居者又然。夫劍南為邊頭，不可居者，節鎮驕蹇無禮也。夫君子愛人以德，細人愛人以姑息。若屬要人，不過酒肉。夫富貴驕人，賢者納履。酒肉何物？挾以驕人。今人如此，因思古人。又歎古人不可復作，徒令志士甘漁樵而不返也。我今流落無依，棲皇輾轉。幸於秋夜，宿此霜溪。素月既高，與子長話。自歎東遊梓州，西還未能。此身舍子，更將何許？子霜溪之上，幸有松根；松根之底，必有茯苓。此物延年，遲暮可服。今日此來，將與子斸苓同煮，駐此頹齡，又何慕乎邊頭公卿肥肉大酒哉！○曰「志士」，非邊頭公卿之比。曰「松根」、「茯苓」，非肥肉大酒之比。曰「遲暮有意來同煮」，非酒肉徒相要者之比。

述古 三首

赤驥頓長纓，非無萬里姿。悲鳴淚至地，為問馭者誰。此喻賢人不能遇主。鳳凰從東來，何意復高飛。竹花不結實，念子忍朝饑。此喻賢人不能得祿。古時君臣合，可以物理推。賢人識定分，進退固其宜。四句發明上二段。

悲賢人。赤驥有萬里之姿，今抑首悲鳴，垂淚至地者，馭非其人耳。鳳凰東來，本羽儀天下，今高飛而去良山，竹花無實，且忍朝饑耳。觀赤驥，可知君臣矣。古來君臣契合，亦由英雄之主，能馭長才。可即赤驥之理以相推也。觀鳳凰，可知賢人矣。賢人擇主，不得自有定分，豈容貪戀升斗，致昧進退。若使定分不守，不有愧於鳳凰哉！

市人日中集，於利競錐刀。置膏烈火上，哀哀自煎熬。此言貿利無益。農人望歲稔，相率除蓬蒿。所務穀為本，邪贏無乃勞。此言務本有益。舜舉十六相，身尊道何高。承務本意。秦時用商鞅，法令如牛毛。承貿利意。

諷理財者。莫貪利於市人，其日中為市，錐未必爭。不知其所得之利，如置膏烈火，煎熬立盡耳。豈若農人所望歲稔，所除蓬蒿。蓋穀為農本。比之市人，謂邪贏優而足恃，真徒勞耳。況有國家者，所用得人，則本計不失。如舜所舉者十六相，以六府三事委之，而己不勞，身何尊，道何高也。所用失人，則言利競興，如秦所用者，一商鞅耳。商鞅興利，不遺餘力，法愈密，民愈愉，究亦何利之有！今日如商鞅者，豈無人，尚法舜鑒秦哉！○寶應間，元載代劉晏，專判財利。按籍，舉八年租調之違者，計其大數，籍其所有，謂之白著。故曰「商鞅」。註家〔註13〕謂指劉晏、第五琦，非也。

漢光得天下，祚永固有開。豈惟高祖聖，功自蕭曹來。四句開創須賢佐。**經綸中興業，何代無長才。吾慕寇鄧勳，濟時亦良哉！耿賈亦宗臣，羽翼共徘回。休運終四百，圖畫在雲臺。**八句中興須賢佐。

諷諸將。漢朝中興，獨推光武，蓋其天下失而復得也。遡其祚永，創自高帝。高帝雖聖，一時佐命，蕭何、曹參，與有功焉。開創且然，何況中興！古來經綸中興者，必有長才以佐之。即如光武，若寇恂、若鄧禹，皆濟時良佐；若耿弇、若賈復，亦羽翼宗臣。有此諸將，所以漢家休運，復有四百。即二十八將，丹青炳然，亦得列於靈臺，毋愧高祖時開創諸臣，今何如也？○此詩舊註，專指僕固懷恩，非也。肅宗中興諸將，惟郭子儀始終不愧。李光弼晚節可議，來瑱諸人更不足道。以視高祖時創業諸將，如李世勣、尉遲敬德之流，圖畫凌煙閣者，奚翅霄壤。故有感而作。

光祿阪行 時必自梓歸成都迎家

山行落日下絕壁，西望千山萬山赤。樹枝有鳥亂鳴時，暝色無人獨歸客。馬驚不憂深谷墜，草動只怕長弓射。六句「光祿阪」。**安得更似開元中，道路即今多擁隔。**二句感慨。

梓州銅山縣有光祿阪，我循阪而行，白日已下絕壁，西望成都，一片夕陽耳。伴我行者，不過枝頭鳥啼，天邊暝色。況山行之際，馬驚墜谷，草凝伏莽乎！往時開元年間，行人萬里，不持寸兵。今日道梗，至此回首，開元真隔也。○公《憶昔》詩云：「憶昔開元全盛日，小邑猶藏萬家室。九州道路無豺虎，遠行不勞吉日出。」〔註14〕

〔註13〕 朱鶴齡《杜工部詩集輯注》卷九《述古三首》（河北大學出版社 2009 年版，第 359 頁）：「是時，第五琦、劉晏皆以宰相領度支鹽鐵使，權稅四出，利悉錐刀，故言為治之道，在乎惇本而抑末，舉良相以任之，不當用興利之臣以滋民邪偽也。」

〔註14〕 《杜詩闡》卷十八《憶昔二首》之二。

此日安得更似開元中，盛衰之感深矣！

客舊館

　　此題或編未赴閬以前，或編移居公安時。今疑是公往還梓州、成都時。來時有《客亭》〔註15〕詩，去時宜有《舊館》詩。

陳跡隨人事，初秋別此亭。重來梨棗赤，依舊竹林青。風幔何時卷，寒砧昨夜聲。六句「舊館」。**無由出江漢，愁緒日冥冥。**二句「客」感。

　　天地間來往皆陳跡，每隨人事日遷也。即此客館，初秋別時，梨棗未赤，忽焉已赤；初秋別時，竹林正青，依舊仍青。館中有幔，昔所設者，不知是何時而卷；館外有砧，今所聞者，猶然如昨夜所聞。一往一來，無非他鄉。欲歸故園，必出江漢，惜乎無由而出。愁緒冥冥，殆與目俱長也已。○「卷」是著力字，須用「聽」字對，且不出韻。公決是「昨夜聽」，「聲」字必繫傳寫之悞。

秋盡

秋盡東行且未回，茅齋寄在少城隈。籬邊老卻陶潛菊，江上徒逢袁紹杯。雪嶺獨看西日落，劍門猶阻北人來。六句去成都，還梓州。**不辭萬里長為客，懷抱何由得好開。**二句感懷。

　　秋盡矣，從此東行，何日得還？顧此茅齋，亦聊寄少城隈耳。茅齋有菊，今日籬邊，空老陶潛之菊，亮無白衣送酒之人矣。草堂臨江，往時江上，徒逢袁紹之杯，難挽劍閣羈留之轍矣。既已攜家東行，回首雪嶺，西日已落，覺獨看而淒絕；極目劍門，北人未來，豈猶阻而難通。夫世難未夷，家鄉不保，萬里為客，何辭之有！但此生懷抱，窮年鬱鬱，何目得開？況當秋盡，又東行也。○公在草堂時，仲夏嚴公枉駕，自攜酒饌。此時竹裏行廚，花邊立馬，真不減河間避暑之飲，歎今不可復得，為此追憶語。曰「江上徒逢袁紹杯」。升菴引袁紹要鄭玄大會賓客一事，公自況為儒遭世難，〔註16〕亦是。

〔註15〕《杜詩闡》卷十八《憶昔二首》之二。

〔註16〕楊慎《升菴集》卷六十《袁紹杯》：

　　《後漢‧鄭玄傳》：「袁紹總兵冀州，遣使要玄，大會賓客。玄最後至，乃升筵上，坐飲酒一斛。紹客多豪俊，並有才說，玄依方辨對，咸出問表，莫不嗟服。」杜詩「江上徒逢袁紹盃」，公以玄自比為儒而逢世亂也。須溪批云：「如此引袁紹事，不曉。」噫！須溪眯目之言，不曉真不曉也。王洙注引河朔飲事，尤無干涉。不讀萬卷書，不能解讀杜詩，信哉！

遊射洪通泉詩寶應元年

野望

金華山北涪水西，仲冬風日始淒淒。山連越巂蟠三蜀，水散巴渝下五谿。四句「野望」。獨鶴不知何事舞，饑烏似欲向人啼。射洪春酒寒仍綠，目極傷神誰為攜。四句「野望」所感。

　　射洪有金華山，有涪水，山北水西。適當仲冬，風日宜淒淒也。此金華山北聯越巂，其勢遠蟠於三蜀；此涪水西散巴蜀，其支下及於五谿。野望遼闊如此。最難為情者，獨鶴饑烏，當此淒淒風日，不知何事而舞，似欲向人而啼。我作客他鄉，猶之獨鶴；我旅食無計，即是饑烏。此時非無射洪美酒，可慰淒淒之客，但極目傷神，誰為我攜，一解此獨鶴饑烏之愁也？

冬到金華山觀因得故拾遺陳公學堂遺跡

涪右眾山內，金華紫崔嵬。上有蔚藍天，垂光抱瓊臺。四句「金華山觀」。繫舟接絕壁，杖策窮縈廻。四顧俯層巔，淡然川谷開。四句「到觀」。雪嶺日色死，霜鴻有餘哀。焚香玉女跪，霧裏仙人來。四句「山觀」之景。陳公讀書堂，石柱庋青苔。悲風為我起，激烈傷雄材。四句拾遺故跡。

　　涪山眾矣，最高者莫如金華，故於眾山內獨崔嵬。其紫也，山色紫，則天光青若蔚藍。然以蔚藍天下臨崔嵬峰，而瑤臺在其中，有廻抱之象，蓋觀在山中也。於焉繫舟山下，策杖山上，層巔盡俯，川谷皆開。惟是時值窮冬，雪嶺落日，死而無光；霜鴻苦寒，聲復哀絕。少焉入觀，但見玉女跪而焚香，仙人來於霧裏。陳公安在？所遺讀書舊堂，柱庋苔沒，但有悲風激烈耳。豈非陳公雄才，不幸遇害，故悲風亦為感傷云？○「蔚藍」謂茂蔚之藍，天之青色。

陳拾遺故宅

拾遺平昔居，大屋尚修椽。悠揚荒山日，慘澹故園煙。四句「故宅」。位下曷足傷，所貴者聖賢。有才繼騷雅，哲匠不比肩。公生楊馬後，名與日月懸。六句傷「拾遺」。同遊英俊人，多秉輔佐權。彥昭超玉價，郭震起通泉。對照「位下」等句。到今素壁滑，灑翰銀鉤連。盛事會一時，此堂豈千年。對照「日月懸」等句。終古立忠義，感遇有遺編。挽合「聖賢」等句。

　　陳公辭世未久，其故宅尚有修椽。無奈日色悠揚，寒煙慘澹也。陳公生前不遇，

死後含冤可想見云。當年以陳公才，官正字，終拾遺，位不顯矣。然不足傷。古今所重者聖賢，而況其才又足繼騷雅！豈無哲匠，不敢比肩？故能繼子雲、相如，名懸日月。若論高位，何必陳公才哉！當年同時英俊，多登台輔，如趙彥昭、郭元振，一則逢善價，官侍郎；一則起通泉，封代國；似與陳公之才高位下者異。今兩人於陳公故宅素壁之上，皆有翰墨，然堂在則翰墨在，堂亡則翰墨亡，安能共垂千年，如陳公之比楊馬、懸日月？當年陳公本於忠義，發為文章。其《感遇》諸詩，皆慨歎武后革命事，旨寓神仙，心依唐室，此其志真與日月爭光。信乎「位下曷足傷，所貴者聖賢」也！

謁文公上方

野寺隱喬木，山僧高下居。石門日色異，絳氣橫扶疏。窈窕入風磴，長蘿紛卷舒。庭前猛虎臥，遂得文公廬。俯視萬家邑，煙塵對堦除。以上「上方」。我師雨花外，不下十年餘。長者自布金，禪龕只晏如。大珠脫玷翳，白月當空虛。四句「文公」。甫也南北人，蕪蔓少耘鋤。久遭詩酒污，何事忝簪裾。王侯與螻蟻，同盡隨丘墟。願聞第一義，迴向心地初。金篦刮眼膜，價重百車渠。無生有汲引，茲埋倘吹噓。以上是「謁文公」之意。

　　野寺在喬木中，山僧不一，或高或下而居，有何足異？所異者，石門日色，絳氣扶疏耳。而況石門之內，風磴何幽；風磴之傍，薜蘿甚盛。莫猛如虎，臥而馴伏。因歎文公道力，迥出山僧；文公精廬，亦不在山僧高下之數，而出萬家上，煙塵表也。文公即志公說法之餘，能使天為雨花。今文公在雨花外，不下山者已十餘年，長者自來布金。文公曾不動念，良由性地圓明，一塵不染，如珠脫翳，似月當空耳。若甫南北奔走，心境荒蕪，詩酒交污，簪纓忝竊。今日方悟王侯螻蟻，同一丘墟；桓河沙數，都作是觀。我來虔謁，更無他意。願聞妙義，迴心大乘。庶幾往著皆空，直參三昧耳。惟是眼膜既久，不能見性，誠得金篦一刮，即價重車渠，豈我吝哉！彼一切妙法，本來無生。生且無也，何有於死？是在我師汲引，特將此理吹噓下愚。我師倘有意否？○「茲理」，即「無生」之理，即「心地初」之「第一義」，即「脫玷翳」之「大珠」，即「當空虛」之「白月」。雨天花、馴猛虎，皆是物也。

奉贈射洪李四丈

丈人屋上烏，人好烏亦好。人生意氣豁，不在相逢早。四句敘文誼。南京亂初定，所向色枯槁。遊子無根株，茅齋付秋草。四句起遠遊。東征

下月峽，掛席窮海島。萬里須十金，妻孥未相保。蒼浪風塵際，蹭蹬驥驦老。志士懷感傷，心胸已傾倒。以上「奉贈」意。

我聞愛其人者，愛其屋上之烏。今在射洪，見愛於四丈，是四丈能愛其人。愛其人，須推愛人之愛，以及屋上之烏，即我妻孥有賴矣。蓋由人生相與，在於意氣。意氣豁然，傾蓋如故。今日成都亂後，氣象蕭條。雖有草堂，久付秋草；計惟東征，乘桴浮海。但此行萬里，資斧止須十金，而妻孥靡托，為是耿耿。自傷風塵蹭蹬，同於老馬；所望志士，傾倒心胸。得邀覆庇，則屋上之烏有托，而東征得果。四丈志士，亮為我感傷，推烏愛哉！○時公欲下渝州，托妻子於李四丈。觀起處「人好烏亦好」句及中間「妻孥未相保」句，非無謂也。

早發射洪縣南途中作

將老憂貧窶，筋力豈能及。征途乃晨星，得使諸病入。鄙人寡道氣，在困無獨立。六句「早發」之故。俶裝逐徒侶，達曙凌險澁。寒日出霧遲，清江轉山急。僕夫行不進，駑馬若維縶。六句「早發」。江洲稍疎散，風景開怏悒。二句南縣途中。空慰所尚懷，終非曩遊集。衰顏偶一破，勝事難屢挹。茫然阮籍途，便灑楊朱泣。以上「早發」所感。

我年老出門，筋力甚憊，況戴星而行，易致寒疾。何不固窮家居也？身為鄙人，既寡道氣，因而在困，不能獨立。不得已，遠適療貧耳。促裝戒塗，犁明凌險。但見寒日出霧，清江轉峽。路難如此，僕馬不前。少焉，已是射洪縣南途中，江洲在前，風景疎散，吾心悒快。忽焉而開，但旅懷差慰，終非曩遊；衰顏雖破，勝事難再。窮途之哭，仍為步兵歧路之悲。究竟揚子，亦何日得免行役哉！○世之處困窮者，未有不自命為有道氣，能獨立。及其失足，一蹶不振，此時道氣安在？獨立安在？公曰「鄙人寡道氣，在困無獨立」，蓋既已飢寒向人，妻孥失所，縱使有道氣，能獨立，到此亦不能自解。昔者，仲尼厄於陳、蔡，召弟子問曰：「『匪兕匪虎，率彼曠野』。吾道非耶？何為至此？」弟子曰：「意者夫子未智未仁也。」〔註17〕由此觀之，古來聖賢遭此困窮，亦有不能自信之一日，況如阮籍窮途、楊朱歧路！當此時，猶強言曰：「我有道氣，我能獨立，多見其不知進退也。」公曰「寡道氣」，知其有道氣；公曰「無獨立」，知其能獨立。知其能獨立，與強顏者自異。

〔註17〕《史記》卷四十七《孔子世家》：
孔子知弟子有慍心，乃召子路而問曰：「《詩》云：『匪兕匪虎，率彼曠野。』吾道非邪？吾何為於此？」子路曰：「意者吾未仁邪？人之不我信也。意者吾未知邪？人之不我行也。」

通泉驛南去通泉縣十五里山水作

谿行衣自濕，亭午氣始散。冬溫蚊蚋集，人遠鳧鴨亂。登頓生層陰，
欹傾山高岸。驛樓衰柳側，以上「通泉驛」。縣郭輕煙畔。一川何綺麗，
盡日窮壯觀。山色遠寂寞，江光夕滋漫。以上「南去十五里山水」。傷時愧
孔父，去國同王粲。我生苦飄蓬，所歷有嗟歎。四句感懷。

  向曉而谿行濕，亭午而水氣收。蚊蚋夏冬溫則集，小有負暄之情。鳧鴨避人，人
遠則亂。微禽有遠害之喜。登頓盡而層陰生，欹傾交而高岸出。通泉地近山水，所歷
有如此。未幾，至通泉驛。驛樓枕衰柳之間。未幾，至通泉縣，縣郭倚輕煙之裏。此
地去縣十五里，有沈家坑。一川綺麗，壯觀難窮。況山色悠然，江光無限。可傷者，
我之哀時，有愧尼父；我之去國，何異仲宣。既無往不飄蓬，宜所歷有嗟歎也。

過郭代公故宅

豪雋初未遇，其跡或脫落。代公通泉尉，放意何自若。及夫登袞冕，
直氣森噴薄。磊落見異人，豈伊常情度。以上敘其才。定策神龍後，宮
中翕清廓。俄頃辨尊親，指揮存顧託。群公見慚色，王室無削弱。迥
出名臣上，丹青照臺閣。以上敘其功。我行得遺跡，池館皆疏鑿。二句「故
宅」。壯公臨事斷，顧步涕橫落。高詠寶劍篇，神交付冥寞。四句追歎。

  豪傑未遇，大抵脫略，代公亦然。遡其起家，不過通泉尉耳。乃放曠自得，何嘗
以小官介意。及登袞冕，挺直節，磊磊落落，舉動非常，情可測者。計代公一生，其
功名最著，莫如誅太平公主一事。當時，代公誅太平公主，在先天二年，乃公主擅寵，
始於中宗神龍而下。我遡其胎禍之由，則代公實定策於神龍後也。太平誅，宮禁清。
玄宗得尊位，而君臣之義明。玄宗得親傳，而父子之倫正。睿宗付託之意，亦以不負。
藉非代公定策，如舉朝宰相，當玄宗誅逆、睿宗御朝時，皆惴惴走伏外省，又誰為總
兵扈從，宿中書省二十四日？宜乎群臣有慚色也。幸而王室如故，不至削弱。其功名
迥出名臣上，丹青繪像，又何惡與？今代公已往，故宅尚在。我臨池館，想其風烈。
以為當年定策宮掖，指揮不遺餘力者，皆由其臨事能斷。今日若有代公其人，宮掖之
奸如太平公主者，不難立翦，所由顧步涕橫耳。定策之功，不可復得；《寶劍》之篇，
至今尚留。惜乎高詠之餘，神交冥漠，不能起異於往日，是可慨也！○「壯公」二句，
似有慨於輔國、良娣。《寶劍篇》曾見知於武后。〔註18〕

〔註18〕《新唐書》卷一百二十二：
  郭震，字元振，魏州貴鄉人，以字顯。……十八舉進士，為通泉尉。任俠使

觀薛稷少保畫壁

少保有古風，得之陜郊篇。惜哉功名忤，但見書畫傳。我遊梓州東，遺跡涪江邊。畫藏青蓮界，書入金牓懸。以上出「書畫」。仰看垂露姿，不崩亦不騫。鬱鬱三大字，蛟龍岌相纏。四句「書」。又揮西方變，發地扶屋椽。慘淡壁飛動，到今色未填。四句「畫」。此行疊壯觀，郭薛俱才賢。不知千載後，誰復來通泉。以感慨結。

少保古風一篇，《秋日還京十里陜西作》也。豈特詩，兼有書畫。所惜者，功名不終，但傳書畫。流落於梓州、涪江，徒見其畫藏蓮界，書入牓懸耳。書法有懸針垂露者，少保筆法正合。垂露之姿，我仰看金牓，不騫不崩，亦只普慧寺三大字，乃寶愛之至。至刻畫蛟龍以纏之，岌岌然高懸不墜。「書入金牓懸」者如此。他畫不盡見。就此普慧寺屋壁，所畫西方變相，下發地，上扶椽，其中變相慘淡飛動，歷年雖久，丹青未湮。「畫藏青蓮界」者如此。惜乎書畫徒傳，功名難問耳。我來通泉，既觀代公故宅，又觀少保書畫，何多壯觀！蓋由當年少保與代公同遊太學，俱號賢才，故今日通泉都有遺跡。我來亦偶，後之來者又不知何人，流連歡賞於此耶！〇少保古風，獨舉《陜郊篇》，蓋由詩中有「操築無昔老，采薇有遺歌」〔註19〕二語。公意少保當年處太平公主之變，既不能如代公定策，又不能遏竇懷貞逆謀，以比操築老，無致主中興之烈；以比采薇人，無乃心王室之忠。故即借其古風以起興。「惜哉功名忤」五字，大是悲痛。

通泉縣署屋壁後薛少保畫鶴

薛公十一鶴，皆寫青田真。提一「真」字作骨。畫色久欲盡，蒼然猶出塵。低昂各有意，磊落如長人。佳此志氣遠，豈惟粉墨新。萬里不以力，群遊森會神。威遲白鳳態，非是倉庚鄰。以上「畫鶴」，所謂「寫青田真」也。高堂未傾覆，幸得慰佳賓。曝露牆壁外，終嗟風雨頻。四句點「屋壁」。赤霄有真骨，恥飲洿池津。冥冥任所往，脫略誰能馴。以真鶴結。

世傳青田出鶴，畫者難得其真。薛公畫鶴，其數十一，皆得其真。故畫久色盡，

氣，撥去小節，嘗盜鑄及掠賣部中口千餘，以餉遺賓客，百姓厭苦。武后知所為，召欲詰，既與語，奇之，索所為文章，上寶劍篇，后覽嘉歎，詔示學士李嶠等，即授右武衛鎧曹參軍，進奉宸監丞。

〔註19〕《集千家注杜詩》卷九《觀薛稷少保書畫壁》：
夢弼曰：「按稷有《秋日還京陜西十里作》云：『驅車越陜郊，北顧臨大河。此行見鄉邑，秋風水增波。西望咸陽途，日暮憂思多。傅巖既紆鬱，首山亦嵯峨。操築無昔老，采薇有遺歌。客遊節向換，人生知幾何。』」

出塵之姿，蒼然如生。此十一鶴，或低或昂，各有意態，磊磊落落，皆如長人，不獨形或立，能傳神。蓋由略粉墨，尚志氣，故十一鶴各有萬里之勢，不以力舉，以神運。其委蛇之度，彷彿白鳳，誠得其真也。今鶴畫在縣署屋壁，幸而高堂未圮，得慰佳賓。但恐燥濕不時，暴露風雨，牆壁一圮，畫難保矣。夫畫鶴「終嗟風雨」，若真骨自在雲霄。恥飲洿泉，冥冥遠舉，夫豈人所能馴者？以視十一鶴，又何如哉？○少保於竇懷貞附太平，既知而不能除，又不能去，有愧於鶴之磊落出塵矣。少保誠超然遠引，免於禍患，則志氣遠舉，是即真鶴。惜乎！能畫鶴，不能自置其身於真鶴。若不免於洿池之飲者，誠足惜也。

陪王侍御宴通泉東山野亭

江水東流去，清尊日復斜。異方同宴賞，何處是京華。亭景臨山水，村煙對浦沙。應「江水」二句。狂歌遇形勝，得醉即為家。應「異方」二句。〔註20〕

　　江水東流，客不能與俱東，況清尊在手，白日已暮。豈以異方宴賞，遠置長安不問耶？顧此野亭，在東山則臨山，對江流則臨水，遠望村煙，起於沙上，誠形勝之地。雖京華是我家，既逢宴賞，將醉鄉而即我家也已。

陪王侍御同登東山最高頂宴姚通泉晚攜酒泛江

姚公美政誰與儔，不減昔時陳太丘。邑中上客有柱史，多暇日陪驄馬遊。東山高頂羅珍羞，下顧城郭銷我憂。以上「登山」。清江白日落欲盡，復攜美人登綵舟。笛聲憤怒哀中流，妙舞逶迤夜未休。燈前往往大魚出，聽曲低昂如有求。三更風起寒浪湧，取樂歡呼覺船重。滿空星河光破碎，四座賓客色不動。以上「泛江」之飲。請公臨深莫相違，回船罷酒上馬歸。人生會合豈有極，無使霜露霑人衣。用儆戒結。

　　姚公為今日陳太丘，有政聲矣。王公為今日桓御史，真佳客也。於時登山而宴，可以銷憂。姚公之興，似猶未已。當此江清日落，攜美人，登綵舟，更為泛江之飲，清歌未絕，妙舞復作。舞之餘，遊魚出聽，想其低昂水面，一若有求於人者。俄而風起浪湧，船為不前，星為搖盪。向時賓客歡呼取樂者，今亦斂容而不敢動。然則諸公臨湥，可不戒哉！回船罷酒，上馬遄歸，信乎會合無常，樂不可極。若使夜深忘返，霜露霑衣，諸公慎勿然也。

〔註20〕按：此下大通書局本缺兩頁。

卷十五

梓州詩_{廣德二年}

遠遊

遠遊命題，全是去蜀之想。屈原不得志於懷王，為賦《遠遊》。

賤子何人記，迷方著處家。竹風連野色，江沫擁春沙。四句「遠遊」。**種藥扶衰老，吟詩解歎嗟。似聞胡騎走，失喜問京華。**四句自遣。

賤子流落，何人記憶？亦所向皆迷，到處為家，而與野色、春沙作伴耳。況賤子老矣，種藥自扶；賤子窮矣，吟詩自解。我數年無家，只為朝義未滅。今聞官軍一擊，敗走河北。若果然耶？從此京華，可以晏然。我賤子豈終迷方遠遊於此者，殆無家而有家矣。

聞官軍收河南河北

廣德元年正月，官軍僕固瑒、侯希逸等追史朝義，朝義敗走，縊於林中。李懷仙取其首以獻，河北諸州皆降。先是，懷恩進克東京及河陽城，至鄭州，再戰皆捷。其陳留節度使張獻誠開門出降。收河南在寶應元年冬，收河北在廣德元年春。

劍外忽傳收薊北，初聞涕淚滿衣裳。卻看妻子愁何在，漫捲詩書喜欲狂。四句「聞」時。**白首放歌須縱酒，青春作伴好還鄉。即從巴峽穿巫峽，便下襄陽向洛陽。**公自注：「余田園在東京。」○四句「聞」後。

我身羈劍外，忽傳朝義已滅，河南北皆收矣。意中事若出意外，豈不可喜！但念

朝廷連年宵旰，師徒頻喪，至今方告成功，可喜事翻覺可悲耳。退看妻子，妻子無恙。初聞時，涕淚滿衣裳，至此而愁何在？起卷詩書，詩書如故。初聞時，涕淚滿衣裳，至此而喜欲狂。我久客趣裝，一身而外，但有妻子；妻子而外，但有詩書。既卷詩書，能無放歌縱酒？既看妻子，便當結伴還鄉。我田園在東京，今由東川至東京，定須出峽，道經襄水，但峽江隘而險，則穿之；襄水順而易，則下之。此行即從此以穿彼，便下此以向彼，更無他阻矣。

春日梓州登樓　二首

行路難如此，登樓望欲迷。二句「登樓」。**身無卻少壯，跡有但羈棲。江水流城郭，春風入鼓鞞。雙雙新燕子，依舊已銜泥。**六句「登樓」情景。寫足「春日梓州」四字。

　　我行路既久，熟知其難。今日登樓，一望眼欲迷耳。所以然者，我萬里蒼茫，他鄉流落。所有者，獨我身在。顧身亦老矣，跡終滯矣。少壯之身，本我有者，今也卻無。羈棲之跡，本我無者，今也但有。留滯如此。顧此梓州，江流宛轉，不離城郭；當此春日，東風消息，吹入鼓鞞。不獨此耳，樓頭燕子，來尋故巢，依舊銜泥，雙雙棲宿。獨我少壯不再，羈棲終老。極目天涯，望眼欲迷。興言及此，傷如之何！

天畔登樓眼，隨風入故園。戰場今始定，移柳更能存。四句懷「故園」。**厭蜀交遊冷，思吳勝事繁。應須理舟楫，長嘯下荊門。**四句欲去梓。

　　我「登樓望欲迷」者，以由天畔望故園也。此時登樓之身，不能歸故園；此時登樓之眼，亦不能即到故園。庶幾「隨風入故園」耳。故園久作戰場，今曾定否？登樓之眼，隨風而入，若見其今始定。故園昔曾移樻，今尚存否？登樓之眼，隨風而入，若見其更能存。縱使果定，縱使果存，我故園之歸，亦豈能果遂？我厭蜀，故園之歸，似難更遲。我故園未得歸，吳會之遊，此行須決。蓋我性不厭冷，交遊斷不可冷；我性不喜繁，勝事則不厭其繁。「交遊冷」，何堪再棲？「勝事繁」，何容不往？蜀可去，吳可遊矣。遊吳必下荊門，長嘯而下，此行不甚快心哉！○「勝事繁」，如《壯遊》詩中「王謝風流」、「闔廬丘墓」、「劍池石壁」、「長洲芰荷」、「趨太伯」、「憶句踐」、「想秦皇」、「訪越女」諸古蹟耳〔註1〕，非繁華也。

〔註1〕《杜詩闡》卷二十三《壯遊》：
　　王謝風流遠，闔廬丘墓荒。劍池石壁仄，長洲荷芰香。嵯峨閶門北，清廟映回塘。每趨吳太伯，撫事淚浪浪。枕戈憶句踐，渡浙想秦皇。蒸魚聞匕首，除道哂要章。越女天下白，鑒湖五月涼。

花底

紫萼扶千蕊，黃鬚照萬花。二句「花」。忽疑行暮雨，何事入朝霞。恐是潘安縣，堪留衛玠車。四句「花底」。深知好顏色，莫作委泥沙。以諷意結。

　　花外有萼，將以扶蕊；花中有鬚，反能映花。我行其底，疑來暮雨，有此翁鬱；殊非朝霞，有此絢爛。不然，或是潘安縣，彷彿到河陽；或駐衛玠車，彷彿見璧人。顏色則好矣，少焉紫萼摧，黃鬚褪，則泥沙同委耳。寄語此花，慎莫作泥沙之委哉！

柳邊

只道梅花發，那知柳亦新。枝枝總到地，葉葉自開春。紫燕時翻翼，黃鸝不露身。六句「柳邊」。漢南應老盡，灞上遠愁人。二句感懷。

　　梅、柳二物，本同時者。人只道梅花獨發，那知柳亦常新也。枝枝下垂，無不到地；葉葉乘時，自能開春。況紫燕往來者，枝動而時時翻翼；黃鸝棲托者，葉密而隱隱藏身。「柳亦新」如此。異日經秋搖落，與時俱摧。近看漢南，應已老盡；遠思灞上，亦復愁人。柳亦安得常新哉？○結二句，見得在梓州固老，歸長安亦愁，總是自況。

春日戲題惱郝使君兄

使君意氣凌青霄，一句貫於末。憶昨歡娛常見招。細馬時鳴金腰裏，佳人屢出董嬌嬈。二句在通泉時。東流江水西飛燕，可惜春光不相見。願攜王趙兩紅顏，再騁肌膚如素練。通泉百里近梓州，請君一來開我愁。舞罷重看花滿面，尊前還有錦纏頭。六句在梓州。

　　使君意氣，一何豪也！昨遊通泉，常蒙見招，躍金鞍，出細粉，殊不一次。今我歸梓，州君在通泉，水東流，燕西飛，雖有春光，不能相見然。我不能赴通泉，再敘舊歡；使君似可到梓州，重諸佳宴。使君何惜攜妓東來，開懷痛飲！此時花枝入座，即我錦纏頭，亦何靳為使君多費也。○此詩分前後兩截。前截曰「常見招」，非一招也；曰「細馬時鳴」，非一鳴也；曰「佳人屢出」，非一出也。後截曰「再騁肌膚」，前已騁過也；曰「重看花面」，前已看過也；曰「還有纏頭」，前已有過也。騁過思再騁，看過欲重看，有過誇還有，是為戲題。惱處都是戲處，戲處又都是惱處。

鄖城西原送李判官兄武判官弟赴成都府

憑高送所親，久坐惜芳辰。二句送別。**遠水非無浪，他山自有春。野花隨處發，官柳著行新。**四句情景。**天際傷愁別，離筵何太頻。**二句別意。

　　登原送別，則憑高矣。一兄一弟，是所親也。當此芳辰，適逢言別，雖曰久坐，能幾何時。此行將赴成都矣，於是憑高而望，水為遠水，遠水之浪，非不愁人；山為他山，他山之春，亦足娛客。不見野花處處，點染行裝；官柳行行，逢迎祖道？然則判官此去，何傷之有！獨憑高者，對此芳辰，天際離筵，頻頻相值，誠有難為情者。

題鄖原郭三十二明府茅屋壁

江頭且繫船，為爾獨相憐。「獨相憐」三字領至末。**雲散灌壇雨，春青彭澤田。頻驚適小國，一擬問高天。別後巴東路，逢人幾問賢。**

　　江船臨行而「且繫」者，為憐明府，不忍遽行耳。憐明府者，其德政在鄖原也。我繫船江頭，但見雨因雲而散，如呂尚之為灌壇令；田當春而青，如陶潛之為彭澤宰。雨暘若，田疇闢，明府德政如此。夫豈百里才耶！在明府數為小邑，亦殫心供職，我則頻驚，代為問天。何為如此才能，使困下邑？見今巴東一路，明府之賢，幾人問及，所為「獨相憐」耳。「茅屋壁」三字，便見廉吏梗概。題詩茅屋壁，以愧當時大吏，不能如郭明府；又歎為大吏者，有賢能如郭明府，不能薦之朝廷。故一則曰「為爾獨相憐」，以見無人憐郭明府；一則曰「一擬問高天」，以見並天亦不憐郭明府；一則曰「逢人問幾賢」，以見我獨憐郭明府。

泛江送客

二月頻送客，東津江欲平。煙花山際重，舟楫浪前輕。四句題面。**淚逐勸盃落，愁連吹笛生。離筵不隔日，那得易為情。**四句「送客」之情。

　　二月送客，何頻頻也！東津江水，漸漸欲平。此時泛江，仰而山際煙花，濃濃其重；俯而浪前舟楫，滾滾其輕。我送客，烏能無淚？淚在盃先，若隨勸盃而落。亦焉得不愁？愁在笛外，似連吹笛而生。日日送客，日日離筵。夫豈易為情者？江水悠悠，知我心耳。

奉送崔都水翁下峽

無數涪江筏，鳴橈總髮時。別離終不久，宗族忍相遺。四句「送」。**白狗黃牛峽，朝雲暮雨祠。所過憑問訊，到日自題詩。**四句「下峽」。

　　行矣崔翁，今由東川下峽，西歸長安。幸下峽者舟楫多，翁此行有共濟也。翁下

峽矣，我行伊邇，不過暫別。況翁族長安，此行下峽，亦不過為省親問眷耳。從此經行處，有黃牛峽、白狗峽，有朝雲祠、暮雨祠。翁幸一一題詩，使我將來出峽，憑此問訊，翁某日過白狗、黃牛峽，某日過朝雲、暮雨祠。知翁下峽安穩無恙，即吾心亦慰矣。○結二句，即張籍《送遠曲》「願君到處自題名，他日知君從此去」〔註2〕意。

陪李梓州王閬州蘇遂州李果州四使君登惠義寺

春日無人境，虛空不住天。鶯花隨世界，樓閣倚山巔。四句「惠義守」。遲暮身何得，登臨意惘然。誰能解金印，瀟灑共安禪。四句「陪使君」之意。

　　當春日為無人境，寺寂矣；凌虛空為不住天，寺曠矣。既為無人境，但有鶯花，亦隨世界為古今。既為不住天，雖有樓閣，自倚山巔為高下。惠義寺若此。我遲暮之身，更有何事？登臨之際，祗覺惘然。庶幾解脫塵緣，安禪於此。四使君者，共懸金印，各刺一州，未識登寺時，有此意否？

涪江泛舟送韋班歸京得山字

追餞同舟日，傷春一水間。二句泛江送客。飄零為客久，衰老羨君還。花雜重重樹，雲輕處處山。天涯故人少，更益鬢毛斑。六句都蒙「傷春一水間」意。

　　今日泛江，追餞同舟，亦暫一水之間，傷春甚矣。蓋由作客東川，為時已久。況當衰老，歸闕無期。於時一水間所見者，雜花爛熳，重重之樹皆生；輕雲往還，處處之山皆有。無奈雲處處而故人則少，花重重而鬢毛自斑，為此「傷春一水間」耳。

涪城縣香積寺官閣

寺下春江深不流，山腰官閣迥添愁。二句點題。含風翠篠孤雲細，背日丹楓萬木稠。「山腰」之景。小院廻廊春寂寂，浴鳧飛鷺晚悠悠。「官閣」「春江」之景。諸天合在藤蘿外，昏黑應須到上頭。挽「迥添愁」意。

　　寺枕山巔，其下臨江水，一若深沉不流者。然乃山腰則有官閣，俯仰之間，迥添愁矣。山腰之景，翠篠含風，有若孤雲獨裊；丹楓背日，恍如萬木陰森。若官閣中，小院迴廊，當春而寂無人到；春江內，浴鳧飛鷺，向晚而若有餘閒。夫春江、官閣，總在寺下。若寺枕山巔，所謂諸天者，尚出藤蘿之外。計到山頭，已應昏黑，為此翹

〔註2〕張籍《張司業詩集》卷一。

首添愁耳。○公時正在山腰官閣，下俯涪江，上想諸天，不勝迴絕之歎。自傷遲暮，登峰難必。過此以往，未之或知。說到「昏黑應須到上頭」，信乎「迴添愁」矣。總是借寺寓言。

送竇九歸成都

文章亦不盡，竇子才縱橫。非爾更苦節，何人符大名。二句「文章亦不盡」。讀書雲閣觀，問絹錦官城。二句「竇子才縱橫」。我有浣花竹，題詩須一行。結出「歸成都」。

文章小道，不足盡子，乃子才則縱橫而難量也。文章不足盡子者，以子有苦節也。有大名者，未必有苦節，則名不符實。非子有此苦節，孰能符此大名？信乎文章抑末耳。然而尚論古人，既讀書雲閣，擅絕丹青，又問絹錦城，才則真縱橫矣。此行必過草堂，我有溪竹，幸為題詩。夫竹，本物之苦節者。題詩亦子才之餘技。竇子豈虛名哉！

送路六侍御入朝

童穉情親四十年，中間消息兩茫然。二句追憶。更為後會知何日，忽漫相逢是別筵。二句「入朝」。不分桃花紅勝錦，生憎柳絮白於綿。劍南春色還無賴，觸忤愁人到酒邊。四句自歎。

我與子四十年前，童穉情親矣。四十年中，消息茫然矣。四十年前，誰料有此四十年。四十年後，豈尚有此四十年？信後會不知何日，乃相逢又是別筵也。四十年前，對此花紅勝錦者，爾我皆堪賞，心何忿之有？今老矣，那得不忿？四十年前，對此絮白於綿者，爾我皆不關心，何惜之有？今老矣，能不生憎？凡此桃紅絮白，無非春色，豈曰無賴？但侍御此行，入朝致君，對此春色，尚有聊賴。獨我留滯他鄉，劍南春色，比之入朝者，還無聊賴耳。想童穉情親之時，不可再得。憶四十年中之事，但有茫然。雖花紅絮白，爛熳酒邊，觸忤愁人，彌添別恨而已。○「分」，作「忿」。「不忿」，言豈不忿也。不忿是方言。

上牛頭寺

青山意不盡，領下七句。衮衮上牛頭。無復能拘礙，真成浪出遊。花濃春寺靜，竹細野風幽。何處鶯啼切，移時獨未休。

青山亦易盡耳，其意則不盡。蓋以青山上有牛頭寺。上此寺者，衮衮不盡也。我到此，頓覺耳目曠，障礙撤。此番出遊，真成放蕩。無拘礙，意以無邊幅，能不

盡矣。浪出遊，意以無住著，能不盡矣。青山有花，花雖濃，寺自靜。物情於靜處，能見其不靜。青山有竹，竹既細，風亦幽。世界於幽處，能見其不盡。不獨此也，青山有鶯，鶯啼未休，亦似有不盡之意，而宛轉移時，但不知何處間關耳。我上寺所聞見如此。

望牛頭寺

牛頭見鶴林，梯逕遶幽深。春色浮山外，天河宿殿陰。傳燈無白日，布地有黃金。六句「望」。休作狂歌老，回看不住心。結出所以「望」意。

古有鶴林寺，今於牛頭恍見之。其山逕繞梯，幽深莫測矣。青山之外，春色遠浮，竟不識山中有寺。古殿之陰，明河低恍，疑是殿角連天。因想寺中傳燈之光，白日應暗；布地之處，黃金尚存。惜乎！我未皈依其處，及今未晚，尚捨狂歌，轉不住心哉！

上兜率寺

兜率知名寺，真如會法堂。江山有巴蜀，棟宇自齊梁。四句「兜率寺」。庾信哀雖久，何顒好不忘。白牛連遠近，且欲上慈航。四句「上寺」之感。

我久聞兜率名，即真如法堂，古佛所會處也。此寺在巴蜀，踞江山之勝。江山無所不有，兼有巴蜀。蓋江山所及者大，巴蜀為江山之一也。此寺棟宇，建自齊梁。齊梁二帝皆佞佛，建剎獨多，故此寺棟宇，遂傳至今。一似齊梁暫，棟宇常也。我遇同庾信，哀時雖久，流落麏依；跡類何顒，好名不忘，大覺未證。苟得白牛大乘，可渡迷津，即上慈航去矣，遠近非所計也。○後漢何顒罹黨錮，亡匿汝南。公自歎蹤跡有類何顒。「好不忘」，謂好名不忘。舊註以何顒乃周顒之悞。〔註3〕周顒好佛，故公用之。庾信未嘗好佛，又何說耶？

〔註3〕《集千家註杜詩》卷九《上兜率寺》：
夢弼曰：「何顒疑是周顒，蓋何顒後漢黨錮之輩，周顒嘗奉佛食菜。考之《南史》，周顒字彥倫，音辭辯麗，長於佛理。然公集中《嶽麓道林二寺行》又有『何顒免興孤』之句，豈亦誤耶？」
又，《九家集註杜詩》卷十六《嶽麓山道林二寺行》「何顒免興孤」注：
何顒在《後漢·黨錮傳》，乃急義名節之士，與今詩句不相干。或曰應是周顒，而所傳之誤。周顒，宋人，長於佛理，終日長蔬，雖有妻子，獨處山舍。若作周顒，則於賦二寺詩並「野客尋幽」之下為有說。

望兜率寺

牛頭是晚望，兜率是曉望。

樹密當山徑，江深隔寺門。霏霏雲氣重，閃閃浪花飜。不復知天大，空餘見佛尊。六句「望」。時應清盥罷，隨喜給孤園。二句「望」之意。

兜率寺何在？其山徑當密樹之交，其寺門在深江之外。樹密則霏霏然者，但見雲氣；江深則閃閃然者，只有浪花。夫惟天為大，望兜率而不見，則諸天為隱，亦誰知其大？惟佛為尊，望兜率而不見，則禮佛無由，亦空有其尊。然則望之縹緲，不如上之親切。少焉，清盥罷時，終當隨喜一登也。○「樹密當山徑」，蒙翳未擴之象。「江深隔寺門」，彼岸未登之象。「霏霏雲氣重」，似性地欠光明。「閃閃浪花翻」，似禪乘少靜趣。「不復知天大」，則失其本。「空餘見佛尊」，則泥其末。都有微旨。

泛江送魏十八倉曹還京因寄岑中允參范郎中季明

遲日深江永，輕舟送別筵。帝鄉愁緒外，春色淚痕邊。四句「送還京」。見酒須相憶，將詩莫浪傳。若逢岑與范，為報各衰年。結到「因寄岑范」。

暮春三月，江水正深。乘此輕舟，送別何往？蓋送君歸帝鄉也。帝鄉何在，愁緒為率；春色依然，淚痕作伴。蓋今年三月，玄、肅二聖，初葬山陵。送君歸京，何以為情哉！凡人見酒則忘，願子把盃常憶。從來詩能賈禍，願子為我慎旃。惟岑、范兩公，煩為寄語。今日都非盛年，竊恐人壽幾何，無幾相見也。

登牛頭山亭子

路出雙林外，亭窺萬井中。江城孤照日，山谷遠含風。四句「登亭」所見。兵輩身將老，關河信不通。猶殘數行淚，忍對百花叢。四句「登亭」所感。

亭在寺表，故其路迥出雙林外；亭在山上，故一登亭，直窺萬井中。此時憑高而望，江城日色，真覺孤懸；憑高而聽，山谷風聲，不知何處。我身老兵革，信斷關河，流落窮年，孤蹤萬里。今日僅餘雙淚，沾灑花叢而已。○「猶殘數行淚」，蒙前淚痕，猶是舊君餘涕。

惠義寺送王少尹赴成都分得峰字

苒苒谷中寺，娟娟林表峰。欄干上處遠，結搆坐來重。四句「惠義寺」。騎馬行春徑，衣冠起暮鐘。雲門青寂寂，此別惜相從。四句「送王少尹」。

寺隱谷中，不能振起，而苒苒然；峰見林表，若能秀出，而娟娟然。寺在谷中，峰在林表，則欄干之峻，上處已遠；谷中有寺，林表有累，則結搆之妙，坐來迭見。惠義寺如此。始焉，少尹騎馬而來，下行春徑；未幾，少尹衣冠而起，遂聞暮鐘。回首苒苒寺、娟娟峰，欄干何在？結搆何在？但覺雲門寂寂耳。惜哉！此別安得從君同赴成都也！

送韋郎司直歸成都公自注：「余草堂在成都浣花裏。」

竄身來蜀地，同病得韋郎。天下兵戈滿，江邊歲月長。四句自悲。別筵花欲暮，春日鬢俱蒼。為問南溪竹，抽梢合過牆。四句送別兼點自注。

我自出華棄官，竄身至此，幸有韋郎同病相憐也。竄身而久不歸者，只因天下干戈，到處未靖；江邊歲月，不覺愈長耳。當此別筵，花開欲暮，況逢春日，老鬢都蒼。我草堂南溪，舊曾栽竹。今當春暮，定有新梢，計此時多應過牆矣。子歸成都，幸為過訪，勿虛此行哉！

送何侍御歸朝公自注：「李梓州泛舟筵上作。」

舟楫諸侯餞，車輿使者歸。山花相映發，水鳥自孤飛。四句「送」。春日垂霜鬢，天隅把繡衣。故人從此去，寥落寸心違。四句自傷。

梓州是諸侯，泛江而餞侍御，舟楫具矣；侍御是使者，趨朝而歸長安，車輿駕矣。於時筵上，山花自相映發。所傷心者，江邊水鳥，寂寂孤飛耳。春日非霜鬢時，獨垂者何其苦；繡衣非天隅客，把別者欲其留。蓋由君是故人。故人一去，寸心彌違。我之歸朝，殆無日矣。

數陪李梓州泛江有女樂在諸舫戲為豔曲　二首

李梓州何人？女樂何物？「梓州泛江，女樂在舫，戲為豔曲」，直是彈文。

上客回空騎，佳人滿近船。江清歌扇底，野曠舞衣前。玉袖凌風並，金壺隱浪偏。六句題面。競將明媚色，偷眼豔陽天。結是「戲」意。

使君今日為泛江宴，上客登舟，騎空回矣。一時女樂在諸舫者，蓋「滿近船」也。歌一動，江流清於扇底；舞一舉，野曠舞於衣前。既歌且舞，玉袖飄，金壺傾矣。野曠則風多，玉袖凌風者，一雙並舉；江清則浪動，金壺隱浪者，半面偷敧。凡此歌舞諸伎，競將媚色，偷眼春天。蓋將爭妍於使君，思邀二天之寵云。

白日移歌袖，青霄近笛床。翠眉縈度曲，雲鬢儼成行。四句承上。立馬千山暮，回舟一水香。二句回。使君自有婦，莫學野鴛鴦。二句「戲」。

女樂作而歌久矣。歌袖差池之際，白日已移，若不知日之暮也。歌舞作而笛奏矣。笛床交作之餘，青霄為近，殊不似人間境也。於時曳袖度曲者，翠眉傳其宛轉；弄笛成行者，雲鬟寫其矜莊。少焉，歌舞畢，盛筵散。前此「回空騎」者，今立馬而待，晚山已黑；前此「滿近船」者，今回舟而歸，春水猶香。諸舫女伎，譬彼野鴛鴦耳。亮使君自有婦，豈學野鴛鴦，不擇耦而亂其群哉！○以刺史日事泛江，且攜女樂，荒於潘孟陽矣。公諷李，全在次章末二句。彼秦有羅敷，使君期與共載，羅敷深歎使君之愚，答曰：「使君自有婦，羅敷自有夫。」公於梓州曰「使君自有婦，莫學野鴛鴦」，豈非以李為太守，有化民善俗之職，使野鮮包茅，村無感悅，鼠不穿墉，雉不求牡，乃足嘉也？彼鴛鴦匹鳥，自有定耦。野鴛鴦有不然者。使君而學野鴛鴦，何以化民善？俗語似戲而實嚴。

絕句

江邊踏青罷，回首見旌旗。風起春城暮， 承「踏青」句。**高樓鼓角悲。** 承「旌旗」句。

巴俗踏青，殊足樂也。回首旌旗，欲何為哉？踏青罷則悲風起而春色老，旌旗動則鼓角震而高樓悲。江邊回首，非無故矣。

奉別馬巴州 公自注：「時甫除京兆功曹，在東川。」

勳業終歸馬伏波，功曹非復漢蕭何。扁舟繫纜沙邊久，南國浮雲水上多。獨把漁竿終遠去，難隨鳥翼一相過。 四句申明「功曹非復漢蕭何」。**知君未愛春湖色，興在驪駒白玉珂。** 二句結還「勳業終歸馬伏波」。

古有伏波將軍，其功業甚盛，今巴州是也。勳業終歸，夫豈久鬱鬱者？若我雖除功曹，非虞飜之似漢蕭何，蓋因宦情久淡，志在遠遊耳。所以萬里東吳，嘗繫沙邊片舫；一時富貴，如看水上浮雲。滿地江湖，思作漁翁而遠泛；無心霄漢，難隨鳥翌以翱翔。獨愛春湖之色，欲下湘吳；何知白玉之珂，再趨廷闕。所以今日功曹，辭而不赴；千秋勳業，終讓巴州也。若巴州者，春湖之色，亮非所受；玉珂之興，終當早朝。信乎「勳業終歸馬伏波」哉！○驪駒雖言出門，白玉珂則趨朝馬餙。時公圖出峽，《梓州登樓》曰「長嘯下荊門」〔註4〕，送祁錄事曰「江花未盡會江樓」〔註5〕。「漁竿遠去」，非無謂也。

〔註4〕見前《春日梓州登樓二首》之二。
〔註5〕見後《短歌行送祁州祁錄事歸合州因寄蘇使君》。

短歌行送邛州祁錄事歸合州因寄蘇使君

前者途中一相見，人事經年記君面。後生相勸何寂寥，君有長才不貧賤。四句慰祁錄事。君今起柂春江流，余亦沙邊具小舟。二句「送」。幸為達書賢府主，江花未盡會江樓。二句「因寄蘇使君」。

　　憶昔偶然邂逅，況更人事紛紜，乃經年之久，記君面而不忘者，有故也。誠念錄事後生，後生可畏，何寂寥之有！且有長才，長才未有終貧賤者。今歸合州，起柂而往。沙邊片舫，予亦將行，蓋此地有穌使君。錄事此行，先達我書。江樓晤期，尚在江花未落時也。

惠義寺園送辛員外　　二首

朱櫻此日垂朱實，郭外誰家負郭田。二句「惠義寺園」。萬里相逢貪握手，高才仰望足離筵。二句「送」。

　　我餞員外於此，園裏朱櫻，已垂朱實，蓋初夏也。園在郭外，負郭諸田，豈我有耶？幸與員外萬里相逢，正貪握手。況員外才高，使人仰望者！今此離筵，庶幾當之無愧云。○「朱櫻此日垂朱實」，見時日將夏，客終留滯。「郭外誰家負郭田」，言田園雖好，非我故鄉。

雙峰寂寂對春臺，萬竹青青照客杯。細草留連侵坐軟，殘花悵望近人開。四句追敘別筵。同舟昨日何由得，並馬今朝未凝回。直到綿州始分首，江邊樹裏共誰來。四句寫在道。

　　猶想惠義寺園，雙峰對席，萬竹浮盃。此時細草堪憐，吾留連不捨者，為其侵坐軟也；殘花可惜，吾悵望不勝者，為其近人開也。此昨日事耳。寺園敘後，隨即登舟，昨日同舟，不可再得。是昨日猶未別也。登舟而後，隨即生馬，今朝雖行，猶當並驅。是今朝猶未別也。直到綿州，始期分首。此際一西川，一東川，去則同去，來則獨來，江邊樹裏，形影誰憐耶？○「萬竹」，本《漢書》「橘千頭，竹萬箇」〔註6〕。

巴西驛亭觀江漲呈竇使君

宿雨南江漲，波濤亂遠峰。孤亭凌噴薄，萬井逼春容。霄漢愁高鳥，泥沙困老龍。六句「江漲」。天邊同客舍，攜我豁心胷。二句「觀漲呈竇使君」。

　　綿江何漲？宿雨為之耳。波濤所及，直逼遠峰。於時水勢激射，象為噴薄。孤亭幸在水上，尚能凌之。水勢衝蕩，象為春容。萬井近在水邊，能無逼耶？所幸者，高

〔註6〕《漢書》卷九十一《貨殖傳》：「蜀、漢、江陵千樹橘……木千章，竹竿萬個。」

鳥在霄漢間耳，然亦愁江漲而無由下食。所喜者，蛟龍以水為居耳。然水愈上，則泥沙愈下，老龍膠固不能出，而亦受困。高鳥愁，老龍困，我之心胥焉得而豁？幸有使君，攜我同觀，得快然一豁云。○「舂容」者，擊鐘每一聲為一容，以喻水勢衝擊之狀，徐緩不迫。晚唐鄭綱《寒夜聞霜鐘》〔註7〕有「舂容時未歇」句。

又呈竇使君 二首

轉驚波作惡，即恐岸隨流。賴有杯中物，還同海上鷗。關心小劍縣，傍眼見揚州。二句應首聯。為接情人飲，朝來減片愁。二句應次聯。

我意江漲少止，乃波轉作惡，只恐岸亦隨流去耳。賴有杯酒可醉，使身如海鷗，聽其所之。然似此洪波，關心之處，劍縣為小，鑑湖不足道也；傍眼所及，揚州在前，大江不是過也。所以「轉驚」耳。猶幸使君是情人，情人共飲，片愁少釋，然則「杯中物」信足自遣，「海上鷗」終許同遊哉！○公吳越之遊，每飯不忘，故「關心」、「傍眼」便作是觀。

向晚波微綠，連空岸腳青。二句漲退。日兼春有暮，愁與醉無醒。漂泊猶杯酒，踟躕此驛亭。相看萬里別，同是一浮萍。六句「呈」意。

向晚而漲退矣，波凝微綠，即岸腳亦映天光而青色焉。向晚則日暮。不獨日暮，與春兼暮。春暮則愁深。一似愁深，與醉無醒。雖則無醒，漂泊之餘，終頓杯酒。雖有杯酒，驛亭之上，不免踟躕。所以然者，我與使君萬里作客，同是浮萍。漲水雖退，如長別何！

東津送韋諷攝閬州錄事

聞說江山好，憐君吏隱兼。寵行舟遠泛，惜別酒頻添。四句送別。推薦非承乏，操持必去嫌。他時如按縣，不得漫陶潛。四句奉送之意。

吾聞閬州江山，天下所稀。必吏隱兼者，蒞茲方稱，君真其人哉！我泛津而送，雖寵君行，亦憐別緒。況今日朝廷推薦，非盡賢才，不過地方員缺，推薦一二，以承其乏。君則不然。乃操持則當自勵，必四知是凜，絕去嫌疑，乃為賢耳。古有陶潛，亦兼吏隱。他時按縣，若得陶潛其人，可如往年督郵，使有折腰之事哉？

舟前小鵝兒 公自注：「漢州城西北角官池作。」

官池乃房琯罷困後，歷漢州刺史時所鑿。琯死後，名為房公湖。公過漢州，在廣

〔註7〕李昉《文苑英華》卷一百八十四、曹寅《全唐詩》卷三百十八。

德元年暮春。房公被召矣，鵝兒春雁，不無微詞。

鵝兒黃似酒，對酒愛新鵝。二句點「鵝」。**引頸嗔船逼，無行亂眼多。翅開遭宿雨，力小困滄波。**四句諷之。**客散層城暮，狐狸奈若何。**二句危之。

　　官池鵝兒，色黃似酒。漢中之酒，有名鵝黃者。吾對鵝憶酒，對酒轉愛鵝也。舟前見之，頗怪其引頸，而嗔船之逼，又怪其無行，而亂眼者多。有時翅開，遭雨思曬；無如力小，困波終沒。少焉，舟回客散。此城西北角，豈無狐狸？日暮遭之，亦奈何哉！○「引頸」諷其貪，「無行」諷其躁，「翅開」諷其不自歛，「力小」諷其不自量。客散狐乘，危其權移勢去，禍隨之也。此似為董庭蘭一輩言。

官池春雁　二首

自古稻粱多不足，至今鸂鶒亂為群。二句傷其失時。**且休悵望看春水，更恐歸飛隔暮雲。**二句諷其知止。

　　雁謀稻粱，今日不足，願不遂矣。雁非鸂鶒，今與為群，亂其類矣。雁不飛雲漢而在官池，似有悵望。且休悵望，只恐歸時尚有暮雲之隔，終不得遂其志耳。○首二句傷房公罷相為刺史，祿位兩失。後二句諷房公召還朝，恐其終不免也。

青春欲盡急還鄉，紫塞寧論尚有霜。二句諷之。**翅在雲天終不遠，力微矰繳絕須防。**二句危之。

　　雁當春思歸，亦急欲還鄉耳，寧論紫寒有霜？況翅猶在也，何患雲天終遠？但恐力微，矰繳之加，出於不意，此後正須深防云。○此傷房公歸朝，雖讒人尚在而不顧。房以賀蘭進明之謗，至於放逐，是矰繳須防者。

答楊梓州

悶到楊公池水頭，坐逢楊子鎮東州。卻向青谿不相見，應首句。**回船應載阿戎遊。**應次句。

　　此地有楊公池，吾到池頭，不勝其悶，幸逢楊子來鎮東州耳。何以悶？不見楊公，但見此池，向青谿而寂寂故也。既逢楊子，從此回船，應載阿戎，與之共遊，悶解矣哉！○「楊公池」，蔡夢弼〔註8〕謂楊梓州先人嘗鎮梓州，鑿池引水，在青谿西。今子又鎮此州，故有阿戎句。蓋王戎為王渾子。謂楊梓州為阿戎，則詩中有其父可知。

〔註8〕《杜工部草堂詩箋》卷二十一《答楊梓州》：楊梓州之先人，昔嘗守梓州，鑿池一百頃，引水為農田之利，在梓州青溪之西，號為楊公池。今乃子又守此州，故甫有應載阿戎遊之句以美之。按：晉阮籍謂王渾曰：「與卿語，不若與阿戎談。」戎乃渾之子也。

向青谿而不見，正是悶意。「卻向青谿不相見」，申明「悶到楊公池水頭」。「回船應載阿戎遊」，承足「坐逢楊子鎮東州」。蓋不見其父，喜逢其子也。或作房公。

柑園

春日清江岸，千柑二頃園。青雲羞葉密，白雪避花繁。四句「柑園」。結子隨邊使，開筒近至尊。後於桃李熟，終得獻金門。四句獻柑。

　　川俗以柑為田，故江岸柑園，廣有二頃。今纔有葉，葉青而密，能使青雲羞；今纔有花，花白而繁，能使白雪避。他日者結子則隨邊，使不煩驛騎之傳，如生致荔支之事；開筒則近至尊，無過土物之貢，如厥包橘柚之常。計百果中，豈無桃李？先時而熟，亦思獻金門而未可必也。柑之熟雖後桃李，原無與物爭時之意。柑之獻終及金門，亦何至有遐棄之悲哉！

漁陽

漁陽突騎猶精銳，赫赫雍王都節制。猛將飄然恐後時，本朝不入非高計。四句已然事。祿山北築雄武城，舊防敗走歸其營。二句借祿山以警諸將。繫書請問燕耆舊，今日何須十萬兵。二句將來事。

　　先是漁陽為安、史巢穴，自雍王太子適為天下元帥，漁陽精銳，盡為所統，無不在節制中矣。猛將如李懷仙，斬史朝義首，以幽州降。薛嵩、田承嗣等皆凜後至之誅，盡以管內地、降本朝者，誠知不入本朝為失計耳。彼范陽舊為祿山峙兵儲糧地，築雄武城為郿塢，以防敗走，而竟不保。此河北諸藩所出盡歸本朝哉！然則今日大勢，河北諸將可令悉解兵權。繫書一問彼燕父老，必以休兵為善，又何須十萬師煩此諸鎮為也。○末二句似為僕固懷恩發。廣德元年春，河北諸州已降。懷恩恐賊平寵衰，留薛嵩等分帥河北，自為黨援。公曰「繫書請問燕耆舊，今日何須十萬兵」，欲以片紙消弭之，河北諸帥皆可撤去。此即郭子儀請罷諸鎮意。此策不行，河北諸藩竟貽患數十年。「漁陽」結二語，真石畫也。

寄題江外草堂　公自注：「梓州作，寄成都故居。」

我生性放誕，雅欲逃自然。嗜酒愛風竹，卜居此林泉。四句一篇之主。遭亂到蜀江，臥痾遣所便。誅茅初一畝，廣地方連延。經營上元始，斷手寶應年。敢謀土木麗，自覺面勢堅。臺亭隨高下，敞豁當清川。雖有會心侶，數能同釣船。干戈未偃息，安得醅歌眠。以上敘卜居草堂。蛟龍無定窟，黃鵠摩蒼天。古來賢達士，寧受外物牽。顧惟魯鈍姿，

豈識悔吝先。偶攜老妻去，慘澹凌風煙。事蹟毋固必，幽貞愧雙全。以上去草堂。**尚念四小松，蔓草易拘纏。霜骨不堪長，永為鄰里憐。**以四松結，自況。

　　我性不羈，生而放誕，委心任運，覺天地間有無容計較者，亦嘗欲逃諸自然耳。惟是性生嗜酒，風竹為緣，於成都郭外，有浣花草堂之卜。顧我有此草堂，亦非得已，祇因遭時離亂，流落蜀江，時復臥痾，便宜行事。因之誅茅郊外，擴地塹西。經始上元，固不為亟；落成寶應，亦不為遲。土木之麗，非我思存；面勢之堅，自覺遂意。隨高下而點綴亭臺，無用結搆也；臨江流而愛其疎豁，無事疏鑿也。豈無會心之侶，同遊把釣？無奈世亂之甚，不遂酣眠。我營草堂，一任自然而已。昔為避亂而到蜀江者，今又避亂而去成都焉。彼蛟龍出沒，原無定居；黃鵠翱翔，長思遠舉。人而懷土，牽於外物，有愧賢達矣。惟是魯鈍性成，幾先素昧。知道亂起，攜妻遠行，慘澹風煙，流離已極。猶幸率任自然，毋固毋必。去蜀入梓，行止無礙。所由身免亂賊，幽貞苟全，夫亦得力於平生能逃自然耳。緬想經營草堂時，手植數種，極不忘者，四松尚小。倘纏蔓草，則數寸霜根，一朝頓撥。我縱未歸，其如鄰里痛惜何！○此詩大意，盡於《葛常之詩話》〔註9〕。然謂公避成都之亂，往來梓、

〔註9〕（宋）葛立方《韻語陽秋》卷六：
　　老杜當干戈騷屑之時，間關秦隴，負薪採梠，餔糒不給，困躓極矣。自入蜀依嚴武，始有草堂之居，觀其經營往來之勞，備載於詩，皆可攷也。其曰「萬里橋西宅，百花潭北莊」者，言其地也。「經營上元始，斷手寶應年」者，言其時也。「雪裏江船渡，風前逕竹斜。寒魚依密藻，宿鷺起圓沙」者，言其景物也。至於「草堂塹西無樹林，非子誰復見幽深」，則乞榿本於何少府之詩也。「草堂少花今欲栽，不問綠李與黃梅」，則乞果木於徐少卿之詩也。王侍御攜酒草堂，則喜而為詩曰：「故人能領客，攜酒重相看。」王錄事許草堂貲不到，則戲而為詩曰：「為嗔王錄事，不寄草堂貲。」蓋其流離貧窶之餘，不能以自給，皆因人而成也。其經營之勤如此。然未及黔突，避成都之亂，入梓居閬，其心則未嘗一日不在草堂也。《遣弟檢校草堂》則曰：「鵝鴨宜長數，柴荊莫浪開。」《寄題草堂》則曰：「尚念四松小，蔓草易拘纏。」《送韋郎歸成都》則曰：「為問南溪竹，抽梢合過牆。」《塗中寄嚴武》則曰：「常苦沙崩損藥欄，也從江檻落風湍。」每致意如此。及成都亂定，再依嚴武，為節度參謀，復歸草堂，則曰：「不忍竟捨此，復來蒔榛蕪。入門四松在，步屧萬竹疏。」則其喜可知矣。未幾，嚴武卒，徬徨無依，復捨之而去。以史及公詩攷之，草堂斷手於寶應之初，而永泰元年四月嚴武卒，是年秋，公寓夔州雲安縣。有此草堂者，始終祇得四載。而其間居梓閬三年，公詩所謂「三年奔走空皮骨」是也。則安居草堂者，僅閱歲而已。其起居寢興之適，不足以償其經營往來之勞，可謂一世之羈人也。然自唐至宋已數百載，而草堂之名與其山川草木，皆因公詩以為不朽之傳。蓋公之不幸，而其山川草木之幸也。

闐，其心嘗在草堂，戀戀不捨，如田舍翁，一椽一茅，寢食以之者。須知天地逆旅，日月過客，公嘗曰「茅齋付秋草」〔註10〕，又曰「浣花草堂亦何有」〔註11〕，世尊塵埃，棟梁摧頹，公每念不忘君國則有之，草堂則未也。故知此詩當以「雅欲逃自然」一句為主。自然者，毋固毋必，隨遇而安，無入不得，故以自然起，以毋固必結，夫豈沾沾一草堂者？

陪章留後侍御宴南樓得風字

嚴武去後，東川使節虛懸，以章彝為留後。公《論巴蜀安危表》云：「留後之綿歷歲時，非所以塞眾望也。」〔註12〕公於章彝多諷辭，後卒為嚴武殺。

絕域長夏晚，茲樓清宴同。朝廷燒棧北，鼓角漏天東。頂「絕域」句。屢食將軍第，仍騎御史驄。承「清宴」句。本無丹竈術，那免白頭翁。寇盜狂歌外，形骸痛飲中。自歎。野雲低渡水，簷雨細隨風。南樓夏景。出號江城黑，題詩蠟炬紅。此身醒復醉，不擬哭途窮。宴畢情事。

東川為絕域，當此長夏，得同留後清宴於此絕域。則朝廷遼闊，遠在燒棧北；鼓角亂鳴，常在漏天東。清宴則我於將軍之第，屢食有慚，況此御史之驄，常叨與共。自歎卻老無丹，搔頭有白。惟是關山寇盜，不入嘯歌之中；土木形骸，但付酒盃之內耳。今日南樓長夏，對此野雲消暑，簷雨侵涼，留後已出號而留門。江城將黑，老夫方題詩而紀宴；蠟炬初紅，自笑此身醒而復醉。既與醉鄉為伍，又何窮途足慟哉！○章彝為留後，不能乃心王室，觀公《冬狩行》〔註13〕諸詩可見。公示之曰：「朝廷伊邇，只在燒棧北；章應北面致主，勿以長安為絕遠。」章校獵禽荒，不以封疆為事。公警之曰：「鼓角不遠，已在漏天東。章應慎固封守，勿以封疆為無事。」語意可參。「出號」，夜傳號令以出。凡用兵下營，必就主帥取號而行，以備緩急相應。如玄宗誅韋后，逮夜，葛福順請號而行。即邢璹之亂，楊國忠之儻密謂國忠曰：「賊有號，不可戰。」凡有記號以相別識，皆謂之號。

臺上得涼字

改席臺能迥，留門月復光。雲霄遣暑濕，山谷進風涼。四句題面。老去一盃足，誰憐屢舞長。何須把官燭，似惱鬢毛蒼。四句自敘。

〔註10〕《杜詩闡》卷十四《奉贈射洪李四丈》。
〔註11〕《杜詩闡》卷十四《相從行贈嚴二別駕》。
〔註12〕《杜詩詳注》卷二十五《為閬州王使君進論巴蜀安危表》。
〔註13〕《杜詩闡》卷十六。

南樓之席，改於臺上，迴矣。既出號而留門，乃夜深而月復光焉。臺迴，故其高在雲霄上，暑濕誰侵；且直據山谷間，風涼自進。但我老去之人，一盃已足；屢舞之興，誰惜其狂？江城黑，則須蠟炬紅。既留門而月復光，官燭何為者？是官燭不足增月光，適足惱鬢毛耳。鬢毛已蒼，何勞燭照哉！

送王十五判官扶侍還黔中得開字

大家東征逐子回，風生洲渚錦帆開。青青竹筍迎船入，白白江魚入饌來。四句「扶侍」。離別不堪無限意，艱危須仗濟時才。黔陽信使應稀少，莫怪頻頻勸酒盃。四句送別。

昔漢曹大家隨子至官，作《東征賦》。判官之母，即大家也。其東征者，以隨子回家，而風生洲渚，錦帆為開矣。於時帆前竹筍，迎船而出，一似感判官之孝養而出者；渚裏江魚，入饌而來，一似感判官之孝養而來者。豈非母為大家，判官亦不媿孟宗姜詩哉！今當言別，為意無窮；時值艱難，需才最急。此去黔陽，天南地北，信使難通；今日酒盃，何惜頻勸。判官尚早出濟時也。

陪章留後惠義寺餞嘉州崔都督赴州

中軍待上客，令肅事有恆。前驅入寶地，祖帳飄金繩。南陌既留歡，茲山亦深登。清聞樹杪磬，遠謁雲端僧。八句「惠義寺餞」宴。回策非新岸，所攀仍舊藤。耳激洞門颼，目存寒谷冰。出塵閟軌躅，畢景遺炎蒸。六句宴畢而回。永願坐長夏，將衰棲大乘。羈旅惜宴會，艱難懷友朋。勞生共幾何，離恨兼相仍。六句自歎。

中軍餞客，其餞行諸事，皆有常規，亦既下令肅然矣。於時前驅入諸天之地，祖帳映金繩而飄。乃南陌宴撤，復登惠義寺者，蓋一聞樹杪之磬，來謁雲端之僧耳。少焉，回騎所遵者舊路，所攀者舊藤。洞門之颼，入耳如激；寒谷之冰，觸目而涼。信乎此地出塵，俗客不到；登臨至晚，炎蒸頓失。我願避暑於此，棲息忘年。所可慨者，羈旅之人，嘉會不再；艱危之日，良友難得。人生幾何，堪此離恨重重！

章梓州水亭 公自注：「時漢中王兼道士席謙在會，同用荷字韻。」

城晚通雲霧，亭深到芰荷。吏人橋外少，秋水席邊多。四句「水亭」。近屬淮王至，高門薊子過。二句自注。荊州愛山簡，我醉亦長歌。以陪宴結。

亭傍城邊，晚通雲霧；亭跨池上，深逼芰荷。亭與廳事遠矣。吏人守之，嵇康不堪。〔註14〕今幸其少，且喜眼前無俗物。在水一方，伊人宛在，今快其多，竊喜座中有名士。彼淮王好服食神仙之事，今漢中絕葷斷酒，有其高致矣。彼薊子多神異之衛，公卿倒屣而迎，今道士彈碁，其品第一，有其殊術矣。梓州即山簡，梓人愛梓州，猶襄陽人愛山簡。山簡鎮襄陽，遊習池，置酒輒醉。襄陽人歌曰：「日夕倒載歸，酩酊無所知。」今我亦竊比襄陽人，以此歌贈梓州。水亭之會，真習池也。

陪章留後新亭會送諸君

新亭有高會，行子得良時。二句領至末。日動映江幕，風鳴排檻旗。絕葷終不改，勸酒欲無詞。已墮峴山淚，因題零雨詩。

新亭有此高會者，以諸君卜吉啟行也。於時張於亭上者，有幕，江波映焉，日與俱動；列於亭前者，有旗，風聲憑焉，旗與俱響。座中有絕葷者，久應改矣。乃不改如故，且斷酒也。葷雖絕乎，猶願酒則勿辭。此時諸君將發，留者應墮羊公峴山之淚，送者皆作子荊零雨之詩。一時去留，難為情有如此。時必漢中王亦在會，王絕葷斷酒，公前《戲題》曰「江魚美可求」〔註15〕，茲曰「絕葷終不改」；前《戲題》曰「忍斷杯中物」〔註16〕，茲曰「勸酒欲無詞」。「無詞」者，無詞以解免也。據水亭之會公注：「漢中王在會」〔註17〕，新亭之餞，王在可知。

章梓州橘亭餞成都竇少尹得涼字

秋日野亭千橘香，玉杯錦席高雲涼。主人送客何所作，公自注：「音佐。」行酒賦詩殊未央。以上「章梓州餞」宴。衰老應為難離別，賢聲此去有輝光。預傳籍籍新京兆，青史無勞數趙張。四句寫送別意。

亭橘飄香，秋雲散暑；玉盃送酒，錦席延賓。主人有逸興矣。此時送客之外，更有何事？惟有飲酒賦詩耳。衰老如余，何以為情！念少尹向蒞成都，賢聲素著；此去長安，輝光可知。今日以舊少尹還朝，他日以新京兆除職，籍籍口碑，可為少尹早卜者。是青史趙、張不足數，目前趙、張真足傳也。老人願望，惟此而已。○東川絕域，刺史多豪舉。如李梓州有玉袖金壺之豔，章梓州有玉盃錦席之華，亦足見此地天隅斗

〔註14〕《文選》卷四十三嵇康《與山巨源絕交書》：「抱琴行吟，弋釣草野，而吏卒守之，不得妄動，二不堪也。」
〔註15〕《杜詩闡》卷十四《戲題寄漢中王三首》之二。
〔註16〕《杜詩闡》卷十四《戲題寄漢中王三首》之一。
〔註17〕見前《章梓州水亭》。

絕，戎馬不交，作宦者優悠臞仕。此高崇文謂川中乃宰相迴翔之地也。〔註18〕

戲作寄上漢中王　二首公自注：「王新誕明珠。」

雲裏不聞雙雁過，汝陽已薨。掌中貪見一珠新。新誕明珠。秋風嫋嫋吹江漢，只在他鄉何處人。二句感懷。

　　王兄薨於天寶九載，雙雁不聞矣。所喜者，王珠新誕耳。但今江漢上，秋風嫋嫋，殊切飄零之感。吾與王同在他鄉，不知竟作何處人，亦足悲矣。○「只在他鄉」，謂王今貶蓬州。「何處人」，謂王本天屬藩王，今作何處人，深痛之也。

謝安舟楫風還起，梁苑池臺雪欲飛。二句言貶謫。杳杳東山攜妓去，承「謝安」句。泠泠脩竹待王歸。承「梁苑」句。

　　昔者，謝安泛海，雖舟楫自若，風還起也。況梁苑池臺，此時雪亦欲飛乎？「風還起」，「雪欲飛」，王歸何日？當謝安高臥東山，屬蒼生之望，曰：「安石不出，如蒼生何？」乃謝安攜妓，惟事遊賞，杳杳然不以朝寄為念，誠思宦海風波，有傾舟摧楫之日，不如攜妓東山，聊以行樂也。漢中今日，何獨不然？彼梁苑雪飛，歲雲暮矣。雖朝廷無勑王還旆之時，但恐兔園脩竹，泠泠向晚，久待王歸耳。「謝安舟楫風還起」，風可畏矣。「杳杳東山攜妓去」，風波何慮焉？「梁苑池臺雪欲飛」，雪堪傷矣。「泠泠脩竹待王歸」，王其終歸藩邸哉！

椶拂子

椶拂且薄陋，豈知身效能。不堪代白羽，有足除蒼蠅。熒熒金錯刀，擢擢朱絲繩。非獨顏色好，亦用顧盼稱。以上「椶拂子」。我老抱疾病，家貧臥炎蒸。咟膚倦撲滅，賴爾甘服膺。物微世競棄，義在誰肯徵。三歲清秋至，未敢闕緘縢。以上「椶拂」未可棄。

　　莫薄陋於椶拂，亦誰知其身有效能於人者在？當此長夏，人所羨者白羽扇。椶拂薄陋，不堪代之。當此長夏，最可憎者青蠅蟲。椶拂效能，卻能除之。其柄金錯，

〔註18〕《資治通鑒》卷二百三十七《唐紀五十三》：
　　　　高崇文在蜀朞年，一旦謂監軍曰：「崇文河朔一卒，幸有功致位至此，西川乃宰相迴翔之地。崇文叨居日久，豈敢自安？」
　　　　（宋）王讜《唐語林》卷一《政事上》：
　　　　三年為蜀帥，惠化大行。不事威儀，禮賢接士。身與子弟車服玩用無金玉之飾。一朝謂監軍從事曰：「崇文，河北一健兒，偶然際會，累立戰功，國家酬獎亦極矣。西川是宰相迴翔地，崇文叨居已久，豈宜自安？但得為節制邊鎮，死於王事，誠願足矣。」

熒熒然也；其繩朱絲，濯濯然也。豈騁顏色？亦副主人之顧盼耳。我年老貧病，際此炎蒸，之蟲咂膚，賴爾撲滅，誠然服之無斁。無奈世情不終，謂此薄陋之姿，因而競棄。雖有效能之義，誰復肯徵？我憶其前功，與為終始，已歷三歲。每當秋至，緘縢益固者，誠念炎暑清秋，迭相循環，豈以過時，遂見棄耶？○蒼蠅比小人。「有足除蒼蠅」，真有「取彼譖人，投畀豺虎」〔註19〕意。「物微世競棄，義在誰肯徵」，所感正深。

送元二適江左

亂後今相見，秋深復遠行。風塵為客日，江海送君情。四句「送」。晉室丹陽尹，公孫白帝城。二句敘所經行處。經過自愛惜，取次莫論兵。二句規諷。

　　亂後不易相見，今喜相見；秋深何必遠行，乃復遠行。蓋風塵為客，失足最易。江海送君，不能為情者，正為此耳。子此行必適丹陽。昔有丹陽尹，如溫嶠，曾發王敦逆謀，忠於晉室。子此行必經白帝城。昔有公孫述，據蜀，改魚復為白帝城，此僭偽者。今日節度叛服不常，藩鎮驕恣不法，如王敦、公孫述，比比皆是。子此行，亦當擇主而事，善守其身，勿開口論兵，賈禍失足也。○考元二嘗應孫吳科舉，其為人必喜談兵，故戒之曰「取次莫論兵」。

送陵州路使君之任

王室比多難，高官皆武臣。幽燕通使者，岳牧用詞人。四句引起「使君」。國待賢良急，君當拔擢新。佩刀成氣象，行蓋出風塵。四句「之任」。戰伐乾坤破，瘡痍府庫貧。眾僚宜潔白，萬役但平均。四句勉之。霄漢瞻佳士，泥塗任此身。秋天正搖落，回首大江濱。四句送別。

　　朝廷自安史之亂，岳牧高官皆用武臣。今河南北已收，幽燕等處，纔通使者。於是武臣輕，文人重。方鎮牧伯復用詞人，宜使君乘時起，拔擢新耳。今日出守陵州，佩呂虔之刀，自成氣象；張刺史之蓋，作牧風塵。詞人之任，風概如此。但陵州一帶，夷獠陷後，今雖初定，瘡痍未平。使君此行，表帥眾寮，宜潔白以勵己；調停眾役，宜均平以惠民；則稱厥職矣。從此霄漢而上，看汝翱翔；泥塗之中，聽予汨沒。今日清秋天氣，萬象搖落，使君之任時，尚能回首江濱否也？○廣德元年六月，朝廷用楊綰議，廢帖括，取行實，明經、進士俱停，最為近古。七月，又以行之既久，不可遽

〔註19〕《詩經·小雅·巷伯》。

改用詞人為岳牧。公意正謂岳牧作鎮方州，軍民皆其所屬，非詞人可勝任者。「岳牧
用詞人」似諷語。

投簡梓州幕府兼簡韋十郎官

幕下郎官安穩無，秋來不奉一行書。二句我疏韋。因知貧病人須棄，能
使韋郎跡也疏。二句韋疏我。

　　幕下郎官，安穩與否，我何由知？蓋奉書則知。不知者，以秋來不奉尺書耳。不
奉書者，緣知貧病之人，久為人棄。所由我不奉書，能使韋郎之跡亦於我而疏也。○
貧病而人跡疏，此其常也。但恐人跡疏，己不耐其疏耳。公曰「從來不奉一行書」，
正是能使其疏之故。能使人不疏，是何等人。能使人疏，是何等人。寧為能使人疏者。

九日

去年登高鄩縣北，今日重在涪江濱。苦遭白髮不相放，羞見黃花無數
新。世亂鬱鬱久為客，路難悠悠常傍人。六句梓州「九日」。酒闌卻憶十
年事，腸斷驪山清路塵。二句往事之感。

　　我入梓州，兩度重陽矣。往歲登高，曾在梓州之鄩縣北；今年九日，仍在梓州之
涪江濱。何留滯耶？白髮之多，日復一日，何苦而不相放；黃花之開，年復一年，雖
新亦羞見之。所以然者，世亂之故，久客無家，行路之難，不能自立耳。然我登高感
懷，不自去年今日，在十年以前矣；不但鄩縣涪江，在驪山輦道矣。酒闌回首，曾幾
何時，驪山清路，不可復識耶？

薄暮

江水最深地，山雲薄暮時。寒花隱亂草，宿鳥擇深枝。四句「薄暮」之
景。舊國見何日，高秋心苦悲。人生不再好，鬢髮白成絲。四句「薄暮」
之情。

　　俯見江水最深，仰見山雲薄暮，時地感人矣。此地寒花，幸隱亂草；此時宿鳥，
定擇深枝。不隱亂草，寒花之生勿遂；必擇深枝，宿鳥之害斯遠。顧此江水最深地，
非舊國也，舊國殆無時見矣；顧此山雲薄暮時，正高秋也，高秋徒苦悲秋耳。或者我
生再少，尚有可為。看此鬢絲，必不能矣。

卷十六

閬州詩 廣德元年

薄遊

淅淅風生砌，團團月隱牆。遙空秋雁沒，半嶺暮雲長。四句「薄遊」之景。
病葉多先墜，寒花只暫香。巴城添淚眼，今夕復秋光。四句「薄遊」之感。

　　風生於砌，淅淅有聲；月隱於牆，團團有狀。況遙空之處，秋雁已沒；半嶺之
際，暮雲偏長。秋景佳矣。惟是葉之病者，遇秋先飄；花之寒者，雖香不久。我來巴
閬，淚眼幾添。今夕秋光，感人更甚。其如此病葉寒花何！

王閬州筵奉酬十一舅惜別之作

萬壑樹聲滿，千崖秋氣高。浮舟出郡郭，別酒寄江濤。以上「王閬州筵」。
良會不復久，此生何太勞。窮愁但有骨，群盜尚如毛。我舅惜分手，
使君寒贈袍。沙頭暮黃鶴，失侶亦哀號。以上「奉酬惜別」。

　　高秋聲色，滿崖壑間，別意與萬壑千崖俱高深矣。閬州使君為餞十一舅，浮舟出
郭，置酒臨江。所可惜者，良會不再，生別為勞耳。況我輩窮愁，俱已徹骨；海內群
盜，尚爾如毛。何當客秋之分，重以綈袍之贈，沙頭黃鶴，失侶悲號，彌助渭陽之戚
矣。○「窮愁但有骨」，言窮愁中但有骨可恃。夫久客依人，易致蹉跌。公流落劍南，
狼狽已極。然於嚴武，則必致其枉駕；於郭英乂，則意氣不合，拂衣去之。在梓則李
梓州、章留後，詞色未嘗少挫。所以邊頭公卿之驕，不敢驕於公；肥肉大酒之要，公

-329-

不屑其要。厚祿故人之書，聽其斷絕；恒饑穉子之色，任其淒涼。〔註１〕亦「窮愁有骨」矣。此句與「萬壑樹聲」比壯，「千崖秋氣」爭高。

閬州奉送二十四舅使自京赴任青城

聞道王喬舄，名因太史傳。如何碧雞使，把詔紫微天。四句「自京赴青城任」。秦嶺愁回馬，涪江醉泛船。青城漫污雜，我舅意淒然。四句「閬州奉送」。

為令未嘗不可，如王喬仙令，名傳太史。舅氏青城之任，是即王喬。可惜者，舅氏以天使，忽奉此命，為左遷耳。蓋此碧雞使，乃來自紫微天，把天子詔，布命遐方者。自宜過秦嶺，入京師，以報命天子。今回秦嶺之馬，卻赴青城；既愁回馬，且醉涪江耳。惟是青城治所，俗污民雜，以枳棘棲鸞鳳，似屬不堪，亦安能免於戚戚矣。○當時縉紳，皆樂內官，不喜外任，故公《有感》詩有「領郡輒無色」語〔註２〕。送舅亦此意云。

閬州東樓筵奉送十一舅往青城縣得昏字

赴青城任者，二十四舅。十一舅，偕之往耳。前王閬州筵是奉酬，此東樓筵纔送別。曾城有高樓，制古丹臒存。迢迢百餘尺，豁達開四門。雖有車馬客，而無人世喧。遊目俯大江，列筵慰別魂。八句「東樓筵」。是時秋冬交，節往顏色昏。天寒鳥獸伏，霜露在草根。今我送舅氏，萬感集清尊。豈伊山川間，回首盜賊繁。高賢意不暇，王命久崩奔。臨風欲慟哭，聲出還復吞。以上送別情事。

閬州有十二樓，皆滕王元嬰刺閬時建，東樓亦一也。樓枕城隅，制作甚古。年代雖久，丹臒依然。高百尺而臨江，開四門而納客。雖為衣冠祖餞之所，實異城市喧囂之區。所以臨流設宴，聊慰別惊耳。惟是時值冬初，秋色黯淡，鳥獸伏，霜露凝，何為舅氏偏遠行也？不但山川間之，抑且盜賊充斥。乃高賢之意不敢緩者，以二十四舅之任青城，王命在身，崩奔恐棘耳。我送舅氏，臨風哽咽，無淚可揮矣。

放船

送客蒼溪縣，山寒雨不開。直愁騎馬滑，故作泛舟回。四句「放船」。青惜峰巒過，黃知橘柚來。二句景。江流大自在，坐穩興悠哉。結挽次聯。

〔註１〕《杜詩闡》卷十一《狂夫》：「厚祿故人書斷絕，恒饑穉子色淒涼。」
〔註２〕《杜詩闡》卷十七《有感五首》之五。

　　閬中有蒼溪縣，我送客於此，適值山寒雨阻，不能騎馬歸矣。因而泛舟。泛舟時，回首送客寒山之處，峰巒已過；極目蒼溪郭外之景，橘柚又來。凡物過者可惜，如此峰巒；來者焉知，如此橘柚。惜其過不可復追，知其來無須逆料。我放船而廻，所見如此。假使騎馬，安得有此自在，而悠悠坐穩，領略此舟前佳景也？

與嚴二歸奉禮別

別君誰暖眼，將老病纏身。出涕同斜日，臨風看去塵。四句臨別。商歌還入夜，巴俗自為鄰。尚愧微軀在，遙聞盛禮新。山東群盜散，闕下受降頻。諸將歸應盡，題書報旅人。八句別後情事。

　　我客閬中，幸有君在。君去，冷眼相看，老病誰惜？所由潸焉出涕，斜日同揮；竚立臨風，行塵俱遠也。從此商歌獨聽，巴俗為鄰。猶幸老病之餘，微軀尚在。朝廷盛禮，得以相間。自中興以來，朝廷屢行盛禮。君歸掌禮，盛禮之新，所有事者。而況山東來瑱既誅，戍者皆返；河北朝義亦滅，賊將皆降。各鎮班師，至尊受賀，君奉禮之暇，幸題書報我。庶今日出涕臨風之痛，亦差慰云。

贈裴南部聞袁判官自來欲有按問

塵滿萊蕪甑，堂橫子賤琴。人皆知飲水，公輩不偷金。四句「贈裴」。梁獄書應作，公自注：「去聲。」秦臺鏡欲臨。點「袁判官」。獨醒時所嫉，群小謗能深。即出黃沙在，應須白髮侵。使君傳舊德，已見直繩心。六句「按問」雪枉。

　　冤哉南部，塵滿甑，是范丹也；堂橫琴，是子賤也。知飲水則鄧攸不貪，無人不悉；不偷金則不疑償金，人當自明。南部廉潔如此，奈被誣何！昔者鄒陽、羊勝等謗，獄中上書得出。秦始皇有方鏡，照人心膽。南部坐枉，猶之鄒陽。判官來雪其枉，無異秦鏡也。南部何以被誣？正坐獨醒之故。既爾獨醒，宜來群小之讒。幸逢判官，黃沙之內，自當即出；但白髮之侵，不免更添耳。南部為衣冠名族，世有舊德，況秉心如繩，按問即見，小人之謗何足累！〇按：白居易詩有「勤操丹筆念黃沙，莫使飢寒囚滯獄」〔註3〕。黃沙應指囹圄地，故曰「即出黃沙在」。

鄭典設自施州歸

我憐滎陽秀，冒暑初有適。名賢慎出處，不肯妄行役。旅茲殊俗遠，

〔註3〕白居易《白氏長慶集》卷五十二《和自勸二首》之一。

竟以屢空迫。南謁裴施州，氣合無險僻。攀援懸根木，登頓入天石。青山自一川，城郭洗憂慼。以上追敘往施州時。聽子話此邦，令我心悅懌。其俗則純樸，不知有主客。溫溫諸侯門，禮亦如古昔。敕廚倍常羞，盃盤頗狼籍。時雖屬喪亂，事貴賞匹敵。中宵愜良會，裴鄭非遠戚。群書一萬卷，博涉供務隙。他日辱銀鉤，森疎見矛戟。倒屣喜旋歸，畫地來所歷。乃聞土風質，重見田疇闢。刺史似寇恂，列郡宜競借。以上述「典設」之言。北風吹瘴癘，羸老思散策。渚拂兼葭寒，嶠穿蔦蘿冪。此身仗兒僕，高興潛有激。孟冬方首路，強飯取崖壁。以上自言欲往施州。歎爾疲駑駘，汗溝血不赤。終然備外餱，駕馭何所益。我有平肩輿，前途猶準的。翩翩入鳥道，庶免蹉跌厄。數語規諷。

　　子前冒暑有適，我嘗惜之，以為子滎陽之秀，出處必慎，豈宜妄有所行。不道旅寓殊方，竟以饑驅之故。猶幸裴為故人，意氣相期，遂忘險僻，援危藤，躡峻石，一入施州，覽其山川城郭，而喜可知也。施州地接夜郎，夷僚雜處。子前冒暑而往，吾方憂之。今子歸，話此邦，有大慰吾心者。聽子言曰：「施州俗樸，主客忘形。侯門禮數，與古無異。宴會之際，珍羞繹絡，不以喪亂而務苟簡。良會之餘，得敘瓜葛，往往流連而至夜闌。況仕優則學，萬卷森羅；學優而書，八法具備。即銀鉤手筆，他日還許辱賜也。」又為我詳畫所歷之路，若所攀援，若所登頓，以示雖險僻而無害。又為我詳述施州，民皆質實，田不荒蕪。刺史賢似寇恂，施州列郡，咸願借寇。我聞斯言，心竊嚮往。子前冒暑適彼，我則羸病老人，必待天寒風勁，瘴癘盡吹，方許杖策。渚則拂兼葭之寒，嶠則穿蔦蘿之冪。險僻之處，猶仗兒童，強飯而登，直取崖壁，亦因高興潛激，擬於孟冬首路也。子今從施州歸，山川悠遠，駕駘罷矣，汗血亡矣。外餱雖具，駕馭難充。我則有平肩之輿，無務外餱，但取前途，可為準的。雖入鳥道，亦可免蹉跌之憂危也已。○冕性侈靡，每會賓客，滋味品數，客有昧於名者，故曰「敕廚倍常羞」。冕善書，故有「銀鉤」、「矛戟」等句。

對雨

　　以下皆憂亂之作。

莽莽天涯雨，江邊獨立時。二句「對雨」。不愁巴道路，恐失漢旌旗。雪嶺防秋急，繩橋戰勝遲。西戎甥舅禮，未敢背恩私。六句時事。

　　如此雨勢，我江干獨立，何為哉？巴中道路，不慮難行；漢家旌旗，誠恐迷失也。況西山雪嶺，地接蕃夷，此處之防秋宜急；繩橋列戎，控制三城，此地之戰勝何

遲。得毋西戎與我本甥舅國,亮和好未失,恩私不背,故爾毋煩戰勝耶?○郭子儀嘗言「吐蕃無道,不顧舅甥之親」〔註4〕,公結句反用之。

遣憂

時吐蕃入寇,邊將告急,程元振皆不以聞。十月,深入上方治兵,吐蕃已度便橋。上出幸陝州,吐蕃入京師,焚燒一空。公聞志悲,題曰《遣憂》。

亂離知又甚,消息苦難真。受諫無今日,臨危憶古人。四句虛寫。紛紛乘白馬,攘攘著黃巾。隋氏留宮室,焚燒何太頻。四句實寫。

國家亂離,今日又甚,但苦消息難真耳。致此亂離者,蓋因今上不能受諫也。若使受諫,豈有今日?今日臨危,庶幾憶昔。但臨危而憶古人之言,悔其不用,亦已晚矣。〔註5〕消息何如?傳聞乘白馬如侯景者,因吐蕃之寇,紛紛而起;著黃巾如張角者,因吐蕃之寇,攘攘而來。紛紛攘攘,勢必焚燒。可惜隋氏遺宮,今日焚燒,頻頻而見,吾不解也。○「受諫無今日」,向指柳伉一疏。〔註6〕夫柳伉上疏,在長安既陷、乘輿既奔後,此時受諫,豈有及乎?愚按:是年四月,郭子儀數為上言吐蕃、党項不可忽,宜早為之備。上狃於和好而不納。至還京,勞子儀曰:「用卿不早,亦已晚矣。」祿山畔,上皇方思張九齡之言,遣使曲江致祭。夫子儀知吐蕃必寇而極言,猶九齡之識祿山也。代宗之勞郭子儀,猶上皇之思張九齡也。公不忍明言,託之古人耳。魯哀時,子貢嘗辭吳盟,季孫不能用。後臨越難而思之,曰:「若在此,我不及此夫。」梁末帝時,段凝有異志。末帝謂敬翔曰:「朕居常忽卿言,今急矣,勿以為慙。卿其教我。」「受諫無今日」,往往而然。「白馬」、「黃巾」,是因吐蕃而亂者。如高暉以城降吐蕃,王獻忠脅豐王琪以迎吐蕃,呂太一乘機作亂,正是紛紛攘攘者。「隋氏」,亦為本朝諱言。

〔註4〕《資治通鑑》卷二百二十三《唐紀三十九》:「子儀因說之曰:『吐蕃無道,乘我國有亂,不顧舅甥之親,吞噬我邊鄙,焚蕩我畿甸。』」

〔註5〕《杜詩詳註》卷十二《遣憂》:「《杜臆》:『若早能受諫,則無今日之亂。至臨危而憶古人,亦已晚矣。』」

〔註6〕《集千家注杜詩》卷十《遣憂》:
鶴曰:「是年十月,吐蕃陷京師,代宗出幸陝州。蓋由宦官程元振輩在朝專權,遂致召亂。太常博士柳伉上疏,其詞切直,豈虛言哉?公至是亦有『受諫無今日』之句,可謂憂國之言也。」
《錢注杜詩》卷十八《遣憂》「受諫」:「謂代宗還京,太常博士柳伉上疏切諫也。」

巴山

《巴山》以下諸詩，俱寫時事所當諱言者，故每用詩中字命題。**巴山遇中使，云自陝城來。盜賊還奔突，乘輿恐未回。**二句承「中使雲」。**天寒邵伯樹，地闊望仙臺。狼狽風塵裏，群臣安在哉？**四句總寫「乘輿未回」意。

我客巴山，中使何緣得至？中使云：「我從陝城至此耳。計此時盜賊縱橫，還應奔突；乘輿蒙塵，尚未還京。」然則乘輿今在何處？或在陝，此處有邵伯樹，天寒可憫；或在華，此處有望仙臺，地闊奈何！乘輿狼狽，尚屬風塵。扈從群臣，離散何去？中使必知其故矣。○代宗十月丙子出奔。丁丑，車駕至華州，幸魚朝恩營。辛巳，方至陝。時吐蕃焚劫長安，欲掠城中士女，整眾歸國；又還至鳳翔，逼城請戰；是「還奔突」。車駕逗留，尚未發陝，是「恐未回」。初，上出幸，官吏藏匿。至華奔散，無復供擬，故曰「群臣安在」。

黃草

黃草峽西船不歸，赤甲山下行人稀。秦中驛使無消息，蜀道兵戈有是非。四句寫亂離。**萬里秋風吹錦水，誰家別淚灑羅衣。**二句憶成都。**莫愁劍閣終堪據，聞道松州已被圍。**二句警當事。

成都亂極矣。以言水路，黃草峽西之船，不見其歸；以言陸路，赤甲山下之人，行者絕少。道梗如此。此時長安，冀得驛使，一問消息，無奈驛使不通。此時蜀道，兵戈擾攘，莫得真傳，未卜是非。何似遙想錦水，空吹萬里秋風，而我身不能去；遙知別淚，又濕幾家羅衣，而彼處靡所依。去年知道曾據劍閣為亂，今知道已滅，劍閣之終堪據，不必愁也。聞今吐蕃又寇成都，松州等處之被圍，則大可憂耳。蓋松州一帶，關係全蜀。節度其地者，何以策之？○「蜀道兵戈」句，斷為高適。高適練兵於蜀，牽制吐蕃，未為得策，其是非尚屬未定。《警急》〔註7〕二章可證。

歲暮

歲暮遠為客，邊隅還用兵。煙塵犯雪嶺，鼓角動江城。四句時事。**天地日流血，朝廷誰請纓。濟時敢愛死，寂寞壯心驚。**四句感懷。

歲暮可歸，而猶作客。邊隅何故？而還用兵。只因西蕃入寇，煙塵已侵雪嶺；所以節度治兵，鼓角直震江城。似此用兵，天地之間，日有玄黃之血。乃朝廷之上，誰為終軍其人？我目擊時艱，敢愛微軀？自傷遲暮，壯心勃勃而已。

〔註7〕見此卷後。

愁坐

高齋常見野，愁坐更臨門。二句「愁坐」。十月山寒重，孤城水氣昏。二句「愁坐」所見。葭萌氐種迴，左擔犬羊屯。終日憂奔走，歸期未敢論。四句「愁坐」所感。

我愁坐高齋，臨門一望，所見野色，不過山寒水氣耳，不足愁也。所愁者，葭萌之處，氐種迴絕，懼有外心；左擔之交，犬羊屯聚，實逼處此。如此時事，只恐奔竄難免，歸梓尚未有期耳。○「氐種」，羌人。「犬羊」，吐蕃。在內可憂者，有氐種；在外入寇者，有吐蕃。公慮吐蕃與氐羌相結為亂也。觀公《東西兩川說》〔註8〕云：「竊恐備吐蕃，先自羌子弟始。」然則松維之圍，卭雅子弟乘機竊發，亦未可知。故憂氐種之類，遠於葭萌。其心巨測，有反助吐蕃之事。犬羊之族，逼處左擔，實繁有徒。有盡為左衽之痛，此愁坐時所開心者。

警急 公自注：「時高適領西川節度使。」

才名舊楚將，妙略擁兵機。玉壘雖傳檄，松州會解圍。四句擬議之辭。和親知計拙，公主漫無歸。青海今誰得，西戎實飽飛。四句見無妙略。

高公舊為淮南節度，才名素著，以有妙略耳。今日練兵於蜀，必能用兵如神者。果爾，則吐蕃入寇，玉壘之檄雖傳；蜀兵一臨，松州之圍會解矣。向者因無妙略，和親失計，公主不歸，遂使青海茫茫，盡為吐蕃所有。已事如此，今日警急，全憑公之妙略耳。○時高適為西山節度，練兵於蜀。公意練兵於蜀，不如急救松州。「警急」命題，以見松州之圍勢關全蜀，救援之師斷不容緩。今適但練兵於蜀，不聞移師赴援，妙略安在？未幾，松州一陷，西山諸州盡入吐蕃。「和親」四句，正發明《對雨》〔註9〕章結意，指前車為鑒也。

王命

漢北豺狼滿，巴西道路難。血埋諸將甲，骨斷使臣鞍。牢落新燒棧，蒼茫舊築壇。六句時事。深懷喻蜀意，慟哭望王官。結「王命」意。

吐蕃入寇，賊滿漢北。豈獨漢北，即巴西亦梗塞難行矣。諸將之戰死者，甲血空埋；使臣之往來者，馬骨徒斷。豈禦寇終無策乎？近者，吐蕃新入大震關，然後詔焚大震關，焚亦晚矣。張良之燒絕棧道，應不如是。吐蕃已度便橋，然後詔郭子儀。子儀開

〔註8〕《杜詩詳注》卷二十五。
〔註9〕見此卷前。

廢日久，纔得十一騎而行，詔已遲矣。漢高之築壇拜將，應不如是。今日蜀事，雖松州被圍，西山岌岌，深懷喻蜀之意，亦急望王命大將秉節而來，一解蜀人倒懸耳。○高適師出無功，蜀人思得嚴武代適。其後《奉待嚴大夫》〔註10〕詩云：「常怪偏裨終日昌。」

西山　三首

西山為控扼要衝。《圖經》云：「岷山巉絕崛立，捍阻羌夷，全蜀依為巨屏。」〔註11〕《西山三首》亦《小雅》「匪茹」「整居」〔註12〕之慮。

夷界荒山頂，蕃州積雪邊。築城依白帝，轉粟上青天。四句「西山」。**蜀將分旗鼓，羌兵助鎧鋋。西戎背和好，殺氣日相纏。**四句時事。

夷界不遠，只在荒山；蕃境非遙，近連雪嶺。築城山上，一如白帝城之高；轉粟山邊，不啻上青天之險。守此者，亦孔棘哉！不但總戎，蜀將亦分旗鼓以敵愾；豈惟蜀兵，羌兵亦助鎧鋋以前驅。所以然者，吐蕃背好，殺氣相纏，正未已也。○「西戎背好」，《對雨》〔註13〕章反說，《警急》〔註14〕章挽往事，至此始透。

辛苦三城戍，長防萬里秋。煙塵侵火井，雨雪閉松州。四句時事。**風動將軍幕，天寒使者裘。**二句諷辭。**漫山營賊壘，回首得無憂。**二句危辭。

三城之戍，雖則罷民，朝廷置此，夫豈得已？亦長防邊疆萬里，秋訊不測耳。今何如哉？彼處煙塵，已侵火井；此間雨雪，空閉松州。潰陷之象已見。此時獨仗將軍運籌耳。將軍何為？朔風飄幕而已。更憑使者臨邊耳。使者何如？寒色侵裘而已。西山一帶，無非賊壘，不盡沒於吐蕃不止，能無回首憂危也？○西山防秋三戍，明皇幸蜀時所設。高適上疏〔註15〕論之，謂「今所界吐蕃要衝，不過平戎以西數城」；又云「坐甲於無人之鄉，運糧於束馬之路」。〔註16〕以三城列戍為可撤者，其防守之疏可

〔註10〕《杜詩闡》卷十七。
〔註11〕《錢注杜詩》卷十二《西山三首》「西山」：「《圖經》云：『岷山巉絕崛立，實捍阻羌夷，全蜀倚為巨屏。』」
〔註12〕《詩經·小雅·六月》：「玁狁匪茹，整居焦穫。」
〔註13〕見此卷前。
〔註14〕見此卷前。
〔註15〕疏見《舊唐書》卷一百一十一《高適列傳》。後見《全唐文》卷三百五十七，題為《請罷東川節度使疏》。
〔註16〕《集千家注杜詩》卷十《西山三首》：
　　　洙曰：「按史，明皇還蜀後，復分東西兩川為兩節度，西山列防秋三戍，民罷于役，高適嘗上疏論之，不聽。又按，西山有松州，正當吐蕃要衝也。」
　　　《錢注杜詩》卷十二《西山三首》「蕃州」：
　　　高適《疏》云：「今所界吐蕃，城堡不過平戎以西數城，邈在窮山之巔，垂於

知，宜西山諸處盡沒吐蕃。此詩首二句實諷適也。

子弟猶深入，關城未解圍。蠶崖鐵馬瘦，灌口米船稀。四句危詞，以見無一可恃。**辯士安邊策，元戎決勝威。今朝烏鵲喜，欲報凱歌歸。**四句諷辭。

西山之役，子弟胥入，兵力盡矣。兵力盡而賊圍未解，子弟不免矣。戰必資騎，上蠶崖者，鐵馬既瘦，馬尚堪戰否？士必需糧，來灌口者，米船既稀，士猶飽否？兵盡矣，馬憊矣，糧竭矣。或者安邊之策，全仗辯士；決勝之威，尚賴元戎。信然，則奏凱有日。忽聞鵲聲，似耶？非耶？○子弟即公《東西兩川說》〔註17〕「邛雅子弟」、「羌子弟」。

征夫

廣德元年十二月，吐蕃陷松、維、保三州及雲山新築二城。西川節度使高適不能救，劍南諸州盡入吐蕃。《征夫》一章，正是實錄。〔註18〕

十室幾人在，千山空自多。路衢惟見哭，城市不聞歌。四句總寫敗亡。**漂梗無安地，銜枚有荷戈。官軍未通蜀，我道竟如何。**四句望援。

蜀勢全敗，人都陣沒。千山嵯峨，空自多耳。哭者載道，歌者無人。我一身漂梗，無地可安。猶望士卒銜枚，以圖再舉。其如官軍遙遙，尚未通蜀，我道其終窮哉！○「官軍未通蜀」，仍望嚴武。明年正月，代宗以嚴武代高適。

早花

西京安穩未？不見一人來。二句感時。**臘月巴江曲，山花已自開。盈盈當雪杏，豔豔待香梅。**四句「早花」。**直苦風塵暗，誰憂客鬢催。**應起意結。

自九月吐蕃寇西京，今應安穩，奈驛使斷絕，消息無從何！夫消息偏遲，臘月尚未；乃山花獨早，窮冬已開。不見杏子盈盈，當雪而放；梅花豔豔，待香而開？明知花草無情，催人頭白，然我所苦者，西京未安穩，而風塵終暗。客鬢之催，亦聽之杏雪梅香而已矣。○代宗十月幸陝，十二月已發陝還長安。公遠羈巴間，尚未知也。有《傷春》詩自注〔註19〕。

險絕之末，運糧於束馬之路，坐甲於無人之鄉。」

〔註17〕《杜詩詳注》卷二十五《東西川說》。

〔註18〕《集千家注杜詩》卷十《征夫》：
鶴曰：「《警急》、《王命》、《征夫》三首皆為高適作。吐蕃入寇，高適在蜀，調征夫防守，卒陷松、維等州。故首篇有『才名』、『妙略』之稱，而其下皆敗北之事，所以諷之也。」

〔註19〕《傷春五首》見此卷後。公自注：」巴閬僻遠，傷春罷，始知春前已收宮闕。」

自閬還梓詩 廣德元年

發閬州

前有毒蛇後猛虎，溪行盡日無村塢。江風蕭蕭雲拂地，山木慘慘天欲雨。四句發閬時在道之景。女病妻憂歸意速，秋花錦石誰能數。別家三月一得書，避地何時免愁苦。四句發閬時思家之懷。

　　劍南頻年寇亂，人煙斷絕，所以今日發閬，蛇虎充斥，村塢無人。俯聽蕭蕭者，惟江風，蓋吹雲拂地也；仰見慘慘者，惟山木，亦漫天欲雨也。江山間豈無秋花錦石，可供客玩？無奈女病，致累妻憂，歸意迫矣。此秋花錦石，更復何心細數？我客閬三月，纔一得書，乃書中所云，又以女病妻憂，亂人方寸。我之避地，何時得免愁苦已？

舍弟占歸草堂檢校聊示此詩

久客應吾道，相隨獨爾來。孰知江路近，頻為草堂回。四句「占歸草堂」。鵝鴨宜長數，柴荊莫浪開。東林竹影薄，臘月更須栽。四句「檢校」。

　　處世誰堪久客，獨吾道宜然耳。乃隨我來者，只有汝在。今日客梓，亦孰知東西兩川，江路原近。頻頻遣汝，亦不過為舊廬難捨耳。汝歸矣，尚務檢校哉！草堂有鵝鴨，汝宜長數，門以內，不使疏失，如此鵝鴨類也。草堂有柴荊，汝莫浪開，門以外，無容妄涉，守此柴荊可也。至於浣花溪竹，係我手植。遙想東林，其影必薄。汝歸乘臘，更加澆灌，庶來春新筍，復有上番成竹之望。我囑汝檢校者如此。○或謂公此數語，近於瑣屑。不知彭澤之子侯門，司徒之妻擔糞，萬石兒惟數馬，孔明身自栽桑，古來賢達皆然。他日，公於宗文則催樹雞柵〔註20〕，於豎子則督促秏稻〔註21〕，以至種萵苣〔註22〕，摘蒼耳〔註23〕，勒耕牛〔註24〕，修水筒〔註25〕，隸人伐木〔註26〕，園丁除草〔註27〕。蓋其克勤小物，正寓經濟於無用，以為有用也。

〔註20〕《杜詩闡》卷二十二《催宗文樹雞柵》。
〔註21〕《杜詩闡》卷二十七《秋行官張望督促東渚秏稻向畢清晨遣女奴阿稽豎子阿段往問》。按：據此詩題，則「秏」當作「耗」。
〔註22〕《杜詩闡》卷二十三《種萵苣》。
〔註23〕《杜詩闡》卷二十七《驅豎子摘蒼耳》。
〔註24〕《杜詩闡》卷二十七《暇日小園散病將種秋菜督勒耕牛兼書觸目》。
〔註25〕《杜詩闡》卷二十二《信行遠修水筒》。
〔註26〕《杜詩闡》卷二十二《課伐木》。
〔註27〕《杜詩闡》卷二十二《除草》。

冬狩行公自注：「時梓州刺史章彝兼侍御留後東川。」

　　章彝留後東川，置主憂不問，大閱東川，校獵自雄。題曰「冬狩」，警其僭也。**君不見東川節度兵馬雄，校獵亦以觀成功。夜發猛士三千人，清晨合圍步驟同。禽獸已斃十七八，殺聲落日廻蒼穹。幕前生致九青兕，馲駝巋峛垂玄熊。東西南北百里間，髣髴蹴踏寒山空。有鳥名鸜鵒，力不能高飛。逐走蓬肉味，不足充鼎俎，胡為見羈虞羅中。**以上校獵。**春蒐冬狩侯得同，使君五馬一馬驄。況今攝行大將權，號令頗有前王風。**四句諷辭。**飄然時危一老翁，十年厭見旌旗紅。喜君士卒甚整肅，為我回轡擒西戎。草中狐兔盡何益，天子不在咸陽宮。朝廷雖無幽王禍，得不哀痛塵再蒙。嗚呼！得不哀痛塵再蒙。**以上勉其勤王。

　　留後節度東川，兵馬既雄，可為朝廷建功矣。今日校獵，疑有此功。校獵何如？夜發號令，猛士三千，晨使合圍，步伐如一。所得禽獸，十斃八九，殺聲至晚，猶然振天。行幕之前，已羅青兕、馲駝之背，又載玄熊。合圍百里之中，一空寒山之族，大者殪矣，小亦不遺。如鸜鵒者，力怯飛蓬，肉慚鼎俎，虞羅之內，胡為見羈？校獵之雄如此。夫春蒐冬狩，非諸侯事。今侯得同者，以留後既為刺史，又兼侍御，而攝大將權，故號令赫然，與前王比烈耳。老翁何心觀獵，所喜者以留後士卒如此整肅，往擒吐蕃，摧枯拉朽。至於草中狐兔，盡殺何益哉！今日朝廷，行幄幸陝，咸陽宮裏，寂無一人。若論今王，原無失德，何為先帝以來，蒙塵至再。留後誠念及此，亦當惻然哀痛也。○魯昭公十五年夏，有鸜鵒來巢。九月，公孫於齊，次於陽州。代宗幸陝，猶魯昭次陽州。其受制於程元振，猶魯昭受制於意如。公曰「有鳥名鸜鵒」，蓋欲章見鸜鵒，思主上出奔。今見「羈虞羅」，章無主憂臣辱之意矣。公曰「胡為」，大是喚醒。

山寺公自注：「章留後同遊，得開字。」

野寺根石壁，諸龕遍崔嵬。前佛不復辯，百身一莓苔。惟有古殿存，世尊亦塵埃。如聞龍象泣，足令信者哀。以上寫「山寺」。**使君騎紫馬，捧擁從西來。樹羽靜千里，臨江久徘徊。山僧衣藍縷，告訴棟梁摧。公為顧兵徒，咄嗟檀施開。我知多羅樹，卻倚蓮花臺。諸天必歡喜，鬼神無嫌猜。以茲撫士卒，孰曰非周才。窮子失淨處，高人憂禍胎。**以上諷留後。**歲晏風破肉，荒林寒可廻。思量入道苦，自哂同嬰孩。**四句自言。

山寺依石，佛龕遍山。龕中諸佛，已不復辨，所見惟莓苔耳。諸龕雖沒，古殿尚存。前佛既塵，世尊亦爾。於是龍象悲泣，信者傷心，安得出世尊於塵埃，起前佛於莓苔哉？幸使君騎馬西來，臨江樹羽，徘回觀望，若有餘哀。山僧訴曰：「所以致此者，棟梁摧頹之故也。」使君咄嗟，檀施不吝。從此復栽雙樹，重倚蓮臺，世尊之塵埃除，前佛之莓苔洗，諸天歡喜，鬼神無嫌矣。但使君之職，在於拊循士卒，誠移檀施，以撫幕下，豈非弘濟之才？今舍士卒，施山僧，在山僧如窮子遇父，雖行穢不淨，一切財物，皆是子在，信大歡喜。但恐士卒離心，使高人即事，憂禍胎耳。今日歲晏風寒，肌膚皸裂，老夫身臨古寺，自思人道蹉跎，如嬰孩幼失怙恃，亦足哀也。○古殿比國，世尊比君，棟梁比大臣，勉留後維持君國，無徒廣求福田利益也。「野寺根石壁」，結構未嘗不固；「諸龕遍崔嵬」，拱衛未嘗不尊。「前佛不復辨」，列宗靈爽何存？「百身一莓苔」，九廟灰燼殆盡。「惟有古殿存」，黃屋原無恙也。「世尊亦塵埃」，天子下殿走矣。「如聞龍象泣」，惟龍象斯泣。「足令信者哀」，惟信者斯哀。當時泣諭將士，激烈赴難，大聲疾呼，以殉君國者，惟郭子儀、顏真卿、段秀實、柳伉幾人耳。扈從將士，不免凍餒，猶之「山僧衣藍縷」。所謂大臣，不過元載諸人，能無「告訴棟梁摧」？使君執兵以往，峙糧以濟，愈於顧兵徒，開檀施也。重扶車駕，復還宮闕，是使多羅樹倚蓮花臺也。社稷安，幽明慶，是令諸天歡喜，鬼神無猜也。「以茲撫士卒，孰曰非周才」，是子儀諸公所推，豈河北節度可比？乃徒叱兵徒而厚施山僧，不聞布德惠，以拊循士卒，況不修臣節，妄覬非分，如冬狩合圍，僭擬天子，難免禍胎。「窮子」，本《法華經》「窮子傭賃，遇到父所，受僱除穢，行穢不淨。其父宣言：爾是我子，今我所有一切財物，皆是子有。窮子聞言，即大歡喜」。〔註28〕公以窮子比山僧，得留後之檀施，如窮子得父財。「失淨處」即「行穢不淨」意。行穢不淨，反得財物，為此諷耳。「自哂同嬰孩」，公遠離所天，如失怙恃，不如窮子之遇父，故云然也。

寄裴施州

廊廟之具裴施州，宿昔一逢無此流。金鐘大鏞在東序，冰壺玉衡懸清秋。四句「裴施州」。自從相遇減多病，三歲為客寬邊愁。二句承「宿昔一逢」。堯有四嶽明至理，漢二千石真分憂。二句言「廊廟之器」出為刺史。幾度寄書白鹽北，苦寒贈我青羔裘。霜雪迴光避錦袖，蛟龍動篋蟠銀鉤。紫衣使者辭覆命，再拜故人謝佳政。將老已失子孫憂，後來況接

〔註28〕《錢注杜詩》卷五《山寺》「窮子」：「見《法華經》。」

才華盛。以上自敘奉謝之意。

裴公雖貶，本廊廟器。我自上元卜居浣花溪，與公相逢，已歎世間少此人物。其器宇宏深，鐘鳴東序；其識鑒澄澈，玉映清秋。宿昔相逢，便減多病；三年客蜀，遂解邊愁。今日思之，極不忘耳。公以廊廟器，出刺施州者，得毋堯有四嶽能明府事、漢有二千石能分主憂耶？我去成都，流落白鹽山北，蒙公幾度附書，貽以羔裘。裘則錦袖之上，霜雪迴光；書則銀鉤之勢，蛟龍蟠舞。此時紫衣使者，辭我言歸，我再拜故人，謝其嘉貺。又遙慰我故人曰：「公老矣，老憂子孫。公子孫濟濟，何憂之有！況子孫皆賢，才華斐然者，施州之貶，何足介意為？」○是詩舊編永泰元年冬，公在雲安日作，非。按《通鑑》，裴冕永泰元年三月已復原官左僕射待制集賢院，安得尚在施州？曰「裴施州」，裴於寶應元年八月貶施州，公於廣德元年冬在梓州時寄，無疑也。所疑者，白鹽山在夔之東屯，東屯為白鹽北耳。按：夔為南楚，梓潼等處皆在夔北。此句如「朝廷燒棧北，鼓角漏天東」〔註29〕等句法。若編入東屯，公於大曆二年秋冬間移居東屯，三年正月便已出峽，在東屯不過三四月，安得施州有幾度寄書之理，而曰「幾度寄書白鹽北」也？又按：裴年已老，大曆四年，元載舉為相史，曰：「利其老病易制。」未幾薨。故此詩曰「將老」。老人所憂者子孫。「已失子孫憂」，即「相顧免無兒」〔註30〕意。裴為衣冠名族，其繼起者才華必盛。此二句亦因裴遭貶謫，公以子孫才華，慰其牢落。舊註謂公年老以子孫托裴，未合。

桃竹杖引贈章留後

江心蟠石生桃竹，蒼波噴浸尺度足。斬根削皮如紫玉，江妃水仙惜不得。梓潼使君開一束，滿堂賓客皆歎息。以上敘「桃竹杖」。憐我老病贈兩莖，出入爪甲鏗有聲。老夫復欲東南征，乘濤鼓枻白帝城。路幽必為鬼神奪，杖劍或與蛟龍爭。以上敘遊。重為告曰：杖兮杖兮，爾之生也甚正直，慎勿見水踴躍學變化為龍。使我不得爾之扶持，滅跡於君山湖上之青峰。噫！風塵澒洞兮豺虎咬人，忽失雙杖兮我將曷從。以上諷辭。

梓州桃竹出於江心，雖為江妃所愛，不得不為使君所取。使君取此者，憐我龍鍾，必須扶杖，遂攜之出入，鏗然有聲也。我今日方有東南之征，自白帝城鼓枻出峽，一路江山幽險，異物必多。此杖精工，不免為鬼物蛟龍所妬，我勢必杖劍與爭，敢負

〔註29〕《杜詩闡》卷十五《陪章留後侍御宴南樓得風字》。
〔註30〕《杜詩闡》卷六《贈畢四曜》。

明賜？杖亦當知自愛矣。叮嚀告曰：「杖生正直，慎勿變化，滅跡湖上，失我扶持。方今風塵擾攘，不但水有蛟龍，幽有鬼神，豺虎亦復載道。雙杖一失，我安適從？杖始終以正直自守可也。」○蜀中多故，章留後東川，為西南保障。章好殺僇，誇張威武，似失朝廷所倚以屏翰意。故曰「爾之生也甚正直」，勸其乃心王室也；「慎勿踊躍學變化為龍」，勉其恪其乃職也。結到「忽失雙杖吾將曷從」，亦早知其不免。

自梓攜家閬州詩 廣德二年

將適吳楚留別章使君留後兼幕府諸公得柳字

我來入蜀門，歲月亦已久。豈惟長兒童，自覺成老醜。常恐性坦率，失身為杯酒。近辭痛飲徒，折節萬夫後。以上在蜀。昔如縱壑魚，今如喪家狗。既無遊方戀，行止復何有。相逢半新故，取別隨薄厚。不意青草湖，扁舟落我手。以上去蜀。眷眷章梓州，開筵俯高柳。樓前出騎馬，帳下羅賓友。健兒簇紅旗，此樂誠難朽。六句宴別。日車隱崑崙，鳥雀噪戶牖。波濤未足畏，三峽徒雷吼。所憂盜賊多，重見衣冠走。中原消息斷，黃屋今在否。終作荊蠻遊，安排用莊叟。隨雲拜東皇，掛席上南斗。有使即寄書，無使長回首。以上敘「適吳楚」。

我入蜀多年，幼者長，壯者老矣。性生放誕，與酒為徒。蜀中節鎮多驕，常恐失身履害。辭酒徒，學折節，違厥性矣。我本縱壑魚，焉能鬱鬱居此？今為喪家狗，從茲悢悢何之？遊子有方，衰老已無此戀。萍蹤靡定，行止亦復何拘。惟是新故交情，各有厚薄。今日取別，情亦不同。顧南行何始？萬里扁舟，不意自青草湖始也。梓州開筵柳前，騎馬樓下，幕府諸公陪宴者，繽紛四座；帳前健卒侑酒者，簸弄紅旗。樂哉此宴！日車落，林鳥喧，我從此別矣。此去青草波濤，何足介意！三峽險惡，亦姑聽之。所憂者，寇盜充斥，衣冠奔走耳。自吐蕃入寇，中原之音問杳然，黃屋之安危未卜。北征既斷，聊復南遊，為遠適之梁鴻，學逍遙之莊叟。《楚騷》以東皇比君，吳地以南斗為極。此行拜東皇，上南斗，雖適吳楚，敢忘王室哉？至於使君，微論有使無使，心期勿替，亮不至金玉爾音，遂有遐心也。○「落」，訓始。

江陵望幸

按史，上元元年，置南都於荊州，為江陵府。仍置永平團練兵三千人，以扼吳蜀之衝。廣德三年，以衛伯玉有幹略，拜江陵尹，充荊南節度。此時應有望幸之舉。後

《城上》詩曰：「遙聞出巡狩。」〔註31〕《傷春》詩曰：「滄海欲東巡。」〔註32〕

雄都元壯麗，望幸欵威神。地利西通蜀，天文北照秦。風煙含越鳥，舟楫控吳人。四句承「雄都元壯麗」。未枉周王駕，終期漢武巡。甲兵分聖旨，居守付宗臣。早發雲臺仗，恩波起涸鱗。六句承「望幸欵威神」。

　　江陵雄都，由來壯麗。一聞望幸，忽覺威神。天子時巡，山河動色也。以言地利，西通巴蜀；以言天文，北照長安。南則越鳥飛來，風煙不隔；東則吳人至止，舟楫時通。壯麗如此。今日望幸，雖曰周王大駕；臨鎬未來，猶望漢武旌旗。浮江過此，甲兵之分，由於聖旨，信征伐之權，自天子出也；居守之職，付諸宗臣，蓋君行則大臣守國，付託得人也。雲臺之仗，天邊早發；涸轍之鱗，恩波立起。望幸豈偶然哉！○「宗臣」，指郭子儀。代宗幸陝，以子儀為京城留守。

將赴荊南寄別李劍州弟

使君高義驅今古，寥落三年坐劍州。但見文翁能化俗，焉知李廣未封侯。四句「李劍州」。路經灩澦雙蓬鬢，天入滄浪一釣舟。戎馬相逢更何日，春風回首仲宣樓。四句「赴荊州」。

　　使君高義，曠代絕無。如何三年坐劍不遷也？「高義驅今古」，則有文翁能化俗之績；「三年坐劍州」，則有李廣未封侯之恨。人但見其化俗而羨之，亦焉知其未封侯而惜之。使君坐劍，我將適荊。此去出峽，必經灩澦。我入蜀五年，忽焉衰老。遙想出峽，止餘蓬鬢而往耳。此行入荊，必過滄浪。我東吳萬里，恃有扁舟。遙想入荊，將攜一釣舟而去焉。從此言別，相逢何日？到荊時，惟有登王粲樓，憑春風以引領云爾。○此章「仲宣樓」指荊州。前《短歌行》〔註33〕「仲宣樓」以王仲宣比王司直，非謂其適荊。

遊子

巴蜀愁誰語，吳門興杳然。二句領至末。九江春草外，三峽暮帆前。厭就成都卜，休為吏部眠。蓬萊如可到，衰白問群仙。

　　去蜀非無故，此間人無可語愁，故杳然發吳門之興耳。遙望九派長江，只隔青草；近看三峽險阻，已臨片帆。吳門不在望與？至若巴蜀，問卜雖有嚴遵，今已厭就；酒徒嘗作吏部，今亦休為。此去吳門，縱浮海而到蓬萊，亦所願也。興真杳然矣。倘到蓬萊，將稽首而問群仙，所甚樂也。何憂誰語哉？

〔註31〕見本卷後《傷春五首》之四。
〔註32〕見本卷後《傷春五首》之四。
〔註33〕《杜詩闡》卷十三《短歌行贈王郎司直》。

逃難

五十白頭翁，南北逃世難。二句總。疎布纏枯骨，奔走苦不暖。已衰病方入，四海一塗炭。乾坤萬里內，莫見容身畔。妻孥復隨我，回首一悲歎。故國莽丘墟，鄰里各分散。歸路從此迷，涕盡湘江岸。將適吳楚，故云。

　　五十老翁，棲皇南北，逃難何無已時也。而況骨枯氣衰，諸病都入。雖則逃難，無地可逃。一身莫容，更兼妻子！庶幾言歸故鄉，其如桑梓墟，鄰里散，惟有雪涕滿湘江而已。○愚謂此詩當在將適吳楚時。一則蜀中多故，正當吐蕃入寇後，與本題「逃難」二字有合。一則公欲出峽適荊楚，與詩中「涕盡湘江岸」有合。一則公年方五十一，與詩中「五十白頭翁」有合。或謂係大曆五年避臧玠亂，入衡時作。入衡，公已五十九歲。

行次鹽亭縣題四韻奉簡嚴遂州蓬州兩使君諮議諸昆季

馬首見鹽亭，高山擁縣青。雲谿花淡淡，春郭水泠泠。四句「行次」。全蜀多名士，嚴家聚德星。長歌意無極，好為老夫聽。四句「奉簡」。

　　鹽亭四面皆山，馬首望之，縣與霄青。其下谿為雲谿，谿上之花，淡淡不俗；其外郭為春郭，春郭之水，泠泠而清。行次所見如此。計全蜀名士，亦為不少。乃嚴家德星，獨聚一門。蓋既有兩使君，又有諸昆季。今日長歌奉簡，用意深長。兩使君、諸昆季幸為老夫細繹哉！○鹽亭在梓州左。「諮議諸昆季」，舊註謂是嚴震及其弟嚴礪。震以財役閭里，至德乾元中，數以貲財助邊，得為州王府長史、諮議參軍。詩曰「全蜀多名士，嚴家聚德星」，分明不以名士許嚴，但謂其一門多富宦耳。按：德宗幸梁時，震為梁帥，具軍禮迎謁，德宗令震登騎。中書齊映叱震導駕曰：「山南士庶，但知有震，不知有陛下。今使蜀地知天子尊耳。」是震不但以貲財雄蜀。

倚杖公自注：「鹽亭作。」

看花雖郭內，倚杖即溪邊。二句題面。山縣早休市，江橋春聚船。狎鷗輕白浪，歸雁喜青天。四句「倚杖」所見。物色兼生意，淒涼憶去年。二句「倚杖」所感。

　　鹽亭既有春郭，又有雲溪。我看花於彼，遂倚杖於此矣。縣在山間，故為山縣，而其市早休；橋跨江上，故為江橋，而船於春聚。山城草縣，地僻境偏，往來者少。一日之中，人煙在曉；四時之內，估客惟春也。於時白浪險矣，狎鷗偏輕；青天高矣，

歸雁獨喜。物色中如鷗如雁，都有生意。我去秋別家，妻孥不保。對此生意，有回首轉淒其者矣。

閬山歌

閬州城東靈山白，閬州城北玉臺碧。松浮欲盡不盡雲，江動將崩未崩石。那知根無鬼神會，已覺氣與嵩華敵。六句「閬山」。中原舊圖且未歸，應結茅齋看青壁。結出卜居意。

何山是白？閬州之靈山獨白。何臺是碧？閬州之玉臺獨碧。所以然者，靈山上，雲浮松際，欲盡不盡，故白也；玉臺下，石枕江流，將崩未崩，故碧也。靈山、玉臺，皆神仙窟宅，其根必有鬼神來會，故其氣象已與嵩、華二嶽彷彿爭高。吾見閬山，疑是嵩、華。吾見似嵩、華者，忽憶中原，庶幾有日歸中原，再遊嵩、華。其如干戈未休何！惟有結茅齋於靈山、玉臺處，看青壁以卒歲而已。○嵩在洛，華在秦，故觸中原故鄉之思。

閬水歌

嘉陵江色何所似，石黛碧玉相因依。正憐日破浪花出，更復春從沙際歸。巴童蕩槳欹側過，水雞銜魚來去飛。六句「閬水」。閬州勝事可腸斷，閬州城南天下稀。總前章結。

有閬山即有閬水，為嘉陵江。江色之麗，似石黛，似碧玉，兩者難定，殆相因依為一色也。何以有此黛碧？蓋由嘉陵日色已破浪花而出水，嘉陵春色已從沙際而歸來耳。此時巴童愛此浪花，蕩槳而過，半欹半側；此時水雞愛此沙際，銜魚而飛，或去或來。此皆閬水勝事。況閬州城南，其山色秀麗，如秋錦、諸峰，又為天下所稀者。此我歌閬山，即思結茅於此也。

陪王使君晦日泛江就黃家亭子　二首

山豁何時斷，江平不肯流。稍知花改岸，始驗鳥隨舟。四句「泛江」。結束多紅粉，歡娛恨白頭。非君愛人客，晦日更添愁。四句「陪使君」。

山當豁處，何時斷者；江於平時，一似不肯流。然江平流緩，則舟行遲矣。舟之行，不知其改岸與否？於花之去，稍知其已改耳。鳥之飛，怪其與舟俱在。今因岸之改，始知舟行，鳥亦隨舟來耳。泛江之景如此。此時舟以內，有紅粉者，結束何多；有白頭者，當歡而恨。幸有使君，愛人為客，置酒泛江。不然，我愁不轉添哉！

有徑金沙軟，無人碧草芳。野畦連蛺蝶，江檻俯鴛鴦。四句「就亭」。日晚煙花亂，風生錦繡香。二句應前「結束多紅粉」。不須吹急管，衰老易悲傷。二句應前「歡娛恨白頭」。

　　既泛江，隨就亭。亭上有徑，因沙甚軟；亭前有草，無人自芳。對亭者，有野畦。畦光遠接，蛺蝶疑連。緣亭者，有江檻。檻勢低臨，鴛鴦在俯。未幾日晚，煙花撩亂；至於風生，錦繡飄香。豈非「結束多紅粉」耶？我年衰老，悲傷易動。使君愛我者，幸勿更吹急管，蓋「歡娛恨白頭」也。

城上

時已收京，巴閬僻遠，公尚未知，故有《城上》諸作。草滿巴西綠，空城白日長。風吹花片片，春動水茫茫。四句「城上」。八駿隨天子，群臣從武皇。遙聞出巡狩，早晚遍遐荒。四句感懷。

　　我客巴閬，又見城頭芳草，萋萋已綠；空城白日，冉冉漸長。草綠花亦落，經風吹而片片皆飛；日長水亦盛，當春動而茫茫萬頃。計此時隨穆天子者，定有八駿；從漢武皇者，亦有群臣。幸陝以來，遙聞出狩，自冬徂春，遐荒應徧，鑾輿亦可回矣。何其久不回也！○代宗止幸陝，公何以有遐荒之語？當年車駕東幸，天下皆咎程元振。元振又以郭子儀新立功，不欲天子還京師，勸帝都洛陽。焉知不有八駿遐荒之舉？忠臣愛君，情見乎詞。

送李卿曄

王子思歸日，長安已亂兵。霑衣問行在，走馬向承明。四句「王子」。暮景巴蜀僻，春風江漢清。晉山雖自棄，魏闕尚含情。四句自傷。

　　國方亂也，王子何為歸也？其如至尊蒙塵，扈從無人何！獨吾垂老巴山，傷春江上。往年靈武之賞，既悲不與；今日從亡之役，又復不及。介推晉山，雖然自棄，敢以江湖忘魏闕哉？○重耳反國時，從行諸臣駢首爭功。肅宗收京後，靈武諸臣亦然。公往往形之詩。如《洗兵馬》詩曰：「汝等豈知蒙帝力。」〔註34〕《送張山人》詩曰：「文公賞從臣。」〔註35〕《秋峽》詩曰：「嘗怪商山老，兼存翊贊功。」〔註36〕而己則《壯遊》詩曰「之推避賞從」〔註37〕，此詩曰「晉山雖自棄」，意深遠矣。

〔註34〕《杜詩闡》卷七。
〔註35〕《杜詩闡》卷九《寄張十二山人彪三十韻》。
〔註36〕《杜詩闡》卷二十七，「翌」作「翼」。
〔註37〕《杜詩闡》卷二十三。

釋悶

四海十年不解兵，犬戎也復臨咸京。失道非關出襄野，揚鞭忽是過湖城。豺狼塞路人斷絕，烽火照夜屍縱橫。六句敘亂之悶。天子亦應厭奔走，群公固合思升平。但恐誅求不改轍，聞道嬖孽能全生。江邊老翁錯料事，眼暗不見風塵清。以上願望是「釋悶」。

自祿山作逆至於今，吐蕃復亂，海內久不解兵矣。安史之亂，猶曰內寇。吐蕃外患，何以亦然？昔者，黃帝至襄城之野，七聖迷轍。陝州之幸，非如黃帝訪大隗也。晉帝察王敦之變，中道留鞭。陝州之幸，不啻晉帝過湖城也。亂至於此，朝廷播遷，一而至再，奔走亦應厭矣。亂極必治，氣數且然，諸公豈無意也？深思致亂之由，不過誅求無藝，今日但恐如舊。天下怨恨之氣，多由嬖孽弄權，今日何可全生？天子厭奔走而回鑾，群臣思升平而佐治，誅求改，嬖孽僇，庶釋我悶。但恐老翁計左，料事多錯。風塵之靖，何日之有，我悶終誰釋哉？○「嬖孽全生」，指程元振。

傷春 五首公自注：「巴閬僻遠，傷春罷，始知春前已收宮闕。」

天下兵雖滿，春光日自濃。領起全指。西京疲百戰，北闕任群凶。承「兵雖滿」。關塞三千里，煙花一萬重。承「日自濃」。蒙塵清露急，御宿且誰供。殷復前王道，周遷舊國容。蓬萊足雲氣，應合總從龍。六句「傷春」之指。

天下多故矣，乃兵雖滿，不礙春光也。兵何以滿？蓋自吐蕃入寇，致一時將士，百戰幾疲，而北闕群凶，又任其紛紛，爭相偽立。至於春光關塞之遙，雖隔千里；煙花之麗，依舊萬重。所可傷者，如此春光。使至尊蒙塵，供帳寥落，遙想行在，淒其中露耳。所望車駕還京，亟圖恢復，為殷宗、周宣，則蓬萊殿上，雲氣依然；扈駕諸臣，從龍不乏。庶不負此春光濃豔也。○雲比臣，龍比君。代宗出幸，群臣離散，公以此諷之。

鶯入新年語，花開滿故枝。天青風卷幔，草碧水通池。四句承「春光」說。牢落官軍遠，蕭條萬事危。鬢毛原自白，淚點向來垂。不是無兄弟，其如有別離。六句蒙「兵雖滿」說。巴山春色靜，北望轉逶迤。結援「春光」。

春光之濃，鶯語矣，花開矣。仰見天青，俯見草碧矣。其如兵滿天下何！世亂極矣。援兵不赴，萬事都危；髮白非假，強為淚點。非緣今日，豈獨行在無信，直至兄弟分飛。雖有春光，曷禁北望神傷已！

日月還相鬭，星辰屢合圍。不成誅執法，焉得變危機。大角纏兵氣，鉤陳出帝畿。六句天象。煙塵昏御道，耆舊把天衣。行在諸軍闋，來朝大將稀。四句人事。賢多隱屠釣，王肯載同歸。結出用賢圖治意。

日月鬭，陰勝陽矣。星辰圍，象緯變矣。此危機也。還鬭、屢圍者，都因執法未誅耳。危機焉得變耶？危機不變，直至大角帝座，盡纏兵氣；鉤陳行宮，亦出天垣。此天象。即人事，於時御道而上，無非煙塵攀輦之人。獨有耆老，諸軍潰散，不知所之。大將跋扈，不來救援。執法不誅，一至於此。豈無賢人隱於屠釣，可為朝廷戮力者？不識我王出狩之暇，肯載同歸與否。○「執法」，即熒惑星。時程元振熒惑代宗以召亂，柳伉上疏，謂「陛下必欲存宗廟，獨斬元振首，馳告天下」。上以元振有保護功，止流溱州。是「不成誅執法」、「大角為帝座」。鉤陳，即紫微。「纏兵氣」則京師陷，「出帝畿」則乘輿奔，語語有會。時李光弼擁兵徐州，畏元振，遲留不進。是「來朝大將稀」。

再有朝廷亂，難知消息真。近傳王在洛，復道使歸秦。奪馬悲公主，登車泣貴嬪。蕭關迷北上，滄海欲東巡。六句承清首二句。敢料安危體，猶多老大臣。豈無稽紹血，霑灑屬車塵。結意自況。

安、史亂於前，吐蕃亂於後，朝廷之亂亦屢矣。無如道遠消息難真何！或曰我王任洛，或曰使者歸秦，或曰公主奪馬而奔，或曰貴嬪登車而泣，或曰大駕欲入蕭關，既遠北上；或曰至尊欲浮滄海，早晚東巡。消息難真如此。雖安危之體，我輩難知；然老大之臣，草野不乏。但不得身為稽紹，親捍乘輿，灑血屬車之上耳。何為扈駕無人，一至於此！○《平準書》:「上北出蕭關。」《釋悶》章云「江邊老翁錯料事」〔註38〕，此曰「敢料安危體」，「料」字一例。

聞說初東幸，孤兒卻走多。難分太倉粟，競棄魯陽戈。胡虜登前殿，王公出御河。六句敘亂。得毋中夜舞，誰憶大風歌。春色生烽燧，幽人泣薜蘿。四句「傷春」之指。君臣重修德，猶足見時和。二句總結五章。

羽林孤兒，朝廷養成，以備一旦之用。今駕東幸，卻走多。倉粟雖儲，陽戈自倒。人心既離，糗糧甲兵皆不足恃，而吐蕃入，大駕奔矣。此時豈無聞雞起舞如劉琨者？乃誰憶《大風》思猛士以守四方如漢高者？遂使長安春色，淒其烽燧之中；故國幽人，腸斷薜蘿之下。不禁傷春之至也。夫修德可以弭亂，君臣同心可以召和。和氣致祥。即吐蕃易滅，太平立見，是在今上耳。

〔註38〕見此卷前。

收京

復道收京邑，兼聞殺犬戎。衣冠卻扈從，車駕已還宮。四句「收京」。尅
復誠如此，扶持在數公。莫令回首地，慟哭起悲風。四句勉之。

今日京邑，復道已收。兼聞馬璘等背城擊賊，俘斬千計。前此幸陝，扈從無人。
計此時衣冠諸臣，卻來扈從也。扈從之功，及今已晚。蓋此時至尊車駕早已還宮也。
京收矣，所難者，收京後耳。今日尅復之功，幸而如此；他年扶持之力，全仗數公。
倘扶持不力，是使我回首收復之地，更為慟哭亂亡之地。諸公幸毋然哉！○「復道」
句，蒙安史亂後，有復收便有復失，言下將前車之覆悚然拈出。「尅復」二句，即《洗
兵馬》詩「已喜皇威清海岱，還思仙仗過崆峒」〔註39〕，所謂平吳之後，正煩聖慮
也。未幾，僕固懷恩引回紇、吐蕃入寇，京師震駭。

巴西聞收京闕送班司馬入京

聞道收宗廟，鳴鑾自陝歸。傾都看黃屋，正殿引朱衣。四句「聞收京」。
劍外春天遠，巴西驛使稀。二句隱發「聞」字。念君經世亂，匹馬向王畿。
結還「送司馬入京」。

宗廟以萃天下之渙，收京則收宗廟矣。聞道宗廟收，鑾輿亦歸，於時傾都而看至
尊，喜其無恙；正殿而臨朝會，共引朱衣。收京如此。當此劍外春天，消息既遠；巴
西勅使，往來又稀。何幸得聞收京之信，顧我徒聞耳。君則入京矣，久經世亂，匹馬
入朝。念君獨能如此，留滯者不能，是足傷也。○題曰「收京闕」，詩曰「收宗廟」，
宗廟所以萃渙。當時車駕發陝州，顏真卿請上先謁陵廟，元載不從。真卿怒曰：「朝
廷豈堪相公再壞耶？」公先曰「聞道收宗廟」，然後曰「鳴鑾自陝歸」，語得大體。

送司馬入京

群盜至今日，先朝忝從臣。二句自言。歎君能戀主，久客羨歸秦。二句
「送」。黃閣常司諫，丹墀有故人。向來論社稷，為話涕霑巾。四句發明
「先朝忝從臣」句。

群盜之亂，直至今日。念我先朝，亦是侍臣。流落至此，戀主之義安在？歸秦之
日何時耶？歎君亂後，偏能急君之難；同是久客，獨有故園之歸。君歸矣，我忝侍從，
當年黃閣，亦常司諫；今日丹墀，應有故人。我向來為社稷計，上封事，焚諫草。子
歸京後，幸為寄語故人，先朝侍從某人者，至今話及社稷，尚涕泗霑巾也。

〔註39〕《杜詩闈》卷七。

卷十七

自閬州赴成都詩 廣德二年

有感 五首

《有感》五章，收京後追述當年時事，蓋痛其前，又勉其後。

將帥蒙恩澤，兵戈有歲年。至今勞聖主，承「兵戈」句。**何以報皇天。**
承「將帥」句。**白骨新交戰，雲臺舊拓邊。乘槎斷消息，無處覓張騫。**
四句追痛往事。

　　首歎諸將以賊遺君父。　　今上久在行間，統轄諸將將帥蒙其恩澤，化為侯王。國家待汝不薄，日者至尊再罹蒙塵，捍牧圉之謂何？〔註1〕夫君勞，臣不得獨逸，「兵戈有歲年」矣，何以「至今勞聖主」？況食焉當不避其難，「將帥蒙恩澤」矣，不知「何以報皇天」。自兩京收復後，今日武關、藍田等處，是新交戰之處，白骨又如丘矣。自武德年來，今日洮、岷、蘭、廓等處，是舊拓邊之處，雲臺不可問矣。伊誰責哉？朝廷以戰不足恃，去年遣李之芳、崔倫等往聘吐蕃，修好息戰，反被羈留。乘槎之消息杳然，張騫之使節難覓，致今日重有入寇之舉，我不能為諸臣解矣。

幽薊餘蛇豕，乾坤尚虎狼。諸侯春不貢，使者日相望。四句河北諸藩。
慎勿吞青海，無勞問越裳。大君先息戰，歸馬華山陽。四句諷詞。

　　期討河北諸帥。　　河北諸藩，收安、史餘黨，各擁勁卒。餘孽未靖，是乾坤內尚有虎狼也。因而坐大，不修職貢，天王之義謂何？朝廷遣使，往來輩望，適長驕

〔註1〕《左傳‧僖公二十八年》：「不有居者，誰守社稷？不有行者，誰捍牧圉？」

恣耳。藩鎮為境內臣，跋扈尚如此。彼西羌、青海、東夷、越裳，亦安望其奉正朔，修朝貢，而責其不庭哉？朝廷今日置藩鎮於不問，一若罷兵息戰，放牛歸馬，欲垂拱而治者，然蛇豕虎狼真何日而靖也？○一說當年僕固懷恩欲自樹黨援，奏留河北諸帥。郭子儀謂大盜既平，所在聚兵，耗蠹百姓，表請罷之，仍自河中為始。子儀之意，誠欲先河中以示諸帥。此舉行，河北諸藩次第可削。此真安國家尊朝廷之心。公曰「大君先息戰」，蓋不欲明示以削諸藩，而欲息戰自大君始，亦即子儀「仍自河中為始」意。

洛下舟車入，天中貢賦均。日聞紅粟腐，寒待翠華春。四句追述幸陝。
莫取金湯固，長令宇宙新。不過行儉德，盜賊本王臣。四句不必都洛。

　　諷都洛非策。　洛陽為天下中，舟車貢賦，道里均平，漕運都儲於此。日聞太倉之粟，陳陳積貯，車駕幸此，如寒得春。夫粟米固可支，金湯不足恃。莫貪洛邑，謂金湯之固足以退守；還宜進取，使版圖之內從此長新。蓋守國者在德，不在險。誠能躬行節儉，收拾人心，即盜賊莫非王臣，何必洛邑金湯足恃哉？○當時，程元振阻上還京，勸都洛陽。公意洛陽雖居天下中，形勢險固，立國之道不在於是。時郭子儀章奏，亦以東周之地久為戰場，勸上還京，黜素餐，去冗食，躬儉節用，則黎民自理，盜賊自平。與公此詩正合。是年，天興、聖節諸道節度使獻金餘器用、珍玩駿馬為壽，常袞請卻之，代宗不聽。「不過行儉德」，亦非泛語。

丹桂風霜急，青梧日夜凋。由來強幹地，未有不臣朝。四句泛論大勢。
授鉞親賢往，卑宮制詔遙。終依古封建，豈獨聽簫韶。四句言親賢出鎮之有利。

　　言親王足恃。　立國之道，貴於強幹弱枝。桂經霜而彌勁，其本固也；梧遇秋而即凋，其枝弱也。古來強幹之地，未有不臣之朝。蓋幹強則枝弱，宗盟固則反側消。秦皇孤立，至於速亡；漢家削國，動搖根本。山有猛獸，藜藿不採，彈壓有素也；非其種者，鋤而去之，同姓足恃也。為今日計，亦惟消弭鎮兵，擇親賢而授以節鉞，俾之即往。禹、湯罪己，制詔書，而卑宮以頌，所及自遙，是能依古封建者。依封建則根本既固，自難動搖。雖有伏戎，不敢為亂。此時主威振，國勢張，豈獨聽簫韶、奏文德哉？○公是年《為閬州王使君進論巴蜀安危表》〔註2〕，一則曰「願陛下度長計大，速以親賢出鎮」；再則曰「必以親王，委之節鉞，此古維城磐石之義」；終曰「臣特望以親賢為總戎者，意在根固流長，國家萬代之利」，與此詩相表裏。

〔註2〕《杜詩詳注》卷二十五《為閬州王使君進論巴蜀安危表》。

胡滅人還亂，兵殘將自疑。登壇名絕假，報主爾何遲。四句責叛將。領郡輒無色，之官皆有詞。二句責守令。願聞哀痛詔，端拱問瘡痍。二句勉代宗。

謂文武將吏不足恃，專勉代宗。　安史既平，懷恩復叛。所以然者，懷恩既不為朝廷用，其所屬兵進不能勤王，退不能擇眾，勢必自相殘賊。兵殘則將自疑，何怪其然。是懷恩之叛，以疑而叛，然實無可疑。所可疑者，或朝廷以假王麋爾，終亦思大寧郡王之爵。原封爾為真王，爾之報主，何其不始如一耶？將帥多疑沮矣。塵民所賴，獨領郡之吏耳。當今州郡受制，至將帥領郡者窘辱無色，之官者皆得有詞。民生至此，所望作民父母者，獨元后一人。庶幾下哀詔，問瘡痍，噢咻撫字，誠今日急務也。○時僕固懷恩上書自訟，云：「來瑱受誅，朝廷不示其罪。諸道節度，誰不疑懼？近聞詔追數人，盡皆不至，實畏中官讒口，虛受陛下誅夷。豈惟群臣不忠，正為回邪在側。」此為將自疑，與李光弼無涉。「哀痛詔」，即是年柳伉疏〔註3〕中「天下其許朕自新」之意。

暮寒

霧隱平郊樹，風含廣岸波。沉沉春色靜，慘慘暮寒多。四句「暮寒」。戍鼓猶長擊，林鶯遂不歌。忽思高宴會，朱袖拂雲和。四句「暮寒」之感。

平郊之樹，半為霧隱；廣岸之波，盡是風含。春色靜矣。春色靜，則暮寒多矣。於時戍鼓之聲，雖暮未停；林鶯之聲，因寒亦輟。安得有笙歌高會者？忽思何處置酒高會，飄朱袖，拂雲和，此樂夫乃太荒哉！

渡江

春江不可渡，二月已風濤。舟楫欹斜疾，魚龍偃臥高。四句「渡江」。渚花張素錦，汀草亂青袍。二句景。戲問垂綸客，悠悠見汝曹。結寓諷意。

江可渡，春江則不可渡，蓋風濤正壯耳。操舟楫者欹斜而過，自以為疾，何如為魚龍者，伏處其下，不失其高哉！此時渚花汀草，其景惟垂綸者自得之。試戲問焉，得毋悠悠然笑汝曹為徒勞也。○詩意謂禍亂未夷，與其涉世，不如杜門。即李白《橫江辭》「郎今欲渡緣何事，如此風波不可行」〔註4〕意。

〔註3〕見《新唐書》卷二百七《宦者列傳上·程元振》、《資治通鑒》卷二百二十三《唐紀三十九》。
〔註4〕《李太白詩集注》卷七《橫江詞六首》其五。

江亭送眉州辛別駕昇之得蕪字

柳影含雲幕，江波近酒壺。二句「江亭」。異方驚會面，終宴惜征途。二句「送別」。沙暖低風蝶，天晴喜浴鳧。二句景，應首聯。別離傷老大，意緒日荒蕪。二句情，應次聯。

亭外雲幕，柳影同飄；亭中酒壺，江波一色。我送別駕於此，流落異方，忽驚會面，其如終宴、更惜征途何！於時柳蝶江鳧，或飛或浴，都有意緒。獨我老年送客，雖對此沙暖天晴，浴鳧風蝶，徒自覺荒蕪彌甚耳，何能終宴矣。

泛江

方舟不用楫，極目總無波。長日容盃酒，深江淨綺羅。四句「泛江」。亂離還奏樂，漂泊且聽歌。故國流清渭，如今花正多。四句感懷。

方舟並泛，不須鼓楫，況波恬浪靜乎！日惟長也，有酒能容；江惟深也，其淨如練。惟是亂離，非奏樂之時，歌聲入愁人之耳。我見江流，難忘清渭；遙想長安，此時花濃春豔。惜乎，無由得見也！

江亭王閬州筵餞蕭遂州

離亭非舊國，春色是他鄉。老畏歌聲短，愁從舞袖長。四句詠陪宴者。二天開寵餞，五馬爛生光。川路風煙接，俱宜下鳳凰。四句詠餞別者。

長安東都門外，為祖道處，有離亭焉。今江亭餞別，是即離亭。吾意離亭是舊國也，嗟此春色，何地不有？料舊國亦此春色。我意春色非他鄉也，乃離亭則非舊國，春色則是他鄉。意中所是者卻非，意中所非者卻是，奈之何哉！況老人年促，歌怕曲終；旅客愁長，舞憐袖舉。閬州二天，遂州五馬。二天開餞，則五馬生光。凡以兩公皆刺史，閬州、遂川，風煙相接。此亦一穎川，彼亦一穎川。將來治行皆如王霸，將來二州俱下鳳凰，宜也！

南池

崢嶸巴閬間，所向盡山谷。安知有蒼池，萬頃浸坤軸。四句「南池」。呀然閬城南，枕帶巴江腹。芰荷入異縣，杭稻共比屋。皇天不無意，美利戒止足。高田失西成，此物頗豐熟。清源多眾魚，遠岸富喬木。獨歡楓香林，春時好顏色。以上敘南池之利。南有漢王祠，終朝走巫祝。歌舞散靈衣，荒哉舊風俗。高堂亦明王，魂魄猶正直。不應空陂上，

縹緲親酒食。以上諷辭。淫祀自古昔，非惟一川瀆。干戈浩茫茫，地僻傷極目。平生江漢興，遭亂身局促。駐馬問漁舟，躊躇慰羈束。以上自歎。

此諷巴俗富而好巫。閬中棧道千里，界山為門，北多山而少水。獨有南池，茫然萬頃，勢浸坤軸，枕城南，連江腹。池中芰荷，直入異縣；池邊秔稻，足供萬家。此皇天仁愛，貽民美利，閬民尚知足哉！不見高田無水，多失西成？南池一帶，獨享豐熟。且清源之內，眾魚發發；遠岸之處，喬木森森。尤可異者，喬木中如楓林，本是秋色，獨南池則當春渥丹，美利如此，故當知足耳。乃巴人恃其富足，競尚淫祠，巫覡終朝，歌舞不輟。訪之於俗，為祠漢王故也。獨念漢王聰明正直，昔為漢中王，盡地利以養民，茲為閬州神，自應體天意，而賜以美利。陂間酒食，亮必吐之。今日干戈滿地，巴閬幸免。極目淫祀，為此重傷。江海之興，不能自如。顧瞻南池，漁舟泛泛，不禁駐馬躊躇，起武陵問津之思耳。

滕王亭子 公自注：「亭在玉臺觀內，王曾典此州。」

君王臺榭枕巴山，萬丈丹梯尚可攀。春日鶯啼脩竹裏，仙家犬吠白雲邊。四句「滕王亭子」。清江碧石傷心麗，嫩蕊穠花滿目斑。人到於今歌出牧，來遊此地不知還。四句憑弔。

君王逝矣，其臺榭亭亭枕巴山者，丹梯還可躋也。君王猶梁孝王，故脩竹泠泠，尚有鶯啼春日；君王猶淮南王，故白雲杳杳，猶聞犬吠仙家。今日者，江石本麗，王去，麗亦傷心；花蕊自斑，亭存，斑徒滿目。滕王當日曾典此州，其風流到今，為人歌詠。我來遊此，坐是留連忘返云。

玉臺觀 公自注：「滕王造。」

中天積翠玉臺遙，上帝高居絳節朝。冒下四句。遂有馮夷來擊鼓，始知嬴女善吹簫。江光隱見黿鼉窟，石勢參差烏鵲橋。四句「觀」內之景。更有紅顏生羽翰，便令黃髮老漁樵。二句自況。

玉臺山中天而峙，積翠濃矣。觀在山中，高居上帝，其列仙侍御者，咸捧節而來朝。或為水神，則有馮夷，擊鼓奏樂；或為仙妃，則有嬴女，吹簫和之。有馮夷則有黿鼉窟，江光隱見於觀中；有嬴女則有烏鵲橋，石勢參差於觀裏。夫上帝高居，絳節來朝，使水神、仙女無不効職，江光、石勢無不効靈。此雖觀內布列縹緲虛無之事，而恍惚遇之，更有人焉。紅顏不老，羽翰可生，便當卜居於此，以漁樵老矣。

滕王亭子

寂寞春山路，君王不復行。二句領至末。古牆猶竹色，虛閣自松聲。鳥雀荒村路，雲霞過客情。尚思歌吹入，千騎把霓旌。

山路依然，寂寞非昔者，君王不復行也。亭外古牆，猶棲竹色；亭中虛閣，自瀉松聲。欲問種竹、種松人，今誰在者？惟有一村鳥雀，爭噪暮林；數片雲霞，常娛過客。「寂寞春山路」如此。回首君王在日，前歌後吹，千騎把旌，試一憑弔，依稀如見，其如君王不復行何！

玉臺觀

浩劫因王造，平臺訪古遊。二句領至末。綵雲蕭史駐，文字魯恭留。宮闕通群帝，乾坤到十洲。人傳有笙鶴，時過北山頭。

此浩劫造自滕王，無異梁孝王之平臺，因得訪古來遊也。訪古時，仰見綵雲，若駐蕭史，恍然玉臺即鳳臺；俯見文字，如留魯恭，恍然玉臺觀即靈光殿。顧此浩劫，近瞻宮闕，群帝可通；遙想乾坤，十洲可到。我遊至此，人傳此玉台山北，時有玉笙、仙羽，則王子晉、浮丘伯又依稀不遠，何但「蕭史駐」、「魯恭留」而已。

百舌

百舌來何處，重重秖報春。二句領至末。知音兼眾語，整翮豈多身。花密藏難見，枝高聽轉新。過時如發口，君側有讒人。

鳥有百舌者，不知其所自來。其聲反覆，四時之中，但知報春已耳。其報春也，音能兼眾，故為百舌。其所自來也，翮亦無多。名為百舌，其實不過一鳥。翮無多，故花密而藏難見，使人不可即；音兼眾，故枝高而聽轉新，使人不覺眩。百舌春囀，夏至過時，過時不可發口。過時發口，則佞人在側。《月令》言之〔註5〕。為人君者，尚其聽百舌而遠讒哉！

贈別賀蘭銛

黃雀飽野粟，群飛動荊榛。今我抱何恨，寂寞向時人。老驥倦驤首，蒼鷹愁易馴。高賢世未識，固合嬰饑貧。以上感遇。國步初返正，乾坤尚風塵。悲歌鬢髮白，遠赴湘吳春。我戀岷下芋，君思千里蓴。生離與死別，自古鼻酸辛。以上送別。

〔註5〕《月令》：「仲夏之月……鵙始鳴，反舌無聲。」鄭玄注：「反舌，百舌鳥。」

黃雀，小鳥，志在野粟，群飛只荊榛間耳。我輩有何恨，而俯仰向人？蓋我輩非黃雀。是老驥也，倦猶驤首；亦蒼鷹也，愁向人馴。荊榛之戀，豈其志哉？似此高賢，識者蓋鮮。其嬰饑貧，理有固然。今日國步雖平，干戈未息。子衰年遠遊，庶幾老驥驤首、蒼鷹難馴也。顧君思千里湖之蓴菜，而我戀蜀山下之蹲鴟，是君能不貪野粟，我猶未免為黃雀耳。況生離即為死別，自古傷心，子竟辭我去耶！

奉待嚴大夫

按史，廣德二年春，合劍南東西川為一道，以嚴武為劍南節度。「奉待」者，待其來也。

殊方又喜故人來，重鎮還思濟世才。常怪偏裨終日待，不知旌節隔年回。四句「嚴大夫」。欲辭巴徼啼鶯合，遠下荊門去鷁催。身老時危思會面，一生襟抱向誰開。四句自寫「奉待」意。

公本故人，有濟世才。重鎮成都，惟公勝任。自公還朝，偏裨將士終日待其重鎮，我頗怪之，那知旌節隔年果回也。我欲辭巴閬而去，客歲到今，啼鶯已合；遠下荊門而遊，遲遲我行，去鷁頻催。凡以待公至耳。待公者，自傷身老，無幾相見；又值時危，世事堪論。不然，此生襟抱將抑鬱以終耶？

奉寄章十侍御 公自注：「時初罷梓州刺史、東川留後，將赴朝廷。」

廣德二年，兩川既合，嚴武重鎮，因罷留後。史傳嚴武於章彝，小不赴意，杖殺之。公此詩在嚴武未到成都時作。

淮海維揚一俊人，金章紫綬照青春。指麾能事回天地，訓練強兵動鬼神。四句美之。湘西不得歸關羽，河內猶宜借寇恂。二句罷職。朝覲從容問幽仄，勿云江漢有垂綸。二句將赴朝廷。

侍御家世維揚，今日俊人，惟侍御耳，以刺史兼侍御，金章紫綬，青春亦為生色。其在梓州，指揮之才，足回天地；訓練之法，動合鬼神。似此才能，猶關羽在湘西，尚資坐鎮；猶寇恂任河內，未許還朝。今竟罷官耶？在刺史，例得舉賢明，揚仄陋。但我自分衰老，此行入覲，幸勿云江漢上尚有垂綸之叟，我終隱矣。○註家以關羽比來瑱。來瑱為湘西節度，入朝賜死，不得歸，故云「湘西不得歸關羽」。夫章方入覲，公何必以來瑱賜死之事相況？且來瑱悍將，亦非關羽忠義之比。「不得歸」者，謂不得去東川，歸朝廷。如《九罭》章毋使公歸〔註6〕意。

〔註6〕《詩經・豳風・九罭》：「是以有袞衣兮，無以我公歸兮，無使我心悲兮！」

別房太尉墓

時公聞嚴武重鎮成都，去閬別房墓也。房琯被召，道病，卒於閬州。去年九月，公有祭琯文〔註7〕。

他鄉復行役，駐馬別孤墳。二句「別墓」。**近淚無乾土，低空有斷雲。對碁陪謝傅，把劍覓徐君。惟見林花落，鶯啼送客聞。**六句別時情景。

閬州，他鄉也，乃復有行役。駐馬何為？房公客葬於此，拜墓一別耳。此間灑淚，近土難乾；此時望雲，低空為斷。公是謝傅，猶憶生前，我曾對碁陪之；公是徐君，到今死後，我空把劍而覓。房公安在？惟有花落孤墳，鶯啼馬首，送過客之聞見而已。〇房公生時，賓客填門。既好董庭蘭之琴，則必嗜奕。昔謝安對客圍碁，玄捷淝水。房亦嘗對客圍碁矣。陳濤斜之敗，豈處分不及謝安乎？公曰「對碁陪謝傅」，此又哀悼中寓不言之痛。季札心許徐君之劍，還掛墓上，庶幾生死無憾。公疏救時，一片肝膽，已許房公。乃不為上所鑒，各遭貶斥。是延陵之劍不負徐君，杜公之心未酬知己，宜有「把劍覓徐君」之恨。語意可參。

自閬州領妻子卻赴蜀山行　三首

汨汨避群盜，悠悠經十年。不曾向南國，復作遊西川〔註8〕。四句「自閬赴蜀」。**物役水虛照，魂傷山寂然。**二句「山行」。**我生無倚著，盡室畏途邊。**二句「領妻子」。

首揭「畏」字。　我生「汨汨」，避亂他鄉。自天寶至今，十年事矣。亦欲下荊吳，而扁舟不果；何心返草堂，而西遊復然。今日自閬赴蜀，身為物役，水照影而徒肰；魂只暗傷，山與人而俱寂。夫山水本娛人之景，今「水虛照」，「山寂然」，是山水適成畏途，豈非我生無著，不得已作依人之計，故「盡室畏途邊」而不顧哉？

長林偃風色，迴復意猶迷。衫裹翠微潤，馬銜青草嘶。棧懸斜避石，橋斷卻尋谿。六句承上「山行」。**何日兵戈盡，飄飄愧老妻。**挽合「妻子」。

次揭「愧」字。　山水愁人矣。長林在望，或者可依。乃風急樹偃，行色又慘也。此時進焉未能，退焉不可。回復之際，意與俱迷。客衣薄矣，裹翠微而空資其潤；馬芻缺矣，銜青草而難禁其嘶。況棧懸於上，進而避石，其逕必斜；橋斷於前，退而尋

〔註7〕《杜詩詳注》卷二十五《祭故相國清河房公文》，題下注：「黃鶴曰：『考舊史，房琯以廣德元年八月四日，卒於閬州僧舍，而權瘞於彼。時杜公在閬州，有祭文。明年春晚，有《別房公墓》詩。又明年為永泰元年，房公啟殯而歸，時公在雲安，故有《承聞歸櫬東都》之作。』」
〔註8〕「遊西川」，底本、大通書局本均誤作「西川遊」。

豰，其步必卻。雖由兵戈未盡，歷此崎嶇，自思衣食向人，能無罷悔？前此畏可言也，不過行路難也。茲則愧不可言也，以行路難累及妻子也。

行色遞隱見，人煙時有無。二句承前。**僕夫穿竹語，稚子入雲呼。**二句承「行色隱見」。**轉石驚魑魅，抨弓落狖鼯。**二句承「人煙有無」。**直供一笑樂，似欲慰窮途。**總結三首。

　　末揭「樂」字。　避石尋溪時，山徑斷續，行色遞隱遞見矣。翠微青草間，人馬飢寒，人煙時有時無矣。行色隱見，故僕夫在前，穿竹偶語；稚子在後，入雲又呼。人煙有無，故轉石之處，魑魅成群；抨弓之餘，狖鼯紛落。凡此轉石抨弓之情，聊遣僕夫、稚子之興。雖曰窮途，且供一樂。前此愧可言也，我胷中尚有妻子也。茲則樂不可言也，豈惟妻子，直付此身於度外矣。〇三章，路之險每進益險，公之情每進加寬。進而加寬者，正是欲哭不敢哭，其情有甚於哭者。

陪王漢州留杜綿州泛房公西池

舊相恩追後，春池賞不稀。闕廷分未到，舟楫有光輝。四句「泛池」。**鼓化蓴絲熟，刀鳴鱠縷飛。**二句宴。**使君雙皂蓋，灘淺正相依。**結還陪兩使君。

　　房公本舊相，今上初立，召拜刑部尚書。恩追以後，遺澤猶存。故至今遊池者，未嘗稀耳。雖則恩追，道病而卒，是闕廷之分未曾到也。狀此池係舊相所鑿，故今日泛池者，舟楫尚有光輝焉。於時千里蓴絲下鹽鼓，而其絲已化；饔人切鱠揮鸞刀，而其縷如飛。此宴是王漢州留杜綿州而設，西池之上，皂蓋應雙。況使君灘頭，水淺可止，我今陪宴，能勿留連盡興矣？

得房公池鵝

房相西池鵝一群，眠沙泛浦白於雲。二句「池鵝」。**鳳凰池上應回首，為報籠隨王右軍。**二句「得鵝」。

　　此池是房相西池，有鵝一群，或眠沙，或泛浦，其白如雲。池鵝可愛如此。今得之，敢欺良友？蓋此鵝池，何異鳳凰池。房公今日，猶應回首池間。何人為我報與房公，此鵝已隨王右軍去也。〇中書省為鳳凰池。因池鵝，故借用鳳凰池，非謂被召還朝。

將赴成都草堂途中有作先寄嚴鄭公　　五首

得歸茅屋赴成都，真為文翁再剖符。但使閭閻還揖讓，敢論松竹久荒

蕪。四句「將赴成都草堂」。**魚知丙穴由來美，酒憶郫筒不用酤。五馬舊曾諳小徑，幾回書札待潛夫。**四句「赴成都」之情事。

　　我自分與草堂長別，今日得歸而赴成都者，為嚴公重鎮耳。自嚴公去後，一經知道，再罹吐蕃，揖讓化為干戈。幸今重鎮，但使風俗還淳，寧辭松竹久圮。夫「松竹久荒蕪」，是茅屋雖可懷，亦可畏也。然「閭閻還揖讓」，是茅屋雖可畏，亦可懷也。此地土產之魚，熟知其美；往年鄰人之酒，樨子能賒。而況草堂小徑，嚴公五馬舊辱枉臨。赴召以來，頻移書札。今日得歸，直赴嚴公之約耳。微獨我待公，公還待我也。〇公赴成都，為茅屋也。歸茅屋，因赴成都。一似茅屋主，成都客也。所以得歸茅屋，為嚴公也。為嚴公得歸茅屋，又似嚴公主，茅屋客也。通篇字義皆切重鎮，「揖讓」曰「還」，「荒蕪」曰「久」，「魚」曰「知」，「酒」曰「憶」，「小徑」曰「舊曾諳」，「書札」曰「幾回待」，所謂「再剖符」云。

處處清江帶白蘋，故園猶得見殘春。雪山斥堠無兵馬，錦里逢迎有主人。休怪兒童延俗客，不教鵝鴨惱比鄰。六句「成都草堂」。**習池未覺風流盡，況復荊州賞更新。**二句挽「嚴公」。

　　我於途中所見，清江白蘋，處處皆是。因想故園景物，尚有殘春。似故園之春，有意待我。幾於春為主，我為客也。自吐蕃入寇，雪山告警。今寇亂已平，斥堠應無兵馬矣。自成都被亂，十室九空。今亂定人歸，逢迎定有舊主矣。此間兒童，還應無恙。縱使延俗客於草堂，亦何怪焉。我家鵝鴨，何足比數。若使惱比鄰而不睦，慎毋然哉！我草堂即習池，往日嚴公枉駕，酣飲賦詩，其流風餘韻，至今尚在。既來重鎮，前歡可續。荊州之賞，應更新也。〇此章似承前「閭閻還揖讓」句。「斥堠無兵馬」，「還揖讓」矣。「逢迎有主人」，「還揖讓」矣。兒童能延客，「還揖讓」矣。鵝鴨不惱鄰，「還揖讓」矣。結二句蒙「舊曾諳小徑」。

竹寒沙碧浣花谿，橘刺藤梢咫尺迷。過客徑須愁出入，居人不自解東西。書籤藥裹封蛛網，野店山橋送馬蹄。六句寫「草堂」。**肯藉荒庭春草色，先判一飲醉如泥。**結挽「嚴公」。

　　我想草堂，此時浣花溪上，竹色寒，沙水碧，橘藤雜亂，咫尺應迷耳。「咫尺迷」，則出入之人，逴然生恐；東西之處，倀倀何之？往年藥裹書籤，吾存留者，料只蛛網塵封。至若野店山橋，縱有車馬到江干者，亦只空煩往來耳。荒涼如此，春色猶存。異日故人過我，藉草而坐，萬事舍旃，先拼一飲，未卜終肯惠然否也。〇此章似承前「松竹久荒蕪」句。「竹寒沙碧」，「久荒蕪」矣。藤橘迷人，「久荒蕪」矣。愁出入，昧東西，「久荒蕪」矣。封蛛網，送馬蹄，「久荒蕪」矣。結二句亦蒙「舊曾諳小徑」。

常恐沙崩損藥欄，也從江檻落風湍。新松恨不高千尺，惡竹應須斬萬竿。四句亦承「松竹荒蕪」意。生理祗憑黃閣老，衰顏欲付紫金丹。三年奔走空皮骨，信有人間行路難。四句自敘依嚴之意。

　　藥欄，我愛護者，今日得毋沙崩，藥欄有損乎？至於江檻，風湍不免，亦聽其落。但恐江檻在外，藥欄在內，沙崩欄損，亦從江檻而落風湍耳。往日手栽四松，別後不知曾長。其餘陰江惡竹，歸時亟欲其除。我生理久置戶外，今日祗憑閣老。我衰顏敢望再少？今日思乞大丹。公憑黃閣老，有紫金丹，亮能為我衰顏地，使生理無虧者。蓋由三年奔走，皮骨空存，行路艱難，閱歷殆遍。今日此行，是用屬望我公耳。○「江檻落風湍」，即後《水檻》詩〔註9〕中「茅軒駕巨浪，焉得不低垂」之意。「新松」二語，雖指松竹，其實寓扶善鋤惡意。前公《說旱》〔註10〕中有曰「自中丞下車，軍郡之政、罷弊之俗，已下手開濟矣。百凡冗長者，又革削矣。」此時蜀將整頓，不料嚴去，蜀中又亂，幸今再鎮，從此民之善者扶植之，譬彼新松，使高千尺；民之奸者鋤去之，譬彼惡竹，亟斬萬竿。二語為紀綱重振之象。

錦官城西生事微，烏皮几在還思歸。二句結還「將赴草堂」。昔去為憂亂兵入，今來已恐鄰人非。側身天地更懷古，回首風塵甘息機。共說總戎雲鳥陣，不妨遊子芰荷衣。六句全寫歸後情事。

　　草堂荒蕪，生事微矣。還思歸者，以烏皮几在，尚可憑耳。昔去，亂兵擾我牆屋；今來，鄰右亮非舊人。惟是懷古情深，思重遊於少城諸處，況息機自分，甘歸休於浣花溪裏。公為總戎，折衝樽俎；我為遊子，身著荷衣。公樹勳名，我甘投隱，兩者原不相妨也。○几所以憑，公似借几況嚴公可憑。即上章「生理祗憑黃閣老」意。結二句，早知參謀檢校匪我思存，緋衣袋何如芰荷衣。「鄰人非」，如斛斯已歿之類。

春歸

苔徑臨江竹，茅簷覆地花。別來頻甲子，歸到忽春華。四句「春歸」。倚杖看孤石，傾壺就淺沙。遠鷗浮水靜，輕燕受風斜。四句「春歸」情景。世路雖多梗，吾生亦有涯。此身醒復醉，乘興即為家。四句「春歸」感懷。

　　我歸矣。往年徑竹，舊翠臨江；此際簷花，落紅滿地。別來甲子，方覺頻移；到日春華，恍疑乍見。於時石邊倚杖，客與同孤；沙面傾壺，興復不淺。適見遠鷗浮水而至，一何靜也，似我之息機風塵者；又見輕燕受風而飛，一何斜也，似我之側身天

〔註9〕見此卷後。
〔註10〕《杜詩詳注》卷二十五。

地者。我三年奔走，已知路難；一日歸休，便期投老。獨醒非我事，何妨醒而更醉；無家何必憂，醉鄉即是我家耳。草堂雖歸，逆旅而已。

歸來

客裏有所適，歸來知路難。點「歸來」。**開門野鼠走，散帙壁魚乾。洗杓開新醅，低頭著小冠。**四句「歸來」之事。**憑誰給麴蘗，細酌老江干。**承上句結。

　　客裏何知勞苦，今日痛定思痛，方知行路艱難耳。於時野鼠見人，開門驚走；壁魚老死，散帙久乾。酒廚之中，洗杓嘗杜康之醅；矮簷之下，低頭戴子夏之冠。既開新醅，又憑誰而給麴蘗？既著小冠，且細酌而老江干可也。○「野鼠」，陰物。「壁魚」，蠹蟲。走者走，乾者乾。亂定歸來，有掃除廓清之象。醅為新醅，「洗杓開」者，公在蜀有失身杯酒之處，近辭痛飲之戒。歸草堂，酌新醅，喜可知也。冠曰小冠，「低頭著」者，公平生以傲誕不合於俗，且性褊躁，無拘檢，以此見尤於人。歸草堂，務斂飭，其意如此。況洗杓獨開新醅，有不與眾人皆醉意；低頭自著小冠，言外已有鹿豕為群，不就徵辟意。「給」曰「憑誰」，無求於人；「酌」曰「細酌」，志不在酒。

草堂

昔我去草堂，蠻夷塞成都。今我歸草堂，成都適無虞。四句領下全篇。**請陳初亂時，反覆乃須臾。大將去朝廷，群小起異圖。中宵斬白馬，盟歃氣已粗。西取邛南兵，北斷劍閣隅。布衣十數人，亦擁專城居。其勢不兩大，始聞蕃漢殊。兩卒卻倒戈，賊臣互相誅。焉知肘腋禍，自及梟獍徒。義士皆痛絕，紀綱亂相踰。一國實三公，萬人欲為魚。唱和作威禍，孰肯辨無辜。眼前列杻械，背後吹笙竽。談笑行殺僇，濺血滿長衢。到今用鉞地，風雨聞號呼。鬼妾與鬼馬，色悲充爾娛。國家法今在，此又足驚籲。**以上「昔我去草堂，蠻夷塞成都」。**賤子且奔走，三季望東吳。弧矢暗江海，難為遊五湖。不忍竟捨此，復來薙榛蕪。入門四松在，步屧萬竹疏。舊犬喜我歸，低回入衣裾。鄰里喜我歸，沽酒攜葫蘆。大官喜我來，遣騎問所須。城郭喜我來，賓客隘村墟。**以上「今我歸草堂，成都適無虞」。**天下尚未寧，健兒勝腐儒。飄颻風塵際，何地置老夫。於時見疣贅，骨髓幸未枯。飲啄愧殘生，食薇不敢餘。**以上將感懷總結。

　　往年我去草堂，為徐知道反，成都境內，蠻夷充塞耳。今日我歸草堂，為草堂亂

定，大將復來，適然無虞耳。猶憶初亂，反覆斯須，只因嚴公大將，被召還朝，遂致
群小紛然，歃盟謀叛。知道手握兵符，不獨漢兵，號召邛南羌夷，以劍閣為要地，屯
兵據守。此時附知道為亂者，有布衣數人，各擁方鎮。未幾，蕃漢異心，兩卒倒戈，
知道為部將李忠厚所殺，禍起肘腋矣。知道被殺後，群小賊臣爭相為亂，紀網掃地，
殺僇無辜，以至杻械在前，笙竽在後。殺其夫，淫鬼妻；殺其將，乘鬼馬。橫虐至此，
法令安存？草堂所以先去也。自去草堂，往來梓閬。三年中，有興遊吳，復由兵阻，
遂使南國之興，適成草堂之歸。草堂前有四松，自我去此，曾慮其蔓草或纏矣，曾憂
其霜骨不長矣，今入門而四松尚在。草堂側有萬竹，自我去此，曾念其抽捎過牆矣，
曾憐其東鄰影薄矣，今步屧而萬竹依然。我歸而犬認故主，鄰勞遠客，舊犬鄰里胥喜
也。我歸而軍騎滿巷，賓從填門，大官城郭胥喜也。非成都無虞，我又安得歸而喧鬧
如此？乃成都雖定，天下未寧。自料腐儒不復有為，則是草堂雖暫歸，飄颻終不免耳。
天下未寧時，為健兒之時，腐儒誠贅，飄颻不免。生為老夫之餘生，飲啄真慚。狀則
嚴公雖再鎮，草堂雖重歸，猶狀是「江村獨歸處，寂寞養殘生」〔註 11〕也已。○知
道非蠻夷，斜合蠻夷為亂也。公前上嚴武《東西兩川說》〔註 12〕曰：「西山漢兵，食
糧者四千人，皆關輔勁卒。脫南蠻侵掠，邛雅子弟不能獨制，但分漢卒助之，不難撲
滅。」又云：「頃三城失守，非兵之過，糧不足也。今此輩見缺兵馬，使八州素歸心
於其世襲之史，獨漢卒屬陴將主之。竊恐備吐蕃，宜先自羌子弟始。」此詩中「邛南
兵」即「邛雅子弟」與「羌子弟」。徐知道乃兵馬使，漢兵是其統領，又誘脅羌夷共
反，故曰「蠻夷塞成都」。

四松

四松初移時，大抵三尺強。別來忽三載，離立如人長。會看根不拔，
莫計枝凋傷。幽色幸秀發，疎柯亦昂藏。所插小藩籬，本亦有隄防。
終狀振撥損，得愧千葉黃。以上「四松」。敢為故林主，黎庶猶未康。避
賊今始歸，春草滿空堂。覽物歎衰謝，及茲慰淒涼。清風為我起，灑
面若微霜。足以送老姿，聊待偃蓋張。我生無根蒂，配爾亦茫茫。有
情且賦詩，事蹟兩可忘。勿矜千載後，慘澹蟠穹蒼。以上感懷。

我歸草堂，四松尚在。因憶初移不過三尺，今更三歲，忽已如人。此三歲中，流
離梓閬，皮骨空存，不謂四松翻能成長。雖然，人固憔悴，物亦凋傷。猶幸本根不拔，

〔註11〕《杜詩闡》卷十四《奉濟驛重送嚴公四韻》。
〔註12〕《杜詩詳注》卷二十五《東西川說》。

幽色尚在。當年藩籬之插，本為隄防；今日千葉之黃，終遭撥損。竊恐身為主人，致薪木毀傷，又未免貽笑於小松耳。況黎庶猶未康也。幸嚴公再鎮，避賊初歸，顧此空堂，春草自滿。乃覽物動衰年之歎，撫景慰淒涼之情者，則以聽清風於松際，微雷向人；看枝葉之昂藏，偃蓋可待。所傷者，往時手植四松，豈無竊比霜根之心？今自顧飄蓬，茫無根蒂，俯仰草堂，為事為跡，何者可為我有？況此小松，期其千年之後，老蓋扶疎，上蟠穹蒼，欲尋種松主人，不知已歸何處。其為慘淡，目前已見其然矣，尚何矜詡之有？未免有情，聊爾賦詩，豈真戀戀四松哉？○此詩著眼在「事蹟兩可忘」句。見在為事，已往為跡。公賦松，意中無松矣。凡人事蹟不忘，便有計得喪，較多寡，幸生憫死，種種繫著。無論王戎李、和嶠錢，固屬貪心所使，即嵇康鍛、阮孚屐，皆為繫著。誠空所見，一切可忘，愛菊不在菊，嗜酒不在酒也。且夫天地為逆旅，日月為過客，況此區區，謂是我有？公《題草堂》詩曰「事蹟毋固必」〔註13〕，茲賦《四松》詩曰「事蹟兩可忘」，惟能兩忘，故「毋固必」。

水檻

蒼江多風颭，雲雨晝夜飛。茅軒駕巨浪，焉得不低垂。遊子久在外，門戶無人持。高岸尚為谷，何傷浮柱敧。以上「水檻」。扶顛有勸誡，恐貽識者嗤。既殊大廈傾，可以一木支。以上修檻。臨川視萬里，何必欄檻為。人生感故物，忼愾有餘悲。四句推開。

　　草堂臨江，因有水檻。無奈江間風雨，晝夜長飛。雖有茅軒，蓋此水檻駕於巨浪，勢必低垂，似可傷也。然遊子出門，岸谷易位，區區浮柱，何傷之有？惟是危者當持，顛者當扶。水檻之敧，急須扶持耳。大廈將傾，一木難支。水檻之修，尚易為力也。雖曰臨川，無檻可恣縱觀。但念檻是故物，一日毀傷，焉忍便棄？況有大於檻者，乃坐視大廈之傾，不施扶顛之力，能勿忼愾有餘悲也？

破船

平生江海心，宿昔具扁舟。豈惟清溪上，日傍柴門遊。四句備船之故。倉皇避亂兵，緬懷邈舊丘。鄰人亦已非，野竹尚脩脩。船舷不重扣，埋沒已經秋。仰看西飛翼，下愧東逝流。以上「破船」之故。故者或可掘，新者亦易求。所悲數奔竄，白屋難久留。結意推開。

　　我江海之心，宿昔有之。故萬里扁舟，門外常泊，豈但為清溪上，傍柴門而鼓枻

耶？何以忽破也？只因避兵而出，遠離舊丘，鄰里都非，但存野竹。此船亦末由重扣，經年埋沒，破壞至斯耳。昔年江海之心，已失風塵之內，所以看西飛之翼，而歎我與俱西也；盼東逝之流，而愧我不能與俱東也。自傷檣摧楫敗，無復濟勝之具。但故物雖非，新材易搆，一船之破，何足介意。所悲者，亂離靡定，奔竄無常，不獨舟楫終亡，直恐草堂不保。顧此白屋，亦安能久留也已。

王錄事許修草堂貲不到聊小詰

為嗔王錄事，不寄草堂貲。二句「許貲不到」。昨屬愁春雨，能忘欲漏時。二句「小詰」。

　　錄事何嗔？嗔錄事者，為許我修草堂貲不到耳。昨者春雨愁人，草堂欲漏，錄事何忍忘我漏時，是用小詰云。○一般春雨，愁者愁，忘者忘。公嘗曰「大庇天下寒士俱歡顏」〔註14〕，是能愁人之愁、不忘人之忘者。

絕句　六首

日出籬東水，雲生舍北泥。二句相因。竹高鳴翡翠，沙僻舞鶢雛。二句亦相因。

　　籬東有水，曉色映之，日出其中；舍北有泥，暖氣融焉，雲生其際。日出雲又生，晴雨無常，天氣不測也。翡翠為珍禽，若自異而鳴於高竹；鶢雛為草蟲，若有得而舞於沙中。翡翠鳴，鶢雛亦舞，性情相感，物類自然也。

藹藹花蘂亂，飛飛蜂蝶多。興。幽棲身嬾動，客至欲如何。正說。

　　當此殘春，花蘂爭發，蜂蝶翻飛，何其動而不靜！獨我幽棲，此身嬾動，縱然客至，亦且聽之，自歎不能如蝶飛花亂也。

鑿井交梭葉，開渠斷竹根。扁舟輕裊纜，承「開渠」句。小徑曲通村。承「鑿井」句。

　　鑿井而上交梭葉，井蔭得矣。開渠而下斷竹根，渠體深矣。渠內扁舟，往來裊。裊纜必有取乎輕，輕則快。井邊小徑，屈曲通村。通村必有取於曲，曲則幽。○蜀生梭櫚。「交梭葉」，新井覆以梭葉也。

急雨捎溪足，斜暉轉樹腰。隔巢黃鳥並，承「斜暉」句。翻藻白魚跳。承「急雨」句。

　　雨急直掠溪腳，狀驟雨易止，斜暉因轉於樹腰。霽景既生，隔巢黃鳥，並坐而理

〔註14〕《杜詩闡》卷十八《茅屋為秋風所破歌》。

羽毛；溪雨既滿，翻藻白魚，跳波而爭踊躍矣。○「急雨」非「捎」字，「急」意不出。「斜暉」非「轉」字，「斜」意不見。黃鳥奇於隔巢而並，白魚妙於翻藻而跳。「急」與「捎」字應「斜」與轉字應，「隔」與「並」字應，「翻」與「跳」字應。

舍下筍穿壁，庭中藤刺簷。二句近景。**地晴絲冉冉，江白草纖纖。**二句遠景。

　　筍生穿壁，壁破可知。藤高刺簷，簷低可知。「舍下」、「庭中」，近見者如此。絲得晴光，冉冉欲動，絲何意耶？草侵江色，纖纖若浮，草何心耶？「地晴」、「江白」，遠見者如此。

江動月移石，溪虛雲傍花。二句夜景。**鳥棲知故道，帆過宿誰家。**二句承上。

　　夜景何如？江動月光移石，江波、月波互為上下；溪虛雲氣迷花，溪光、雲光互為出沒。鳥猶知故道而歸，物得所止也；帆竟向誰家而宿，人迷所向耶？

題桃樹

小徑升堂舊不斜，五株桃樹亦從遮。二句「桃樹」。**高秋總餧貧人實，來歲還看滿眼花。**二句仁民。**簾戶每宜通乳燕，兒童莫信打慈鴉。**二句愛物。**寡妻群盜非今日，天下車書正一家。**結出「天下一家」意。

　　堂前小徑，向來不斜，故五株桃樹亦聽其遮耳，焉用剪伐為？而況今秋結實，堪餧貧人；來歲開花，依然滿眼。今秋之實，將餧貧人，今秋貧人得食矣。來歲之花，又復滿眼，來歲貧人不饑矣。夫貧人可念，乳燕慈鴉亦自可念。開簾戶以通燕，便其往來；戒兒童之打鴉，遂其生育。苟非亂離既定，即此桃樹，安保無恙而離離結實？況此乳燕、慈鴉，亦安有梁間之棲、母子之樂？信乎今日非復寡人之妻、群為寇盜之日，而天下車書有一家之氣象，是可樂也。○「乳燕」二句，似與桃樹無涉。然「宜通」、「莫打」，一片慈心卻從上句「桃樹從遮」，不忍加伐；高秋結實，「總餧貧人」意，一齊流出。「信」作任，莫任其打。

登樓

花近高樓傷客心，萬方多難此登臨。二句「登樓」。**錦江春色來天地，玉壘浮雲變古今。**二句「登樓」之景。**北極朝廷終不改，西山寇盜莫相侵。可憐後主還祠廟，日暮聊為梁父吟。**四句「登樓」之感。

　　花近高樓，何傷之有？今客心為傷者，以作客成都，如王粲依荊，登樓作賦，止為萬方多難故耳。不見錦江春色，年年自來，天地如故；玉壘浮雲，朝朝自變，古今

屢更？蓋春色有常，如朝廷不改。自安、史以來，不知幾人思帝，幾人思王。至吐蕃陷京師，立廣武、承宏為帝，而乘輿反正，是北極朝廷未嘗有改。浮雲無常，猶寇盜或侵。自安、史以來，不知幾處陷城，幾處失地。至吐蕃入寇，隴右、河西之地盡沒，今長安復，吐蕃走，是西山寇盜何苦相侵。當年先主帝蜀，宜有祠廟；後主亡國，祠廟何為！只為正統所屬耳。所惜後主有諸葛，今日無其人。《梁父》之吟，日暮聊為，我登樓所感如此。○先主帝蜀，以專任諸葛；後主亡國，以專寵黃皓。郭子儀是諸葛，程元振是黃皓。代宗不專任子儀，信用元振，致來西山寇盜，幾失北極朝廷，故公「憐後主還祠廟」，有懷諸葛《梁父吟》也。注家以《梁父吟》中意，是晏子謀殺三士事，公欲代宗去元振，如晏子殺三士。不特元振非三士比，其時元振已貶死溱州矣。

過南鄰朱山人水亭

相近竹參差，相過人不知。幽花欹滿樹，小水細通池。四句「過南鄰水亭」。歸客村非遠，殘尊席更移。看君多道氣，從此數追隨。四句過後。

南鄰近矣，有竹參差。或往或來，無人知者。其間幽花小水，亦若不為人知者然。於時客宜歸矣，幸江村不遠；尊亦殘矣，乃晚席更移。而況山人尤多道氣，從茲以往，數數追隨，何但今日相過耶？

過故斛斯校書莊二首公自注：「老儒艱難，時病於庸蜀，歎其歿後方授一官。」

此老已云歿，鄰人嗟未休。點「故斛斯」。竟無宣室召，點「老儒艱難」。徒有茂陵求。點「歿後授官」。妻子寄他食，園林非昔遊。空餘總帷在，淅淅野風秋。四句「山莊」。

我方慮歸來，已恐鄰人非，今南鄰斛斯公果歿矣。鄰人嗟歎，至今未休。蓋因生時賣文為活，不能如賈生宣室之召，老儒艱難已如此。死後遺書空存，不過如長卿有茂陵之求。歿後授官，亦何益哉！今過山莊，聞其妻子寄食於他，見其園林非復疇昔，惟有總帳蕭條，野風淅瀝而已。

燕入非傍舍，鷗歸祇故池。斷橋無復板，臥柳自生枝。四句「山莊」。遂有山陽笛，空慚鮑叔知。素交零落盡，白首淚雙垂。四句「過莊」之感。

園林雖非昔遊，有燕依依，偏尋舊主；有鷗泛泛，還戀舊盟。惟是跡絕行人，斷橋無板，痛深宿草，臥柳生枝耳。歲月幾何，遂有山陽之淚；知己難得，傷哉鮑叔之交。平生舊遊，零落已盡；白頭垂涕，傷如之何！○「臥柳生枝」，暗用上林僵柳復生事。

寄邛州崔錄事

邛州崔錄事，聞在果園坊。望其來。久待無消息，終朝有底忙。訝其不來。應愁江樹遠，怯見野亭荒。揣其不來之故。浩蕩風塵外，誰知酒熟香。要其來。

　　崔為邛州錄事，今住果園坊裏，我久待之，消息杳然，不知終朝有何等忙而羈滯耶？意者愁我草堂江樹之遠，不然怯我草堂野亭之荒，所以風塵之外，蹤跡浩蕩。豈知草堂酒熟，待爾同斟，我情有迫不容待者。蓋我寂寞歸來，聞人足音，跫然而喜，故望汝之切如此。

寄司馬山人十二韻

關內昔分袂，天邊今轉蓬。驅馳不可說，談笑偶然同。四句總起。道術曾留意，先生早擊蒙。家家迎薊子，處處識壺公。長嘯蛾眉北，潛行玉壘東。有時騎猛虎，虛室使仙童。以上敘「山人」。髮少何勞白，顏衰肯更紅。望雲悲轗軻，畢景羨沖融。喪亂形仍役，凄涼信不通。懸旌要路口，倚劍短亭中。永作殊方客，殘生一老翁。以上自敘。相哀骨可換，亦遣馭清風。結完寄詩意。

　　我與山人自關中握別，遠客天邊，身如轉蓬，驅馳歷盡。今日相逢，亦偶然耳。我少年學仙，曾荷山人擊蒙之力。此時山人道術既高，如入京薊子，倒屣爭迎；似賣藥壺公，市人爭識。今日飄狀來蜀，長嘯峨眉，不知離亂；潛行玉壘，難覓行蹤。騎虎能馴，使童如戲。仙人之術如此。若我髮稀矣，顏衰矣。青雲不見，轗軻徒悲；夕景難留，沖融空羨。而況行役不免，故園無書，所以心如懸旌，徘徊當路。時復倚劍，忔愓登亭，誠恐殊方永留，殘生不保耳。聞山人有紫金大丹，服之可化腸變髓。誠憐我老，換我之骨，得馭清風，而追隨山人後，則擊蒙之教，始終以之矣。○開、寶間，有天台山人司馬承禎，與李白善。想即此山人。

贈王二十四侍御契四十韻

往往雖相見，飄飄愧此身。不關輕綬冕，俱是避風塵。四句總起。一別星橋夜，三移斗柄春。敗亡非赤壁，奔走為黃巾。子去何瀟灑，余藏異隱淪。書成無過雁，衣敝有懸鶉。恐懼行裝數，伶俜臥疾頻。曉鶯工併淚，秋月解傷神。會面嗟黧黑，含悽話苦辛。接輿還入楚，王粲不歸秦。錦裏殘丹竈，花溪得釣綸。消中祇自惜，晚起索誰親。伏柱

聞周史，乘槎似漢臣。鴛鴻不易狎，龍虎未宜馴。客即掛冠至，交非傾蓋新。由來意氣合，直取性情真。浪跡同生死，無心恥賤貧。以上是「不關輕軒〔註15〕冕，俱是避風塵」第一段意。**偶然存蔗芋，幸各對松筠。粗飯依他日，窮愁怪此辰。女長裁褐穩，男大卷書勻。湔口江如練，蠶崖雪似銀。名園當翠巘，野棹沒青蘋。屢喜王侯宅，時邀江海人。追隨不覺晚，欵曲動彌旬。便使芝蘭秀，何須棟宇鄰。山陽無俗物，鄭驛正留賓。出入並鞍馬，光輝忝席珍。重遊先主廟，更歷少城闉。石鏡通幽魄，琴臺隱絳脣。送終惟糞土，結愛獨荊榛。置酒高林下，觀碁積水濱。區區甘累趼，稍稍息勞筋。網聚黏圓鯽，絲繁煮細蓴。長歌敲柳癭，小睡憑藤輪。農月須知課，田家敢忘勤。浮生難去食，良會惜清晨。**以上是「不關輕綖冕，俱是避風塵」第二段意。**列國兵戈暗，今王德教淳。要聞除獫狁，休作畫麒麟。洗眼看輕薄，虛懷任屈伸。莫令膠漆地，萬古重雷陳。**以上勉勵之辭。

　　我昔同侍御遊，但愧此身飄飄，不能常聚。所以然者，我棄官，子解組，人疑我輩輕綖冕，亦俱為風塵多故，來避此耳。猶憶知道亂作，自寶應元年至於今，星橋一別，斗柄三移，奔走非同曹公，搶攘止由張角。子之去也，誠狀瀟灑；我之藏也，亦非隱淪。此後三年中，尺素誰將？一寒徹骨，往來梓閬間，行裝數矣；老病纏綿，臥疾頻矣。曉鶯本悅耳者，亂離聽之，但工併淚；秋月本娛情者，疾病見之，祇解傷神。會面有時，應歎容顏之非舊；含悽不禁，還敘別後之苦辛。而況三年中，之楚有心，為接輿而不果；歸秦無計，與王粲而同情。還錦里而丹竈已殘，隱花溪而釣綸尚在。病入消中，祇自憐惜；老兼晚起，索誰共親？近況如此。子則身為侍御，伏柱同李耳之官；兼為使人，乘槎有張騫之望。雖在鴛鴻之列，難馴龍虎之倫。所以今亦掛冠，正當偕隱；而況誼非傾蓋，本是久要。蓋由兩人意氣合，性情真。故往時避亂，曾同生死；今日會面，不恥賤貧也。偶存蔗芋，聊為娛老之資；各對松筠，共砥歲寒之節。粗飯固我甘，窮愁似可怪也。幸女長而裁褐能穩，無顛倒短褐之憂；況男大而卷書能勻，有熟精《文選》之望。當岷江、湔口之界，交蠶崖、雪嶺之間。子有名園，臨山開徑；我有野棹，沿溪問津。且喜江海之人，時過王侯之第，追隨未晚，欵曲經旬。但取交若芝蘭，不失瀟灑隱淪之意，何必鄰茲棟宇，同住花溪錦里之邊。嵇叔夜之山庭，豈容俗物；鄭當時之騎驛，只接佳賓。鞍馬同行，席珍何忝。錦官東郭，重尋先主之祠；少城西闉，再訪張儀之蹟。蜀王石鏡，

〔註15〕「軒」當作「綖」。

幽魄疑通；司馬琴臺，絳脣還隱。送終糞土，空看月宇埋輪；結愛荊榛，尚想野花留靨。懷古之後，且復息機。時而高柳邊，可置酒則置酒；時而積水處，可觀碁則觀碁。三年累繭，回首何甘；此日勞筋，庶幾可息。魚知丙穴，結網而黏；菜似江東，為羹亦細。何必吹笙鼓瑟，且敲柳瘦而長歌；焉用角枕匡牀，聊倚藤輪而小睡。欲享太平之化，須耕谷口之田。蓋食乃民天，勤為生本。及茲農月，晁爾田家，共理浮生，勿虛良會。此吾與子共享林下之樂也。雖兵戈未息，幸德教能淳。必使盜賊如猰貐類者，無一處不除；不在宰官如麒麟揰者，使皮毛空畫。至於世情輕薄則聽之，我道屈伸則任之。兩人道義，期於終始，庶幾膠漆之誼，繼雷、陳而起者，有我兩人也。○「瘦」，可作盃。楊炯目宰官為麒麟揰，言「如弄假麒麟，刻畫頭角，修飾皮毛」〔註16〕，故曰「休作」。

別唐十五誡因寄禮部賈侍郎

時賈至知東京舉。唐必往東都赴舉，公為唐先容，因有此寄。**九載一相逢，百年能幾何。復為萬里別，送子山之阿。**四句總起。**白鶴久同林，潛魚本同河。未知棲集期，衰老強高歌。謌罷兩悽惻，六龍勿蹉跎。相視髮皓白，況難駐羲和。**以上「九載一相逢，百年能幾何」。**胡星墜燕地，漢將仍橫戈。蕭條四海內，人少豺虎多。少人慎莫投，多虎信所過。饑有易子食，獸猶畏虞羅。子負經濟才，天門鬱嵯峨。飄飄適東周，來往若崩波。**以上「復為萬里別，送子山之阿」。**南宮我故人，白馬金盤陀。雄筆映千古，見賢心靡他。念子善師事，歲寒守舊柯。為我謝賈公，病肺臥江沱。**以上「寄賈侍郎」。

　　人生百年，幾回九載？乃乍相逢而即有東京之役，為萬里別，從此鶴異林，魚分渚。即強歌，豈能歡乎？仰視羲和，六龍迅速，催人白髮，何時少停？興言及此，真「百年能幾何」矣。自朝義誅而旄頭墜地，迄懷恩叛而漢帥橫戈，四海蕭條，豺虎滿地。夫少人之處，切莫投足，以「饑有易子食」，人無人心也；多虎之處，信我所往，以獸猶畏虞羅，獸有人心也。唐生負經濟才，躐天門上。東周道遠，迅若崩波。今日山阿之送，為此故耳。南宮侍郎係我故人，金鞍白馬，獨步一時；彩筆雄文，照耀千古。況好賢若渴，其心靡他。子今此行，必膺首薦。但當善事，勿改素

〔註16〕馮贄《雲仙雜記》卷九《麒麟揰》，注出《朝野僉載》。文曰：
　　　唐楊炯每呼朝士為麒麟揰。或問之，曰：「今假弄麒麟者，必修飾其形，覆之驢上，宛然異物。及去其皮，還是驢耳。無德而朱紫，何以異是？」

心，而不變塞，不離道耳。我乾元間，曾與同朝，繼而同貶。今故人被召，我病江沱，相見時為我長謝故人，無復闕庭之志矣。〇成都至東京，路無萬里。孔明曰：「萬里之行自蜀始」〔註17〕，故云。賈至為中書舍人，兩朝制誥出其父子，故曰「雄筆映千古」。

〔註17〕參《杜詩闡》卷十二《絕句四首》之三「門泊東吳萬里船」。